2013—2014

湖北高校大学生思想政治教育发展报告

主　编　叶晓东
副主编　丁银河　巨　英

武汉大学出版社

编委会名单

顾　问　温兴生　张奋勤　廖长林　张治武
　　　　张以林　李资源　黄岭峻　张星久
　　　　李敬暄　刘国武　路　杨　吕斐宜
主　编　叶晓东
副主编　丁银河　巨　英
参　编（以姓氏笔画为序）
　　　　马翠兰　卫　莉　代保平　江沈红
　　　　李　燕　罗　骋　范文明　周　洁
　　　　赵　菊　涂爱荣　黄敦兵　韩　露

前　言

经过一年多坚持不懈的努力，新一期湖北省高校思想政治发展报告终于与大家见面了，报告共分为理论篇、政策篇、评价篇、多维视窗、大事记五个部分，全面系统地回顾了过去一年湖北省高校思想政治发展的历程，并结合各高校思想政治教育现状，进行了理论反思。报告由来自教学一线、从事思想政治教育理论课程的中青年教师负责撰写，既具有较强的理论性，也具有实践经验。相比以往的思想政治发展报告，本期报告呈现出以下几个方面的特点：

一是宏观视野。在全球化背景下，思想政治教育不仅要总结国内思想政治教育发展得失，而且应当注意吸收世界各国的思想政治教育先进经验，同时要密切联系社会生活的实际情况和青年一代的思想实际，适应社会生活的变化，注重体现现代化的要求和社会前进的方向。罗骋副教授的《美国大学德育教育途径特点及其启示》、周洁老师的《思想政治教育中的实践教育》、韩露副教授的《高校马克思主义理论学科发展研究综述》、江沈红副教授的《高校思想政治教育研究综述》就作出了有益的尝试。

二是价值导向。党的十八大提出，倡导富强、民主、文明、和谐，倡导自由、平等、公正、法治，倡导爱国、敬业、诚信、友善，积极培育和践行社会主义核心价值观。社会主义核心价值观言简意赅地回答了我们要建设什么样的国家、建设什么样的社会、培育什么样的公民等一系列重大而深远的问题。思想政治教育要自觉以社会主义核心价值体系为引领，将社会主义核心价值观贯穿于国民教育全过程和社会主义现代化建设各环节，引领社会思潮、凝聚社会共识。黄敦兵副教授的《湖北高校践行和培育社会主义核心价值观的文化向度》，对于湖北高校践行和培育社会主义核心价值观进行了理论考察；代保平博士的《高校培育和践行社会主义核心价值观的路径研究——以湖北六所高校调研为例》对于湖北高校践行和培育社会主义核心价值观的状况进行了实证分析；丁银河副教授的《培育和践行社会主义核心价值观述评》对国内在这方面的研究进行了有益的梳理。

三是时代特征。任何时代和社会的思想政治教育，总是一定时代和社会的产物，是与它们相适应并为其服务的。在当前经济转轨、社会转型的关键时期，诸多利益格局的深层次调整带来了一系列社会关系的变化以及社会成员角色的转换，人们的生活方式由现实生活转向虚拟社会与现实生活并存互动，社会心态领域出现了日益复杂化趋势。思想政治教育研究者只有深切领悟这一时代特征，不断研究新情况、适应新环境、创造新方法，才能切实解决大学生思想素质培养中的迫切需要和现实困难。赵菊博士的《湖北省大学生心理安全预警指标因素研究报告》全面考察了新时代大学生的心理安全及影响因素；叶晓东副教授的《大事记》则是湖北省相关政策时代特征的表征。

四是问题意识。回顾思想政治教育学科30年的发展历程，经历了从"体系意识"到"问题意识"的发展。问题意识与问题导向，为思想政治教育的创新发展注入了生机和活力。思想政治教育工作者应当自觉承担起时代赋予的历史使命，坚持立德树人根本导向，适应学生主体意识、参与意识日益增强的新形势，适应现代传播方式和传播手段发展的新趋势，适应大学生社会心理和交流习惯的新特点，深入研究信息化条件下思想政治教育的特点和规律，以改革创新、开拓进取的精神推进思想政治教育的现代化。涂爱荣教授的《湖北省高校思想政治理论课发展状况》，巨英副教授、卫莉博士和马翠兰博士合写的《湖北省本科高校思想政治教育工作评价报告调查》，李燕博士的《湖北省高校课外思想政治教育实践》，范文明副教授的《楷模示范与思政教育》都是这种强烈问题意识下的严肃思考。

正因为具备了以上四个方面的特征，使得这期思想政治发展报告兼具理论性和可读性，报告既认真总结思想政治教育的宝贵经验，也不回避思想政治教育实践的新问题，以求真务实的态度，扎实推动思想政治教育的创新发展。

叶晓东

2014年11月20日

目 录

理 论 篇

高校马克思主义理论学科发展研究综述 …………… 韩 露（3）
培育和践行社会主义核心价值观述评 …………… 丁银河（18）
高校思想政治教育研究综述 …………… 江沈红（30）

政 策 篇

湖北高校践行和培育社会主义核心价值观的
　　文化向度 …………… 黄敦兵（41）
湖北省高校思想政治理论课发展状况 …………… 涂爱荣（56）
湖北省高校课外思想政治教育实践 …………… 李 燕（75）
楷模示范与思政教育 …………… 范文明（94）

评 价 篇

湖北省省属高校大学生思想政治教育工作
　　评价报告 …………… 巨 英、卫 莉、马翠兰（113）

调 查 篇

湖北省大学生心理安全预警指标因素研究报告 …………… 赵 菊（147）
高校培育和践行社会主义核心价值观的路径研究
　　——以湖北六所高校调研为例 …………… 代保平（170）

多维视窗

思想政治教育中的实践教育 …………………………………… 周　洁（199）
美国大学德育途径特点及其启示 ……………………………… 罗　骋（214）

大事记

大事记 …………………………………………………………… 叶晓东（227）

理 论 篇

高校马克思主义理论学科发展研究综述

韩 露

自 1984 年教育部在 12 所高等院校设置思想政治教育专业以来，经过 30 年的探索与开拓，马克思主义理论学科快速发展、逐步壮大，形成较为稳定的研究对象和研究领域，形成规范而科学的研究方法，不但培养出一大批从事思想政治工作的专门人才，而且为党的思想理论教育事业奠定了良好的学科基础，进一步巩固和发展了马克思主义在意识形态领域的重要指导地位。

一、科学设置与培育重点学科

当前，马克思主义理论学科建设已经有了十分清晰的定位：在指导思想上，坚持学术性与意识形态性相统一、科学性与政治性相统一以及理论性与实践性相统一；在发展领域上，既要完善马克思主义的科学体系、理论范畴、思想观点等，又要创造当代中国马克思主义的学术概念、学术语言等。大力开展马克思主义理论学科建设，已经成为开展马克思主义理论研究、推动党的马克思主义理论创新和思想政治理论课程建设的重要平台和有力支撑。目前，全国高校中已设立马克思主义理论一级学科博士点 21 个、硕士点 73 个，二级学科博士点 213 个、硕士点 842 个。以马克思主义理论一级学科为核心的马克思主义理论学科体系趋于完善。从学科性质上看，马克思主义理论一级学科及所属的二级学科既是对思想政治教育进行基础理论的研究，又是对思想政治教育进行应用理论的研究，体现了马克思主义理论学科在基本理论建设与实践应用两个方面的高度统一。当前，马克思主义理论学科建设已经有了十分清晰的定位：在指导思想上，坚持学术性与意识形态性相统一、科学性与政治性相统一以及理论性与实践性相统一；在发展领域上，既要完善马克思主义的科学体系、理论范畴、思想观点等，又要创造当代中国马克思主义的学术概念、学术语言等。近年来，我省加快了马克思主义理论学科培育工作，2012 年省教育厅公布了"十二五"省级重点学科和省级重点（培育）学科名单，其中湖北大学的马克思主义理论学科被评选为省级特色学科，武汉科技大学的马克思主义理论学科被评选为省级重点培育学科。2013年省教育厅公布了在鄂部委、军事院校的新一轮省重点学科名单，其中有六所院校的马克思主义理论学科被评为重点学科（见表1）。

表1　2013年在鄂部委的新一轮省重点学科名单

武汉大学			
0101	哲学	0713	生态学
0202	应用经济学	0801	力学
0301	法学	0802	机械工程
0302	政治学	0805	材料科学与工程
0303	社会学	0808	电气工程
0305	**马克思主义理论**	0812	计算机科学与技术
0401	教育学	0813	建筑学
0501	中国语言文学	0814	土木工程
0502	外国语言文学	0830	环境科学与工程
0503	新闻传播学	0833	城乡规划学
0601	考古学	0835	软件工程
0602	中国史	1001	基础医学
0603	世界史	1002	临床医学
0701	数学	1003	口腔医学
0702	物理学	1007	药学
0703	化学	1201	管理科学与工程
0705	地理学	1202	工商管理
0708	地球物理学	1204	公共管理
华中科技大学			
0101	哲学	0303	社会学
0201	理论经济学	**0305**	**马克思主义理论**
0202	应用经济学	0401	教育学
0301	法学	0501	中国语言文学

续表

华中科技大学			
0502	外国语言文学	0824	船舶与海洋工程
0503	新闻传播学	0830	环境科学与工程
0701	数学	0833	城乡规划学
0702	物理学	0835	软件工程
0703	化学	1001	基础医学
0710	生物学	1002	临床医学
0801	力学	1004	公共卫生与预防医学
0809	电子科学与技术	1006	中西医结合
0810	信息与通信工程	1007	药学
0812	计算机科学与技术	1201	管理科学与工程
0813	建筑学	1202	工商管理
0814	土木工程	1204	公共管理
0815	水利工程	1305	设计学
中国地质大学			
0202	应用经济学	0815	水利工程
0305	**马克思主义理论**	0816	测绘科学与技术
0705	地理学	0820	石油与天然气工程
0707	海洋科学	0830	环境科学与工程
0708	地球物理学	0837	安全科学与工程
0805	材料科学与工程	1201	管理科学与工程
0812	计算机科学与技术	1204	公共管理
0814	土木工程	1305	设计学
武汉理工大学			
0202	应用经济学	0702	物理学
0305	**马克思主义理论**	0703	化学
0401	教育学	0801	力学
0503	新闻传播学	0802	机械工程

续表

武汉理工大学			
0804	仪器科学与技术	0823	交通运输工程
0807	动力工程及工程热物理	0830	环境科学与工程
0810	信息与通信工程	0831	生物医学工程
0811	控制科学与工程	0837	安全科学与工程
0812	计算机科学与技术	1007	药学
0814	土木工程	1201	管理科学与工程
0817	化学工程与技术	1202	工商管理
0819	矿业工程	1305	设计学
华中师范大学			
0202	应用经济学	0602	中国史
0301	法学	0603	世界史
0302	政治学	0701	数学
0303	社会学	0702	物理学
0305	**马克思主义理论**	0703	化学
0401	教育学	0705	地理学
0402	心理学	0710	生物学
0403	体育学	0812	计算机科学与技术
0501	中国语言文学	0904	植物保护
0502	外国语言文学	1204	公共管理
0503	新闻传播学	1205	图书情报与档案管理
中南民族大学			
0301	法学	0501	中国语言文学
0304	民族学	0703	化学
0305	**马克思主义理论**	0710	生物学
0401	教育学	1202	工商管理

2014年1月6日，中国科学评价研究中心、中国科教评价网和中国教育质量评价中心共同完成了2014—2015年度中国大学及学科专业评价工作（本

次大学评价共包含1200所中国大学，不含军事类院校和港澳台地区高校）。在2014—2015年度中国马克思主义理论类专业大学竞争力排行榜的榜单上，在鄂部属院校武汉大学、华中师范大学以及武汉理工大学的马克思主义理论专业排在235所院校中的前二十位，其中武汉大学的该专业竞争力排在全国第一位（如表2所示）。此外，2014年，在最新公布的中国校友会网2014中国大学马克思主义理论专业排行榜上，武汉大学的马克思主义理论专业更是荣膺2014中国六星级学科专业，入选中国顶尖学科专业，位居全国高校第一。

表2　2014—2015年中国马克思主义理论类专业大学竞争力排行榜

排　名	学校名称	星级	学校数
1	**武汉大学**	5★	**235**
2	中国人民大学	5★	235
3	**华中师范大学**	5★	**235**
4	东北师范大学	5★	235
5	南京师范大学	5★	235
6	湘潭大学	5★	235
7	山东大学	5★	235
8	中南大学	5★	235
9	北京师范大学	5★	235
10	河北师范大学	5★	235
11	苏州大学	5★	235
12	南开大学	4★	235
13	中国政法大学	4★	235
14	复旦大学	4★	235
15	哈尔滨工程大学	4★	235
16	首都师范大学	4★	235
17	**武汉理工大学**	4★	**235**
18	华南师范大学	4★	235
19	上海师范大学	4★	235
20	广西师范大学	4★	235

在思想政治理论课程体系设置的问题上，中央给予了高度关注和科学指导。为贯彻落实中共中央重要指示精神，中宣部、教育部等部门本着与时俱进的精神，专门成立高校思想政治理论课调研领导小组，组织了将近9个月的大规模调研。调研工作从培养师资队伍、加强教材建设、改革教学方法、改进宏观指导等方面下工夫，进行了深入研究。新时期，党中央采取有力举措把高校思想政治理论课提高到了学科的高度来加以完善和巩固，进一步调整与设置了较为完备的课程体系，使马克思主义理论学科的发展更加稳定。2005年2月，中宣部、教育部发出了《关于进一步加强和改进高等学校思想政治理论课的意见》（以下简称《意见》），在《意见》中，明确提出要大力推进高等学校思想政治理论课的学科建设，指出马克思主义理论学科建设是思想政治理论课的基础。对高校思想政治理论课进行了原有课程体系上的重大调整，将四年制本科的课程设置为四门必修课：马克思主义基本原理、毛泽东思想和中国特色社会主义理论体系概论、中国近现代史纲要以及思想道德修养与法律基础。同时，开设"形势与政策"课，开设"当代世界经济与政治"等选修课。调整后的新的课程体系更加贴近实际，目的明确，不仅突出了将马克思主义中国化的理论成果作为思想政治理论课程讲授的中心内容的特点，而且进一步突出了建设中国特色社会主义的时代旗帜，体现了马克思主义与时俱进的理论品质。2012年，根据中央有关要求，教育部社科司印发了《高校思想政治理论课贯彻中央有关精神教学建议的通知》，对高校思想政治理论课的教学作出了进一步指导，提出了具体的教学建议，充实了马克思主义理论课程的教学内容，是对马克思主义理论课程体系的新的补充与完善。

二、编写思想政治教育优秀教材和理论宣传读本

2013年，习近平总书记在全国宣传思想工作会议上发表《胸怀大局把握大势着眼大事，努力把宣传思想工作做得更好》的重要讲话。在讲话中他指出，高校思想政治教育对于"立德树人"根本任务的实现有着重大作用，加强和改进高校思想政治教育就要坚定不移地贯彻党的教育方针，积极吸收党的理论创新的最新成果来武装广大师生。为了应对新时期在政治、经济、文化、科技、军事等各个领域出现的新情况、新问题，为了进一步加强党的思想政治教育，高扬马克思主义理论的伟大旗帜，做好党的理论武装工作，长期以来，我们党都在致力于建设科学、先进的思想政治教育教材，在这方面作出了一系列探索。

1. 统编科学性、权威性与严肃性的高校思想政治理论课教材

将高校思想政治理论课的新教材编写纳入马克思主义理论研究和建设工程中，这是党中央在马克思主义理论学科课程教材建设上的一项重要举措。这意味着高校思想政治理论课的教材内容要求和编写工作程序有了更为严格的标准。2004年，中共中央召开了实施马克思主义理论研究和建设会议，与会专家、学者一致指出，作为马克思主义理论研究和建设工程项目之一，要建设一个充分反映马克思主义中国化最新成果，具有中国特色、中国风格、中国气派的哲学社会科学教材体系。党中央不仅集中了全国最优秀编写力量，贯彻"贴近现实，贴近大学生思想实际，贴近当前大家关心的热点问题"原则，充分体现了马克思主义中国化的最新成果，充分体现了中国特色社会主义实践的最新经验，充分体现了马克思主义理论学科研究的最新进展，以保证编写出的新教材的科学性，而且，每门课程只编写一本教材全国通用，这就进一步保证了编写的新教材的权威性、严肃性。2005年3月中旬，教材编写工作正式启动。按照"定向申报、择优遴选、集中编写"的方式，最终，《马克思主义基本原理概论》、《毛泽东思想和中国特色社会主义理论体系概论》、《中国近现代史纲要》和《思想道德修养与法律基础》等高校思想政治理论课的新教材编写工作全面完成。研究生思想政治理论课教学大纲《中国特色社会主义理论与实践研究》、《中国马克思主义与当代》编写完成。已经完成编写的专业课重点教材有：《马克思主义哲学》、《马克思主义政治经济学概论》、《科学社会主义概论》、《政治学概论》、《法理学》等。党的十八大以来，习近平总书记从推动中国特色社会主义事业发展的实际需要出发，围绕实现"两个一百年"奋斗目标和中华民族伟大复兴中国梦，发表了一系列重要讲话，提出了一系列新思想、新观点、新论断、新要求，对党的十八大精神进行了深化与拓展。高校担负立德树人的重任，必须以马克思主义中国化最新成果教育广大师生，在思想政治教育内容的更新与变化上，中国梦已成为当前大学生思想政治教育的重要主题。中国梦有着十分贴近于青年大学生学习、生活、思想实际的主题教育内容。中国梦的实现在于青年。2013年"五四青年节"之际，习近平总书记在与年轻人谈到中国梦时指出，中华民族伟大复兴终将在广大青年的接力奋斗中变为现实。中国特色社会主义事业需要一代又一代有志青年接续奋斗，中国梦将在青年一代的未来发展中成为现实。

2. 组织理论工作者编写优秀马克思主义基础理论教材与读本

近年来，党中央竭力组织20多家单位和200余位专家学者、领导干部，经过了反复论证和多次修改，历时两年编写完成了第二批15种全国干部理论

学习的培训教材。这批教材包括《"三个代表"重要思想概论》、《科学发展观》、《加强党的执政能力建设》、《中国共产党历史二十八讲》、《宪法学习读本》等。这是在"十五"期间编写出版的15种全国干部学习培训教材的基础上,又一批面向全体干部(主要是县处级以上领导干部)的教材。2008年10月,由中宣部组织编写的《科学发展观学习读本》出版发行。同年12月,《社会主义核心价值体系读本》面向全国发行。2009年1月,由中宣部理论局组织编写的《中国特色社会主义理论体系学习读本》出版发行。这两个读本先后出版,为经济社会全面发展、加快转变经济发展方式发挥了重要的理论指导作用。此外,中宣部每年组织编写《理论热点面对面》系列通俗理论读物,例如《六个"为什么"——对几个重大问题的回答》、《七个"怎么看"——理论热点面对面2010》、《划清"四个重大界限"学习读本》等,对广大群众关心的社会热点、难点问题进行解疑释惑,不仅批判了错误思想,还澄清了思想认识。2011年,为庆祝中国共产党成立九十周年,中共中央文献研究室编辑的《毛泽东思想年编(一九二一——一九七五)》、《邓小平思想年编(一九七五——一九九七)》和《毛泽东思想形成与发展大事记》、《中国特色社会主义理论体系形成与发展大事记(一九七八—二〇一一)》出版发行。党的十八大以来,一系列优秀的思想政治理论宣传读本相继出版发行:2012年11月,国家行政学院出版社出版了《中国特色社会主义理论体系(读本)》;2012年12月,《中国特色社会主义理论体系学习读本(十八大修订本)》出版发行;2013年底,中央宣传部理论局组织马克思主义理论研究和建设工程专家编写的《马克思主义哲学十讲(党员干部读本)》与读者见面。这一系列读本的相继出版,是党的最新马克思主义理论成果的最好展示,不仅有利于普通广大党员干部进一步学好马克思主义基础理论知识,更有利于专门的理论工作者进一步运用马克思主义智慧,掌握好辩证唯物主义和历史唯物主义的世界观和方法论。

三、壮大思想政治理论研究与教学人才队伍

1. 加大培训领导干部、提高党员干部素质的工作力度

我党历来高度重视对党员干部的思想政治教育培训工作,坚持把党员干部的思想政治教育培训工作作为确保党的事业顺利发展的一项基础性工作和党的建设的一项重要内容。为了更好地完成党员干部思想政治教育的新课题、新任务,努力形成多方配合、提升层次的规范性的思想政治理论教育格局,党中央

尤其强调干部教育与培训工作的重要性，进一步提出"落实大规模培训干部、大幅度提高干部队伍素质"的要求。2002年12月，中央组织部召开全国工作会议，会上提出，从2003年起，利用5年时间将全国县处级以上领导干部普遍培训一遍，建设高素质的干部人才队伍。2010年8月，为进一步贯彻与落实党的十七大和十七届四中全会精神，中共中央办公厅印发了《2010—2020年干部教育培训改革纲要》（以下简称《纲要》）。《纲要》对2010—2020年干部教育培训改革作出全面部署，成为新时期我们党的深化干部教育培训改革的重要指导性文件。在《纲要》的指导下，干部教育培训的针对性、实效性得到进一步增强，干部教育培训的科学化水平有了显著提高，马克思主义学习型政党建设在稳步发展。党的十八大报告强调指出：坚持和发展中国特色社会主义，关键在于建设一支政治坚定、能力过硬、作风优良、奋发有为的执政骨干队伍。新时期，以习近平为总书记的党中央始终坚持以马列主义、毛泽东思想和邓小平理论为指导，从党和国家事业发展全局的高度出发，把干部教育培训工作摆在更加重要的位置，继续推行中共中央政治局集体学习制度，为全面提高党员领导干部的政治、业务素质、建设高素质干部队伍作出了一系列重要指示，提出了新课题、新任务和新要求。习近平总书记在党的十八届中共中央政治局第十一次集体学习时明确提出，要推动全党学习历史唯物主义基本原理和方法论，更好认识国情，更好认识党和国家事业发展大势，更好认识历史发展规律，更加能动地推进各项工作。在党中央的大力倡导与带领下，党的干部教育培训事业呈现出新气象，为深入推进科学发展、促进社会和谐提供了强大支撑。

2. 加强哲学社会科学教学、科研骨干培训工作

哲学社会科学教学、科研骨干是马克思主义理论研究大家，是开展与推进马克思主义理论研究与教学的中坚力量，是繁荣发展哲学社会科学的关键。为了造就大批学术造诣深厚、在国内外学术领域影响深远的马克思主义理论专业化人才，党中央采取了一系列有力举措。在马克思主义理论研究和建设工程实施进程中，中宣部、教育部等6部委联合举办了哲学社会科学教学、科研骨干研修班；全国有超过4万人参加了培训。为了进一步提升培训质量，马克思主义理论研究和建设工程还将国内及对外马克思主义理论学术交流活动积极地提上议事日程，不仅组织了各学科专家千余人分期分批到全国各地深入开展专题调研、国情调研，总结改革开放和现代化建设的实践经验，还先后组织了七批100多人次分赴俄罗斯、印度、拉美等国家和地区进行专题考察，邀请几十个国家的100多位知名学者来华交流。通过一系列培训活动、交流活动，广大干

部不仅深受世界优秀文明成果的启迪,而且开阔了视野,增强了理论联系实际的自觉性。2006年8月1日,经过中国社会科学院院务会议审议批准,正式产生了47名学部委员、95名荣誉学部委员。这是中国社科院内授予的最高学术职务和荣誉称号。首批47名学部委员均为在哲学社会科学领域作出重大成就和突出贡献、学术水平为国内或国际学界公认、作风正派、学风优良的在职知名学者;95位荣誉学部委员,是在学术界享有很高威望、对哲学社会科学作出杰出贡献的离职资深学者。此次中国社科院推选出学部委员,无疑是对马克思主义理论研究专业化人才所取得的成就的肯定与鼓励,充分体现了党和国家对哲学社会科学教学、科研骨干们学术水平与治学精神的认可与尊重,对党的马克思主义理论教育事业而言,必然产生强大的推动力。

3. 全面开展高素质思想政治理论课教师培训工作

学校教师是党的创新理论的传播者和践行者。教学效果的好坏关键在于教师的理论功底和教学艺术,教师队伍如果不行,教材再好也很难达到理想的教学效果。针对这一点,中国社会科学院马克思主义研究院常务副院长程恩富曾经特别提出,政治课既有思想政治课的功能属性,同时也有学术性,要从学术角度作独立性讲解。这两者如果处理不好容易产生偏差。现实需要解释,但如何科学解释,需要教师有很强的功底。思想政治理论课教师担负着讲授马克思主义的任务,承担着用马克思主义理论武装学生的崇高使命。只有建设出一支高素质的思想政治理论课教师队伍,才能切实改进和提高思想政治理论课的教学实效。这是我们党发展马克思主义理论教育事业的重要任务。新时期,党中央加强了对各级学校马克思主义理论教学科研骨干的培训工作,多次制定下发培养高等、中等学校马克思主义理论师资的指示和意见。中宣部、教育部在组织编写高校思想政治理论课教材的同时,有计划、分层次地开展了培训全国高校思想政治理论课教师工作。自2007年开始,马克思主义理论研究和建设工程还特别将高校思想政治理论课骨干教师参加研修纳入了计划,计划用5年左右的时间,对全国高校思想理论课骨干教师分期分批地进行系统轮训,全面提高思想政治理论课教师的理论素养和教学水平。为了使教师队伍建设进一步制度化和规范化,全面提高教师质量和水平,2008年9月,中宣部、教育部发出了《关于进一步加强高等学校思想政治理论课教师队伍建设的意见》,对加强高等学校思想政治理论课教师队伍建设的重要性、紧迫性和总体要求,对大力加强高等学校思想政治理论课教学科研组织建设,对认真做好高等学校思想政治理论课教师的选聘配备工作,对切实加强高等学校思想政治理论课教师队伍的培养培训工作,对为高等学校思想政治理论课教师队伍建设提供学科支撑,对切实为高等学校思想政治理论课教师队伍建设提供政策和制度保障等问题,进行了全面深入和具体的阐述,提出了明确的目标要求,对于进一步加强高等学校思想政治理论课教师队伍建设,具有重要的指导意义。依据党中央的相关指示,思想政治理论课教师在职攻读马克思主义理论博士学位的专项计划自 2008 年起开始实施;高校思想政治理论课骨干教师国内外参观考察活动自 2009 年起正式启动;经过长期不懈的努力,由教育部、省级教育部门和高校三级齐抓并举的思想政治理论课教师培训体系逐步形成,广大思想政治理论课教师通过参与骨干研修、全员培训、在职攻读学位、国内外学习考察等多种形式的培训,其思想政治素质、理论水平和教学能力得到明显提高,涌现出一大批具有高度使命感、责任感,授课精彩的优秀教师,极大地促进了高校思想政治理论课实效性,呈现出蓬勃生机和良好的发展态势,对大学生进行思想理论教育的主渠道作用日益凸显,对马克思主义理论研究和建设工程的实施高校思想政治理论建设中发挥了重要作用。为深入贯彻党的十八大精神,推动马克思主义中国化最新成果进教材、进课堂、进头脑,帮助广大思想政治理论课教师更好地把握 2013 年修订版教材和教学大纲的主要内容和基本精神,切实用好新教材和教学大纲,湖北省教育厅根据教育部要求,于 9 月 6 日在武汉举办了《基础》、《原理》、《纲要》三门课程新修订教材和研究生五本教学大纲的骨干教师示范培训班。

四、湖北省马克思主义理论学科建设的优势与特色

在党中央的高度关注下,在地方政府的有力支持下,我省马克思主义理论学科建设不断取得突破,不仅打造了研究马克思主义理论的坚实的工作平台,而且极大地促进了党的思想理论教育事业的蓬勃发展,其主要优势与特色主要集中于以下几点:

1. 集中力量加强马克思主义中国化研究

湖北大学的田子渝教授关于"马克思主义在中国的早期传播史研究"在国内居前列,具有宏观研究与个案研究相结合的鲜明特色,有国家级项目、有专著、有权威期刊论文、有多项省部级奖。他在台北独具慧眼地发现毛泽东两篇早期文稿,并写出研究专文,发表后被《新华文摘》以重点论文转载,引起重大反响,另有两篇论文被《新华文摘》摘编论点;他在《光明日报》等报刊发表的《我国最早提出建党思想的是李汉俊》等文,以大量史实说明其人为中共创始人之一,此论点后收录于由中共中央审批的《中国共产党历

理 论 篇

史》,李汉俊的贡献第一次在权威版本的党史中给予肯定;他发表的《李汉俊对传播马克思主义的贡献》一文,获得中国中共党史学会优秀论文二等奖,并由胡锦涛同志在人民大会堂颁发获奖证书。徐方平教授关于"中共早期传媒与马克思主义中国化、大众化研究"及"早期中共传媒与党的先进性建设研究"在国内居前列,并显出了其学术力度与后劲,有国家级、教育部等项目,有专著与重要系列论文。郭大俊教授关于"唯物史观在中国的当代形态——邓小平社会历史观研究",在国内居前列,并显出其整体性与命题性相结合的理论特色,有专著、有权威论文、有省部级奖,并得到著名专家靳辉明、赵家祥、李会滨的好评。俞良早、贺祥林、陈波、郭大俊等多位教授参与的关于"邓小平理论与列宁后期思想研究",在国内具优势与鲜明特色,有国家级项目、有专著、有权威期刊论文、有省部级奖,并得到著名专家靳辉明、许征帆、李会滨的好评。

2. 加强马克思主义基本原理与当代社会现实问题研究

从深入基础理论、创新范畴与结合当代社会现实的研究中,湖北大学的贺祥林教授所从事的关于"实践范畴、物质范畴、实践思维方式研究"和"制度文明基础理论研究",在国内居前列并显示特色,获得多项省市级奖,其"制度文明"范畴被他们主编的全国哲学专业通用的《马克思主义哲学原理》教科书采纳,另有多篇论文被《新华文摘》与《中国社会科学文摘》摘编论点。陈翠芳博士、贺祥林教授关于"深化马克思异化理论、社会有机体理论与科学发展观和构建和谐社会研究",在国内显示重大基础理论与现实问题相结合的特色,有国家级项目、有专著、有权威期刊论文,《科技异化与科学发展观》一书选入"中国社会科学博士论文文库"并出版,《正确把握科学发展观》一文在《光明日报》发表后被中宣部理论局收入专集出版,《马克思社会有机体理论与科学发展观》一文在《光明日报》开辟的"马克思主义理论研究与建设工程·文论"专栏发表,另有一篇论文被《新华文摘》摘编论点。党的十八大提出,要进一步加强社会主义核心价值观建设,并对社会主义核心价值体系进行了新的凝练,武汉大学沈壮海教授所著《兴国之魂:社会主义核心价值体系释讲》紧扣社会主义核心价值体系,从其理论之基、探求之路、文化之源、价值之核、时代之境、践行之思等方面深入浅出地阐述相关重要问题,深度挖掘了社会主义核心价值体系的理论与文化渊源,梳理了社会主义运动和中国共产党追求、践行自己核心价值的历程,分析了当前我国核心价值体系建设面临的时代境遇、现实课题,并着眼未来,努力对有关重要理论问题进行了前瞻性的理论探索。

3. 强化马克思主义人学、人权理论与德治、法治现实研究

湖北大学的杨鲜兰教授的关于"经济全球化条件下人的发展问题研究"，在国内以多维角度、视角新颖而显特色，并得到著名专家汪信砚的好评，其"生态文明视角下人的发展"课题被中国财政经济出版社纳入"十一五"国家重点图书出版系列丛论。陈波教授的"关于马克思主义视野中的人权理论研究"，在国内以系统研究马恩列毛邓人权思想而显出优势与特色，有国家级项目、有专著、有权威期刊论文、有省级奖，并得到著名学者杨瑞森的好评。郭大俊教授关于"马克思主义实践观与科学社会主义研究"，在国内以实践与科学社会主义相结合而显示特色，有国家级项目、有权威期刊论文，他发表在《哲学研究》上的《实践唯物主义视野中的人》一文，被《光明日报》摘载论点。湖北大学的马克思主义理论学科有五位教授成为中国人学学会会员，对马克思主义人学理论与人权理论的研究正积势待发。此外，经过努力建设与发展，武汉科技大学的马克思主义学科已形成了稳定的研究方向、鲜明的研究特色，并取得了较为突出的研究成果。其中，郭继海教授成为马克思主义科学体系及其哲学基础研究方向的学术带头人。该方向侧重于从整体上研究马克思主义基本原理及其形成和发展，研究马克思主义基本范畴、科学理论体系的原理构成及马克思主义的哲学基础与理论品质，深入研究马克思主义基本原理与科学精神在当代的运用和发展。

4. 创新思想政治理论教育研究

以基础理论研究为依托，立足当代又继承民族优秀文化传统，立足本国又充分吸收世界文化优秀成果，在大视野与大整合的研究中，湖北大学康志杰教授关于"诚信的传统意义与现代价值研究"和"宗教问题研究"，在国内显出特色，有国家级等多项课题、有专著、有重要系列论文。杨业华教授"从社会主义思想道德建设的视角开展思想政治教育前沿问题研究"，在国内以重环境、求方法与跟踪重大现实问题而显出优势与特色，有国家级等多项课题、有专著、有权威期刊论文、有市级奖。杨鲜兰教授关于"高校大学生思想政治教育有效机制研究"，在国内显出特色，有多项课题，有重要系列论文、有市级奖。王体正教授、董立仁教授等合作的"社会主义精神文明建设研究"和"人才理论与人的发展相结合研究"，在国内显出特色，有多项省市级课题、有专著、有重要系列论文、有多项省级奖，得到著名学者张武等好评。

2014年5月17日，第二届全国民族（地区）院校马克思主义理论高层论坛暨民族院校马克思主义学院院长联席会年度会议在湖北省恩施土家族苗族自治州举行。来自中央民族大学、中南民族大学、西南民族大学等16所民族高

校的马克思主义学院院长及专家学者60余名代表参加了此次论坛。此次论坛由湖北民族学院马克思主义学院举办，活动包括"学术报告"、"经验交流"和"主题讨论"三部分内容。在"学术报告"环节，中央编译局马克思主义研究部主任季正聚围绕马克思主义中国化的提出、转型国家民主治理困境的原因、当代中国代表性社会思潮的发展脉络、政治体制改革问题4个方面，阐述了当代世界与中国特色社会主义研究中的热点问题。全国高校思想政治教育研究会学术委员会委员、中南民族大学教授徐柏才，回顾了30年来民族思想政治教育的研究进展，阐述了民族思想政治教育研究概貌、主要研究内容，并交流了自身对民族马克思主义理论学科建构的基本认识和深化研究的学术思考。他强调，深化民族思想政治教育研究的学术思考，不仅要深化基础理论研究，而且要推进跨学科研究，并逐步完善学科体系。在"经验交流"和"主题讨论"环节，各个民族高校的专家学者围绕民族高校马克思主义理论学科建设、《毛泽东思想和中国特色社会主义理论体系概论》课程教学等，作了充分讨论与交流。其中关于民族高校思想政治教育的普遍性与特殊性、民族高校思想政治理论课的教育教学方法、思想政治理论课实践教学以及民族高校马克思主义理论学科如何服务社会等问题，在与会人员中引起了强烈反响与共鸣。

我们要看到，新时期，党的思想政治教育在诸多方面有了卓越的成就，马克思主义理论学科在各个方面都有了长足发展，尤其是在理论研究领域和主题方面，其研究成果不断深化。但同时也要意识到，新时期，马克思主义理论学科建设仍需要继续完善，党的十八大为马克思主义理论学科建设发展提出了很多急需研究的新课题，例如培养社会责任感问题、贯彻"三个倡导"，以及积极培育和践行社会主义核心价值观和法治建设新发展等，马克思主义理论学科建设任务依然艰巨。因此，要以深入贯彻党的十八大精神，并以此为指导，不断增强学科建设的自信与自觉，使马克思主义理论学科建设工作不断取得新突破。

参考文献

[1] 习近平：《紧紧围绕坚持和发展中国特色社会主义》，载《学习宣传贯彻党的十八大精神》，人民出版社2012年版。

[2] 胡锦涛：《坚定不移沿着中国特色社会主义道路前进，为全面建成小康社会而奋斗》，人民出版社2012年版。

[3] 郑永廷：《以十八大精神指导高校思想政治教育及学科建设》，载《思想教育研究》2013年3月刊。

［4］白显良：《思想政治教育学科建设研究综述》，载《马克思主义学科建设》2007年4月刊。

［5］石云霞：《新中国思想理论教育60年：1949—2009》，华中科技大学出版社2009年版。

［6］石云霞：《高校思想政治理论课程建设史研究》，武汉大学出版社2006年版。

［7］孙来斌、熊燕文：《提升社会影响，推进学科整体发展——"武汉大学马克思主义理论学科建设会议"述要》，载《思想理论导刊》2008年第7期。

报告撰稿人： 韩　露　湖北省大学生思想政治教育评价中心研究人员，湖北经济学院思想政治理论课部教师，副教授，法学博士

培育和践行社会主义核心价值观述评

丁银河

"倡导富强、民主、文明、和谐，倡导自由、平等、公正、法治，倡导爱国、敬业、诚信、友善，积极培育和践行社会主义核心价值观。"党的十八大从国家、社会和公民三个层面概括了社会主义核心价值观的价值目标、价值取向和价值准则。这三个"倡导"，勾绘出一个国家的价值内核、一个社会的共同理想、亿万国民的精神家园，在全社会激发了强烈的共鸣。大多数学者认为，党的十八大提出的社会主义核心价值观内涵丰富，国家、社会、公民三个层面的提炼，使人们更加明确要建设什么样的国家、建设什么样的社会、成为什么样的公民，具有重要的现实意义。把涉及国家、社会、公民三个层面的价值要求融为一体，既体现了社会主义的本质要求，继承了中华优秀传统文化，也吸收了世界文明有益成果，体现了鲜明的时代精神。在当今我国思想文化多元多样多变的情况下，提出社会主义核心价值观，必将最大限度凝聚人们的共识，为实现中国梦提供强大精神动力。有学者认为，党中央对社会主义核心价值观问题的重视前所未有，反映了新一届中央领导集体对当前我国价值观建设的高度自觉。同时，2013年12月21日，中共中央办公厅印发了《关于培育和践行社会主义核心价值观的意见》（以下简称《意见》），并发出通知，要求各地区各部门结合实际认真贯彻执行。为此，学界、政界和社会人士紧紧围绕社会主义核心价值观与社会主义核心价值体系、与中华优秀传统文化、与西方"普世价值"的关系，社会主义核心价值观与中国梦、与文化软实力的关系，社会主义核心价值观的"落地"与践行以及科学凝练的阶段性与长期性等问题，展开深入讨论，现综述如下。

一、社会主义核心价值观与社会主义核心价值体系

2006年10月，党的十六届六中全会通过的《中共中央关于构建社会主义和谐社会若干重大问题的决定》，第一次明确提出了"建设社会主义核心价值

体系"这一重大命题,其基本内容包括马克思主义指导思想、中国特色社会主义共同理想、以爱国主义为核心的民族精神和以改革创新为核心的时代精神、社会主义荣辱观等四个方面的内容。社会主义核心价值体系,以理论层面为主导,统领理想、精神、道德等不同层面,四者相辅相成、相互促进,构成一个完整的体系。这是我们党理论创新的又一重大成果,是加强社会主义和谐文化、和谐社会建设的重大举措,对于我们深化对中国特色社会主义本质的认识,全面推进中国特色社会主义伟大事业具有重大而深远的意义。

党的十八大提出社会主义核心价值观的 24 字基本内容,这两者之间到底是什么关系?有学者认为,这是两个既有内在联系又相互区别的概念,不宜将二者完全等同。[①] 社会主义核心价值观是在社会主义核心价值体系基础上提出来的,正如《意见》指出的:社会主义核心价值观是社会主义核心价值体系的内核,体现着社会主义核心价值体系的根本性质和基本特征,反映着社会主义核心价值体系的丰富内涵和实践要求,是社会主义核心价值体系的高度凝练和集中表达。这四句话,实际上是对核心价值观和核心价值体系两者关系的一个基本定位。

把握好核心价值观与核心价值体系的关系,首先要充分认识到两者的内在一致性。一是核心价值观与核心价值体系方向一致,都体现了社会主义意识形态的本质要求,体现了社会主义制度在思想和精神层面的质的规定性,凝结了社会主义先进文化的精髓,是中国特色社会主义道路、理论体系和制度的价值表达,是实现中华民族伟大复兴的中国梦的价值引领。二是社会主义核心价值体系的价值追求、价值理想、价值取向和价值规范浓缩为社会主义核心价值观。社会主义核心价值观归属于社会主义核心价值体系,是社会主义核心价值体系本质内涵的集中表达和最高抽象,是社会主义核心价值体系中最基础、最核心、最重要、最具决定作用、居于主导地位的部分,是中华民族长期秉承的反映社会主义本质和中国特色社会主义建设规律的根本原则和价值观念的集合体。三是核心价值观与核心价值体系都坚持重在建设,就是要弘扬共同理想、凝聚精神力量、建设道德风尚,都是为了形成全民族奋发向上、团结和睦的精神纽带,使我们的国家、民族、人民在思想和精神上强大起来,更好地坚持中国道路、弘扬中国精神、凝聚中国力量。[②]

[①] 韩振峰:《社会主义核心价值体系与社会主义核心价值观》,载《光明日报》2011年1月24日刊。

[②] 刘云山:《着力培育和践行社会主义核心价值观》,载《求是》2014年第2期。

把握好核心价值观与核心价值体系的关系，其次要认识到两者各有侧重，特别要看到相比于社会主义核心价值体系，社会主义核心价值观有这样几个鲜明特点：一是更加突出了核心要素，社会主义核心价值体系包括马克思主义指导思想、中国特色社会主义共同理想、民族精神和时代精神、社会主义荣辱观四个方面，是一个系统性、总体性的框架；而社会主义核心价值观强调的"三个倡导"，则更清晰地揭示了这个价值体系的内核，确立了当代中国最基本的价值观念。二是更加注重了凝练表达，社会主义核心价值观倡导的富强、民主、文明、和谐，自由、平等、公正、法治，爱国、敬业、诚信、友善，明确了国家、社会、公民三个层面的价值目标、价值取向、价值准则，是社会主义核心价值体系的凝练表达，符合大众化、通俗化要求，便于阐发和传播。三是更加强化了实践导向，社会主义核心价值观强调的"三个倡导"指向十分明确，每个层面都对人们有更具体的价值导向，是实实在在的要求，规范性和实践性都很强，便于遵循和践行。培育和践行核心价值观，为推进核心价值体系建设进一步明确了切入点和工作着力点，有利于更好把各项任务落到实处。

二、社会主义核心价值观与中华优秀传统文化

任何一种价值观，都有其固有的根本。社会主义核心价值观也不是无源之水、无本之木。那么，怎样认识社会主义核心价值观与中华优秀传统文化尤其是中华传统美德的关系？二者是继承与创新关系还是根本割裂的？这些问题成为思想理论界讨论的热点。

习总书记2014年2月24日在中央政治局第十三次集体学习时的讲话中指出，培育和弘扬社会主义核心价值观必须立足中华优秀传统文化。牢固的核心价值观，都有其固有的根本。抛弃传统、丢掉根本，就等于割断了自己的精神命脉。博大精深的中华优秀传统文化是我们在世界文化激荡中站稳脚跟的根基。中华文化源远流长，积淀着中华民族最深层的精神追求，代表着中华民族独特的精神标志，为中华民族生生不息、发展壮大提供了丰厚滋养。中华传统美德是中华文化精髓，蕴含着丰富的思想道德资源。不忘本才能开辟未来，善于继承才能更好创新。对历史文化特别是先人传承下来的价值理念和道德规范，要坚持古为今用、推陈出新，有鉴别地加以对待，有扬弃地予以继承，努力用中华民族创造的一切精神财富来以文化人、以文育人。要讲清楚中华优秀传统文化的历史渊源、发展脉络、基本走向，讲清楚中华文化的独特创造、价值理念、鲜明特色，增强文化自信和价值观自信。要认真汲取中华优秀传统文

化的思想精华和道德精髓，大力弘扬以爱国主义为核心的民族精神和以改革创新为核心的时代精神，深入挖掘和阐发中华优秀传统文化讲仁爱、重民本、守诚信、崇正义、尚和合、求大同的时代价值，使中华优秀传统文化成为涵养社会主义核心价值观的重要源泉。要处理好继承和创造性发展的关系，重点做好创造性转化和创新性发展。①

学者们积极研究阐释社会主义核心价值观与中华优秀传统文化的密切关系，准确认识社会主义核心价值观充分体现了对中华优秀传统文化的继承和升华。社会主义核心价值观在吸收中华优秀传统文化丰富营养的基础上逐步发展和完善，是中华优秀传统文化在现代社会的延续，二者在内在上是统一的。中华优秀传统文化是社会主义核心价值观的深厚沃土，离开优秀传统文化的滋养，社会主义核心价值观将变成无源之水、无本之木。② 学者们普遍认为，社会主义核心价值观与中华优秀传统文化二者之间是"流"与"源"的关系，后者为前者提供丰厚滋养，前者是对后者的传承与超越。③ 学者们还谈到，在当前的研究宣传和教育教学中，要着重讲清楚中华优秀传统文化的历史渊源、发展脉络、基本走向，讲清楚中华文化的独特创造、价值理念、鲜明特色，引导青年学生增强文化自信和价值观自信，最终使中华优秀传统文化成为涵养社会主义核心价值观的重要源泉。④ 有学者强调，正确处理二者关系，对当前培育和弘扬社会主义核心价值观具有重要意义。具体来说，就是要正确处理"继往"和"开来"的关系，特别要注重做好创造性转化和创新性发展；正确处理"守本"与"外来"的关系，既继承和弘扬中国传统文化精华，又广泛借鉴世界"外来"文明成果，在多元中立主导、在多样中谋共识，使社会主义核心价值观充分反映社会主义制度的本质属性和社会主义的价值追求。

三、社会主义核心价值观与"普世价值"

近年来，有关"普世价值"的论争不绝于耳。而近期社会主义核心价值

---

① 《把培育和弘扬社会主义核心价值观作为凝魂聚合强基固本的基础工程》，载《人民日报》2014年02月26日刊。

② 宋乃庆：《社会主义核心价值观与中华优秀传统文化》，载《光明日报》2014年10月07日刊。

③ 郭齐勇：《中华优秀传统文化是社会主义核心价值的土壤与基础》，载《光明日报》理论周刊2014年4月2日刊。

④ 习近平：《使核心价值观影响像空气一样无所不在——在中共中央政治局第十三次集体学习时的讲话》，载新华网，2014年2月25日。

观与"普世价值"的论争，便成为两种意识形态、两种政治制度在价值观领域的较量。

学者们反映，近期典型表现就是故意曲解党的十八大提出的社会主义核心价值观，宣扬所谓"普世价值"。比如，有人说"十八大最大的亮点就是将民主、自由、平等、公正等普世价值列入社会主义核心价值观"，"第一次提出了肯定普世价值的社会主义核心价值观"等。对此，学者们积极回应，从不同方面给以有力回击。一方面，学者们从多个角度对中西价值观、社会主义核心价值观和西方所谓"普世价值"的差异进行了系统梳理。学者们认为，中西方价值观在本质和内涵上存在根本不同，主要表现为制度属性、阶级属性以及所代表的利益诉求的不同。社会主义核心价值观是中国特色社会主义的身份标识、文化符号和文化内核，是中国作为大国走向世界的文化象征，是中国向世人展示的文化名片，是中华民族自立于世界的思想理论前提，是揭示中国特色社会主义身份密码的"DNA"，是"中国梦"的价值愿景。唯有通过社会主义核心价值观才能清晰地界定"我是谁"，在与"他者"的比较中才能清晰地显现自身的特殊性和差异性。另一方面，学者们运用马克思主义的阶级分析方法，深刻揭露了西方所谓"普世价值"的真实面目。比如，有学者指出，在资本主义社会，所谓"自由"实质上是商品交换和贸易的自由，是资本的自由；所谓"民主"，实质上是资产阶级内部的民主，是有钱人的游戏；所谓"人权"，实质上是资产阶级的权利，"平等地剥削劳动力，是资本的首要的人权"。有学者指出，西方国家在世界范围内极力推销的价值观念，其实质并没有它所宣传的那么美丽，只要剥离其靓丽的外衣，"个人主义"、"享乐主义"和"拜金主义"的本来面目就昭然若揭。还有学者指出，新一轮"普世价值"论的鼓吹者使用的仍然是偷梁换柱的手法，他们从根本上无视党的十八大倡导的社会主义核心价值观中的民主、自由、平等、公正等概念所具有的阶级属性和意识形态属性，将其等同于美国等西方国家极力向全世界推行的那套价值观念。

学者们建议，当前应当积极拓展渠道，加大对社会主义核心价值观的宣传力度，通过多种活动载体，引导人们特别是青少年树立正确的世界观、人生观、价值观，自觉弘扬和践行社会主义核心价值观，同时积极与西方"普世价值"作坚决斗争。

四、社会主义核心价值观与中国梦

如何使社会主义核心价值观更好地融入中国梦？这是当前社会主义核心价值观建设面临的艰巨任务，也是学者们积极研究的重大问题。

针对社会主义核心价值观融入中国梦的问题，学者们认为，中国梦与社会主义核心价值观在本质上是相通的，体现出历史逻辑与理论逻辑、历史创造主体与价值主体的有机统一。社会主义核心价值观构成了中国梦的价值内核，包括价值目标、价值理想、价值取向、价值追求、价值准则、价值规范等，而中国梦从理想变成现实的过程，既是其科学性得以确证检验的过程，又是社会主义核心价值观培育与丰富的过程，更是社会全面发展与人的自由全面发展辩证统一的过程。有学者认为，中国梦从理想变成现实的过程，首要表现为社会主义核心价值观一步步落地生根的过程。坚持"三个倡导"，加快培育和践行社会主义核心价值观，本身并非最终目的，而是夺取中国特色社会主义新胜利的精神动力和思想保证。还有学者提出，实现中华民族伟大复兴的中国梦，既要有强大的硬实力，包括政治、经济、科技、军事等，同时也离不开思想、文化、价值观等软实力。在这其中，价值观又是软实力建设的重中之重。社会主义核心价值体系是社会主义先进文化的精髓，决定着中国特色社会主义的发展方向。社会主义核心价值观是社会主义核心价值体系的高度凝练和集中表达，是中国特色社会主义在思想文化上最鲜明的标记，因而构成中国梦不可或缺的价值内核。有学者指出，社会主义核心价值观落地生根的过程也是中国梦从理想变为现实的过程，应将社会主义核心价值观的宣传教育与中国梦的宣传教育紧密结合起来。在宣传阐释中，应厘清社会主义核心价值观与中国梦的内在逻辑，以社会主义核心价值观引领中国梦，要与人民日常生活密切契合。还有学者建议，应着力在"做什么"上下工夫，实现中国梦，需要团结动员不同阶层、不同利益群体的人们做好大量艰苦细致的工作；社会主义核心价值观应上升为国家层面的要求，成为制定法律法规、制度设计、决策部署及实施公共管理的价值准则，体现于经济社会各方面政策措施及其实践之中。

五、社会主义核心价值观与文化软实力

核心价值观是文化软实力的灵魂，是文化软实力建设的重点。这是决定文

化性质和方向的最深层次要素。一个国家的文化软实力，从根本上说取决于其核心价值观的生命力、凝聚力、感召力。2014年2月24日，中央政治局第十三次集体学习时习总书记指出，核心价值观是文化软实力的灵魂、文化软实力建设的重点。这是决定文化性质和方向的最深层次要素。一个国家的文化软实力，从根本上说，取决于其核心价值观的生命力、凝聚力、感召力。培育和弘扬核心价值观，有效整合社会意识，是社会系统得以正常运转、社会秩序得以有效维护的重要途径，也是国家治理体系和治理能力的重要方面。历史和现实都表明，构建具有强大感召力的核心价值观，关系社会和谐稳定，关系国家长治久安。该论述明确了培育和践行社会主义核心价值观是增强国家文化软实力的根本要求。这是对文化软实力建设规律的深刻揭示，反映了我们党的文化自觉又达到了一个新的高度，是提高国家文化软实力、推进治理体系和治理能力现代化的根本指引。可以从以下三个方面进行理解。

一是核心价值观是文化软实力最根本要素。核心价值观则是在价值观体系中居于核心支配地位的价值观，是一种社会制度长期普遍遵循的基本价值原则。核心价值观是统摄文化软实力的"魂"，支配着文化软实力的生命力；是标识文化软实力的"核"，决定着文化软实力的性质和方向；是支撑文化软实力的"钙"，铸造着文化软实力虽"软"犹"实"的脊梁。文化软实力建设和提升的关键在于核心价值观的培育与践行。

二是核心价值观是文化软实力最强大"磁源"。文化软实力较多呈现的是文化的影响力、向心力、凝聚力、动员力、感召力、整合力等，这些"力"无不来自于对核心价值观的认同与追求。核心价值观形成"磁场"般的环境，对人们产生潜移默化的同化作用，为不同身份和背景的人们的价值观、善恶观、审美观着上基本相同的"底色"；核心价值观如同"黏合剂"，可以最大限度地凝聚形成社会思想共识，形成精神纽带，进而化作维系社会和民族生命共契的巨大能量。

三是核心价值观是国家软实力中最主要的竞争力。当今时代正在成为一个文化的时代，即以文化兴国的时代。全球竞争在继资源竞争、资本竞争之后，进一步演变为文化的竞争。而文化软实力的比拼，说到底是核心价值观的较量。谁拥有强大吸引力和影响力的价值观，占据道德的高地，谁就赢得国际社会的认同，获得有力的话语权，便能够在激烈的国际竞争中赢得主动。中国的崛起绝不能只是经济的发展和壮大，更要有与之相配的核心价值观优势与正能量。这也是世界大国崛起之路的共同规律。只有在与各种文化不断交流、对话、博弈中完善中国核心价值观的当代表达，彰显文明、民主、开放、和谐与负责任的国家形象，增强中华文化对国际社会的吸引力和感召力，并为构建世界价值体系、引领世界价值走向作出贡献，才能使文化软实力确实硬起来，使大国的地位真正立起来。

六、社会主义核心价值观的"落地"与践行

核心价值观的生命力在于实践，在于每一个社会成员自觉行动。参与面越广，践行核心价值观的社会基础就越深厚。培育和践行核心价值观，必须坚持教育和实践两手抓，以教育引导实践，以实践深化教育。如何使社会主义核心价值观内化于心、外化于行？这是当前社会主义核心价值观建设面临的艰巨任务，也是学者们积极研究的重大问题。

在学界，学者们建议，培育和践行社会主义核心价值观，要在三个层面上展开，实现良性互动：一是在党和国家层面，建立健全培育和践行社会主义核心价值观的领导体制和工作机制，把培育和践行社会主义核心价值观融入国民教育全过程，落实到经济发展实践和社会治理中；二是在宣传理论界层面，开展理论的开掘阐释和教育引导工作；三是在社会和公民个人层面，形成党员干部引领带动，人人参与、人人实践的生动局面。有学者认为，应突出为人民服务的思想。因为社会主义核心价值观以人为本，在价值主体和价值目标上都是以人民群众的根本利益为根本价值追求。也有学者指出，应着力在"怎么说"上下工夫。要使社会主义核心价值观得到人们的思想认知、情感认同，除了做好常规的理论宣讲、思想教育，还应重视发挥文以载道、文以释道、文以传道的优势，多做"以文化人"的隐性、软性教育。要聚焦社会主义核心价值观在社会发展进程及个体命运变迁等方面的典型事例，善于用艺术的形式把深刻的大道理和贴近百姓的小道理结合起来讲述好、传播好，使人们在得到审美享受的同时感受到真理的魅力，增强对社会主义核心价值观的认同。

在政界，习总书记2014年3月9日参加十二届全国人大二次会议安徽代表团审议时的讲话中指出，各级领导干部都要树立和发扬好的作风，既严以修身、严以用权、严以律己，又谋事要实、创业要实、做人要实。严以修身，就是要加强党性修养，坚定理想信念，提升道德境界，追求高尚情操，自觉远离低级趣味，自觉抵制歪风邪气。严以用权，就是要坚持用权为民，按规则、按制度行使权力，把权力关进制度的笼子里，任何时候都不搞特权、不以权谋私。严以律己，就是要心存敬畏、手握戒尺，慎独慎微、勤于自省，遵守党纪国法，做到为政清廉。谋事要实，就是要从实际出发谋划事业和工作，使点

子、政策、方案符合实际情况、符合客观规律、符合科学精神，不好高骛远，不脱离实际。创业要实，就是要脚踏实地、真抓实干，敢于担当责任，勇于直面矛盾，善于解决问题，努力创造经得起实践、人民、历史检验的实绩。做人要实，就是要对党、对组织、对人民、对同志忠诚老实，做老实人、说老实话、干老实事，襟怀坦白，公道正派。要发扬钉钉子精神，保持力度、保持韧劲、善始善终、善作善成，不断取得作风建设新成效。

在社会层面，要坚持弘扬正气，坚决压住邪气。推动核心价值观的践行，还应当把抓建设与抓治理结合起来，集中力量对人们反映强烈的道德领域突出问题进行专项整治。对那些伤风败俗的丑恶行为，对那些激起公愤的缺德现象，要充分运用舆论手段、经济手段、法律手段等，予以遏制、加强惩戒，形成社会压力，绝不能听之任之。政务诚信、商务诚信、社会诚信和司法公信，一直是各方面关注的焦点，这方面的治理取得了一些成果，但还远远不够，一定要坚持不懈地抓下去，下大力气解决食品药品安全、社会秩序、公共服务等方面的突出问题，务求取得看得见、感受得到的成效。随着我国经济快速发展和人民生活水平不断提高，出外旅游越来越成为人们生活的一部分，旅游中不文明现象日益凸显出来。要在已有工作基础上，进一步加大治理力度，引导公众增强文明出游意识，不断提升道德素养，更好地塑造和展示良好国家形象。

在个人层面，从我做起，从小事做起。天下大事必作于细。对核心价值观的践行是具体的，必须坚持由易到难、由近及远，动员人们从身边小事做起、从一点一滴做起，把"三个倡导"要求变成日常的行为准则，进而增强自觉奉行和日常践行的能力。要坚持不懈推动实践养成，广泛开展学雷锋、志愿服务活动，开展群众性精神文明创建活动，引导人们在实践中深化对核心价值观的理解。要充分利用重大节日、重大活动，开展面向大众的主题实践活动，开展必要的礼仪活动，让人们更好地感悟核心价值观的真谛和要义。活动不在多，关键要有效果。如果离开实际生活和工作去搞道德实践活动，不管口号提得再响，活动规模再大，最后只能是空对空。推动核心价值观的践行，一定要注意贴近性、对象化、接地气，实现内容和形式的有机结合，让人们便于参与、乐于参与。

七、社会主义核心价值观科学凝练的阶段性与长期性

建设社会主义核心价值体系，积极培育与践行社会主义核心价值观，是中国特色社会主义建设的一项长期性战略任务。而凝练社会主义核心价值观也必

然是一个长期的过程，是这一长期性战略任务中一个非常重要又非常艰巨的课题。

"三个倡导"并不是社会主义核心价值观的最终定型。党的十八大提出"三个倡导"是基于广大人民群众的现实要求和我国社会主义核心价值体系的实践需要而采取的一种务实的抉择，是在当前对社会主义核心价值观的认识不尽一致、观点不尽相同、看法多种多样的情况下，极有利于避免思想上的模糊、认识上的混乱、选择上的迷茫，最大限度地统一思想、凝聚共识、明确方向的一种选择。这种表述，采取的是一种开放而未定性和定论的表述方式，"倡导"并不是"定型"，更不等于"定型"，它仍然为进一步深入研究、概括总结、凝练升华社会主义核心价值观留下了广阔的空间和充分的余地。《关于培育和践行社会主义核心价值观的意见》指出，这"24个字"是社会主义核心价值观的基本内容，为积极培育和践行社会主义核心价值观提供了基本遵循。也就是说，"三个倡导"的价值理念并不是社会主义核心价值观的最终结论，而是为积极培育社会主义核心价值观奠定的理念基础，"三个倡导"本身也是积极培育和践行社会主义核心价值观的重要表现。

"三个倡导"的内在联系和逻辑关系还值得深入研究。首先，在现代意义上，国家与公民是一组对等的概念，社会也是公民社会，公民是国家和社会的主体，即国家公民、公民社会，有公民才有国家和社会，国家、社会都是对应公民而言的。所以，国家、社会与公民，事实上是同一个层面的概念。其次，第一个"倡导"事实上是针对社会结构的四个方面而言的，而非针对国家。在现代意义上的国家，主要是针对治权，即法治。再次，第二个倡导中的四个概念，不是同一层次的概念，自由、平等、公正是法治的具体内涵，是法治应该规范和制度化保障的内容。同时，自由、平等也是公正的重要内涵。没有自由、平等为前提，不可能有真正的公正，所谓"公正"，也就是要保证自由、平等，做到不偏不倚。此外，平等这一价值理念，与第一个"倡导"中的"民主"这一价值理念，也是相辅相成、相互依靠的，没有平等，就不可能有民主；没有民主，也不可能有真正意义上的平等。自由、平等、公正、民主这些价值追求，在现代社会，都要依靠法治的保障才能实现。"法治"既是一种理念，更是一种制度，强调规范化、制度化、程序化，它是自由、平等、公正、民主的制度性固化。因此，这四个概念排列在一起，就像鸟蛋、鸡蛋、鸭蛋和篮子的关系。

科学提炼社会主义核心价值观仍然是一项重大课题和重要任务。科学提炼社会主义核心价值观，是一项十分重大的理论课题，首先必须具备理论上的科学性和彻底性。没有理论上的科学性和彻底性，就不能说服人，也不能为人所信服。马克思主义经典作家认为，科学社会主义既是一种人类认识真理的思想体系和社会发展的实践运动，也是一种符合历史发展规律的制度安排，更是一种合目的性的人类价值体系。社会主义核心价值观，是科学社会主义思想体系的内核、实践运动的指针、制度安排的灵魂、价值体系的逻辑起点。同时，它又是一个具体的、历史的、发展的范畴，是一个不断生成的概念。

参考文献

［1］中共中央办公厅印发《关于培育和践行社会主义核心价值观的意见》，载《党建》2014年01期。

［2］祝念峰、郑丽平、王雪凌：《2014年上半年思想理论领域若干热点问题》，载《红旗文稿》2014年7月23日第14期。

［3］戴木才：《积极培育和践行社会主义核心价值观》，载《思想政治工作研究》2014年02期。

［4］戴木才：《社会主义核心价值观与核心价值体系的辩证关系》，载《南昌航空大学学报》（社会科学版）2011年02期。

［5］王晓晖：《积极培育和践行社会主义核心价值观》，载《求是》2012年23期。

［6］徐宁：《论社会主义核心价值观的知与行》，载《南京社会科学》2014年06期。

［7］姜迎春：《社会主义核心价值观凝练的多维视角、分歧原因与争论焦点》，载《河海大学学报》（哲学社会科学版）2014年02期。

［8］冯秀军、王淼：《培育和践行社会主义核心价值观的几个基本问题》，载《教学与研究》2014年08期。

［9］杜鸿林：《承负起培育践行社会主义核心价值观的责任担当》，载《道德与文明》2014年04期。

［10］范玉刚：《践行社会主义核心价值观的原则、载体与路径研究》，载《湖南社会科学》2013年04期。

［11］陈秉公：《论社会主义核心价值观"高势位"培育和践行的规律性》，载《思想理论教育》2014年02期。

［12］马晓楠：《论社会主义核心价值体系与"普世价值"的思想交锋》2013年硕士学位论文。

［13］侯勇、王建润：《论价值哲学视野下普世价值与社会主义核心价值

体系的"破"与"立"》,载《扬州大学学报》(人文社会科学版)2010年7月刊。

[14]陈春雷:《社会主义核心价值观与"普世价值"观比较》,载《人民论坛》2003年01期。

[15]张书林:《近两年来社会主义核心价值观研究综述——兼解读十八大报告"积极培育和践行社会主义核心价值观"思想》,载《理论建设》2013年01期。

[16]董明军:《社会主义核心价值观与中国梦的内在逻辑论析》,载《内蒙古社会科学》(汉文版)2014年5月刊。

[17]沈红宇:《当代中国义化软实力问题研究》,2013年中央党校博士论文。

报告撰稿人:丁银河 湖北省大学生思想政治教育评价中心副主任,湖北经济学院思想政治理论课部副主任,政治学博士

高校思想政治教育研究综述

江沈红

改革开放以来,我国思想政治工作在复杂的国际国内环境中发展,特别是高校思想政治教育工作,取得了很大成绩,积累了很多经验,也面临着诸多实际问题。在新的时空境遇中,高校思想政治教育需要总结与反思。通过对近年来高校思想政治教育方面理论成果与实际工作的梳理基础上,可以大致描绘出我国高校思想政治教育方面的基本经验。

一、理论研究维度

近30年来,高校思想政治教育无论是实际工作还是理论研究,均呈现出一派繁荣的局面,发表的学术文章数量多,出版的学术专著也多,特别是自思想政治教育二级学科设立以来,专家学者从多个角度进行了艰辛的理论探索,成效显著。这些理论总体上可从以下三个角度进行探究。

(一) 学科视野

自1984年思想政治教育专业招收本科生以来,高校思想政治教育学科取得长足发展,不仅形成了从本科到博士阶段的完整教育体系,而且成为马克思主义理论一级学科下独立的二级学科。30年来的发展离不开理论工作者的长期努力,同时也面临着许多新的问题和挑战。广大专家与学者都从学科建设角度作出了卓有成效的探索,全国高校马克思主义理论研究学会联合许多高校开展了14次专题研究会,汇集了诸多学者最新研究成果。如在第14次学科论坛上,探讨了思想政治教育学科的科学化建设问题、关于社会主义核心价值观的基础理论问题、关于社会主义核心价值观的凝练概括问题、关于社会主义核心价值观践行培育问题等。而在第13次学科论坛会议上,则探讨了马克思主义中国化学科建设问题、"三个自信"问题、中国梦理论研究问题等。从这些研讨话题来看,理论研究紧扣时代脉搏,积极回应实践需要。

同时，一些研究会也分别从其他角度对学科建设进行探讨。如中国社会科学院马克思主义研究院在南宁召开了"2013年全国思想政治教育学术研讨会"，对加强和改进思想政治教育的实效性来增强党对意识形态工作的领导力、深化对思想政治教育的历史、本质、学科边界和价值定位等"元命题"的系统研究都深入而富有启发。还有全国高校思想政治教育研究会2010年在上海复旦大学举行"思想政治教育前沿问题研讨会"，与会专家围绕思想政治教育学科的发展方位、研究方法、研究目标和主要问题等展开热烈研讨，对于学界深化认识、明确下一步努力方向起到了积极作用。① 研究会还于2011年底在南开大学召开了年会与大学生思想政治教育研讨会，教育部党组副书记、副部长杜玉波在会议中指出，要着力抓好三件工作："一要把社会主义核心价值体系融入大学生思想政治工作全过程。二要全面加强大学文化建设。三要大力推进实践育人工作。"② 还有《思想理论教育导刊》编辑部、高校思想政治理论课教学研究中心于2012年5月在江西举办第五届论坛，"论坛以'先进文化建设与中国特色社会主义文化发展道路'为主题，围绕中国特色社会主义文化发展道路、当代中国文化建设、社会主义核心价值体系、高校思想政治教育等问题，展开了广泛研讨和交流。"③

与此同时，思想政治教育学科建设中的诸多问题也是学者们一直探索的热点，佘双好教授在肯定学科建设取得成绩的同时，也指出一些必须直面的问题，这些问题"表现为学科建设基础的本科专业的局限，学科建设路径的教育学偏向，学科建设过程的形式主义特征，学科建设思路的脱离实际倾向等"。④ 还有些学者针对当前思想政治教育中出现的一些偏差，学科建设忽视了真问题、大问题的不足，提出要建立宏观思想政治教育学，而目前的学科显示出微观的色调，"当下思想政治教育学的'微观'色调，形成于其以教育学为底色的学术史"。⑤

---

① 徐蓉、刘钢、方啸天：《"全国高校思想政治教育前沿问题研讨会"综述》，载《教学与研究》2010年第7期。

② 《2011年全国高校思想政治教育研究会年会暨大学生思想政治教育高层论坛综述》，载《思想教育研究》2012年第1期。

③ 韩柱、张吉雄：《第五届〈思想理论教育导刊〉论坛综述》，载《思想理论教育导刊》2012年第6期。

④ 佘双好：《思想政治教育学科发展的问题与走向》，载《思想教育研究》2014年第1期。

⑤ 沈壮海：《宏观思想政治学初论》，载《思想理论教育导刊》2001年第12期。

(二)队伍视野

思想政治教育工作队伍建设也一直是学界研讨的焦点问题,目前高校思想政治教育工作队伍范围广泛,在具体工作中发挥着不同作用,如何充分发挥各支队伍的作用,形成思想政治教育工作的合力优势,就必须要深入研究队伍建设背后的理论与实践问题。

在队伍建设研究过程中,关于队伍内涵的理解是首要问题,有学者指出,队伍建设"首先应弄清几个关键问题:一是高校系统以及党政机关相关部门是高校思想政治教育队伍建设的主体;二是高校思想政治教育的客观要求和人才成长规律是高校思想政治教育队伍建设的基本依据;三是调节高校系统内外各种资源,包括人力、财力、物力、制度等建设资源是高校思想政治教育队伍建设的任务;四是实现高校思想政治教育队伍个体结构和群体结构的优化是高校思想政治教育教师建设的根本目标"。① 其实,在中央16号文件中,对思想政治教育工作队伍有系统说明,但现在关键的问题是如何充分发挥各支队伍在实际工作中的作用,这就要求各高校要在教育理念、办学定位、工作机制、体制等方面做出深入探索与研究。

而关于辅导员队伍建设的研究文章非常多,如何在新时期建设职业化、专业化、专家化的辅导员队伍是众多学者关注的热点。如朱平(2007)在"梳理辅导员职业化、专业化背景之下,提出辅导员专业化内涵可以理解为以提高辅导员思想政治教育的成效为目标,以教育的专业性、科学性为基本要求,以角色的稳定性和长期性为基本特征,使辅导员作为教师队伍的组成部分,逐步走向专门职业和特定专业的发展趋向和过程"。② 复旦大学的陈立民教授在推动本校"辅导员专业化实践基础上指出,辅导员专业化应具有以下三个方面的内涵:在具有相关学科背景的要求下,同时也要掌握高等教育的相关知识、技能,拥有从事高等教育的职业能力和职业道德;应当在国家指定的机构,进行大学教师的专门教育和培训,拥有高等教育教师的资格证书"。③ 而邱柏生(2010)从学科建设角度,认为在马克思主义理论一级学科下,思想政治教育

---

① 张慧、方文:《高校思想政治教育队伍建设研究综述》,载《黑河学刊》2013年第11期。
② 朱平:《高校辅导员的职业化、专业化解读》,载《安徽师范大学学报》(人文社会科学版)2007年第3期。
③ 陈立民:《立足教师队伍建设提高辅导员队伍专业化水平》,载《思想教育研究》2007年第7期。

二级学科"建设的主要任务是:加强科学研究,不断凝练研究方向和形成专门研究;明晰专业培养目标,细化本科生、硕士生和博士生三个层次学生的培养要求;注重课程建设,优化公共基础课程和专业课程的教学质量;强化队伍建设,抓好思想政治理论课师资、专业课师资和辅导员队伍三支队伍的协同建设"。① 还有学者从辅导员专业技术职务评聘角度进行研究,如高向东(2007)结合华东师范大学辅导员专业技术评定工作实际,指出辅导员评专业技术时:一要注重工作实绩;二要注重科研水平;三要注重教学实践。评聘程序:一是学校给予政策保障;二是组织结构明确清晰;三是评聘程序严谨公正。

(三) 比较视野

借鉴其他国家思想政治教育的经验,借以改进我们的工作,这是许多学者一直在努力的方向,比较思想教育研究的成果也比较多。如有学者对美国高校德育研究成果综述,指出美国高校德育经历了三个时期:变革期(19世纪末至20世纪30年代)、衰退期(20世纪40—50年代)、复苏期(20世纪60年代至今),其德育鲜明的特色有四:"将价值取向融入课程设置、将价值取向融入校园文化建设、将价值取向融入社会、将价值取向融入个人生活。"② 中央党校2012届博士巫阳朔博士论文《中美高校思想政治教育比较研究》,试图以新的学术思路对中美高校思想政治教育进行比较研究,将视野扩大到与两国高校思想政治教育现象密切联系的一系列因素,试图找出这些因素对两国高校思想政治教育现象异同产生的影响,分析对美国高校思想政治教育经验应当作何种理解。"在理解的基础上考虑是否可以'移植',以及'移植'的条件是否存在。最后,如何根据中国条件对之进行'本土化'。"③ 通过比较分析,巫阳朔指出:"我国高校思想政治教育未来应走向责任教育,并从整体上和比初步比较更高的层次上提出我国高校思想政治教育内容体系要实现向文化层次的深化,灌输与渗透要有符合国情和教育实际的不同定位并相互整合。"巫阳朔:《中美高校思想政治教育比较研究》,载《中共中央党校》。同时,也有

---

① 邱柏生:《试论思想政治教育二级学科建设的主要任务》,载《思想教育研究》2010年第4期。
② 范立民、高景艳:《美国高校道德教育综述》,载《天津市教科院学报》2011年第6期。
③ 巫阳朔:《中美高校思想政治教育比较研究》,载《中共中央党校》2012年中国硕士学位论文全文数据库。

学者对中日思想政治教育进行比较研究，我国对中日高校思想政治教育的比较研究在20世纪90年代是起步阶段，当时的书籍和相关的文章比较少，2000年至2005年的相关研究论文呈逐年递增之势，2005年以来的研究论文数量增幅较大。可以说，我国对中日高校思想政治教育比较在研究深度上是伴随着思想政治教育学科的建设而发展起来的，是伴随着比较思想政治教育学科的发展而逐步深化的。其中比较有影响的著作有陈永明著《日本教育：中日教育比较与展望》（高等教育出版社2003年版）、刘沧山著《中外高校思想政治教育研究》（人民出版社2008年版）。在对日本高校思想政治教育进行系统分析基础上，有学者指出，日本"思想政治教育方法有层次性，可操作性强；思想政治教育方法的渗透性与隐蔽性；贴近实际、贴近生活，思想政治教育方法具有实践性；各方的配合，使思想政治教育方法具有整体性"①。

二、实践经验维度

多年来的思想政治教育工作无论是理论层面还是实践层面都积累了许多经验与教训，对经验的总结是未来发展的基础，为此许多学者在经验总结特别是实践方面的总结做了许多研究性工作。如孙少艾在《改革开放以来高校思想政治教育的基本经验与启示》中对我国改革开放后高校思想政治教育进行全面梳理，指出："改革开放以来，我国高校思想政治教育始终坚持从培养社会主义建设者和接班人的高度正确认识高校思想政治教育的战略地位；坚持把马克思主义作为根本指针，坚持不懈地用马克思主义中国化最新成果武装师生头脑；坚持把增强文化软实力作为高校思想政治教育的战略任务；坚持继承传统与开拓创新相结合；坚持不断增强高校思想政治教育的合力。"② 还有学者对新中国成立初期高校思想政治教育经验进行总结，以期从高校早期思想政治教育实践中找到一些启示。"新中国成立初期，党高度重视高校的思想政治教育工作。这一时期，高校建立和完善了思想政治教育的工作制度，构建了马克思主义政治理论课程教学体系，坚持理论联系实际的工作原则，并紧密结合社会

---

① 查丽华、陈晓涛：《日本对青少年思想政治教育的特点及启示》，载《学理论》2011年第3期。
② 孙少艾：《改革开放以来高校思想政治教育的基本经验与启示》，载《江苏教育学院学报》2012年第2期。

实践，采取灵活多样的方式进行思想政治教育，在思想政治理论课教学上注重引导与启发，丰富和发展了思想政治教育的内容，积累了较为丰富的经验。"①

随着时代不断地发展，高校思想政治教育工作管理制度也在不断调整，有学者对我国高校大学生思想政治教育进行制度化研究，就大学生思想政治教育制度化的研究来看，学者们多从经济学、哲学、伦理学等学科角度进行分析论证。而张文学博士"则借鉴制度学的视角，从制度化的概念入手，梳理国内外思想政治教育制度化建设的思想，探究高校大学生思想政治教育制度化的现实诉求，探寻当前高校大学生思想政治教育制度化建设存在的问题及其原因，在此基础上，建构高校大学生思想政治教育制度化体系，创新高校大学生思想政治教育制度化运行机制，提出实施制度化的可操作性措施和保障措施。"②

同时，有许多学者从具体工作角度出发，对高校思想政治教育工作进行经验总结，撰写了许多有启发性的研究文章。如李蔚然博士对高校突发事件进行研究，撰写了博士论文《基于突发事件的大学生思想政治教育研究》，其中这样写道："大学生思想政治教育的本质内涵、嬗变发展、借鉴启示、现状问题、构成要素、目标设定、内容形式、方法创新、运行过程、实施途径，并从国外经验、历史回溯和实践探索中总结经验与思考，构建了基于突发事件的高校应急教育体系。"③ 论文还从高校社区文化角度探寻了高校大学生文化建设，指出："社区文化建设对于大学生整体素质的提高、社区的良好风气的形成和校园的和谐稳定具有重要意义。梳理和总结理论界对社区文化的研究可为下一步的系统研究和高校社区文化建设实践提供有力有效的指导。"④ 佘双好教授着重探讨了社会思潮对当代大学生的影响，指出了社会思潮在高校生成与发展特点，并总结出了"社会思潮呈现出与社会舆论相互影响促进、零星化和碎片化、感性化和生活化、相互渗透相互糅杂和与社会主义核心价值观此消彼长等发展趋势。"⑤ 张静（2014）则对改革开放以来社会思潮对高校思想政治教

---

① 鲁双、袁奋光：《新中国成立初期高校思想政治教育的经验与启示》，载《思想政治教育研究》2012年第6期。

② 张文学：《高校大学生思想政治教育制度化研究》，中国地质大学学位论文。

③ 李蔚然：《基于突发事件的高校大学生思想政治教育研究》，中国地质大学出版社学位论文。

④ 荆晓艳、谢怀建、朱妍洁：《高校社区文化建设研究综述》，载《重庆与世界》2011年第9期。

⑤ 佘双好：《当代社会思潮在高校生成和发展的新特点及发展趋势》，载《学校党建与思想教育》2013年第10期。

育影响研究进行综述。

随着信息时代的到来,网络思想政治教育成为高校学生工作不可或缺的载体,龚小平在对近年来网络思想政治教育研究成果综述基础上指出:"互联网已经成为思想文化信息的集散地和社会舆论的放大器,抢占网络阵地科学开展思想政治教育是高校和社会义不容辞的责任。作为网络思想文化建设重要组成部分的高校网络思想政治教育研究成果丰硕,但也存在一些不足,须加强实证研究并用社会主义核心价值体系引领网络思想文化建设,为网络思想政治教育保驾护航。"[1]

各地各高校在工作中结合实际情况,探索了高校各具特色的思想政治教育方式方法,如上海在网络思想政治教育方面做出了特色,也进行了许多研究,上海市教育卫生系统思想政治工作研究会于2013年召开了上海高校网络文化建设与校园管理创新论坛,"与会者围绕着网络文化现象、网络行为研究、网络思想政治教育以及网络管理创新和易班建设四个主题展开了研讨和交流,达成了许多共识,也产生了不少新思想和新观点"[2],文章还对内蒙古高校大学生思想政治教育工作进行总结,指出内蒙古高校应"立足本区经济社会发展实际和人才培养目标,坚持党的教育方针,贯彻党的民族政策,把大学生思想政治教育工作当作维护祖国统一、地区稳定、各民族繁荣发展的大事来抓,积极构建富有民族特色的思想政治教育新体系,探索出符合地区发展实际的思想政治教育新模式"[3]。还有其他职业教育类高校在具体工作中形成了相对成熟的工作经验,成果比较丰富。

三、研究中存在的问题

在梳理高校近年来思想政治教育工作的成果过程中,可以清晰地看到思想政治教育学科在近30年来发展速度迅猛,在短短的时间内形成了从完整的大学生专业教育体系,目前已在全国有了74个博士学位授权点,为我国思想政治工作培养了大批专业人才,有力推动了各个领域的思想政治工作。同时,研

---

[1] 龚小平、黄洪雷:《近年来高校网络思想政治教育研究综述》,载《思想理论教育导刊》2013年第11期。

[2] 刘智斌、高晓丽:《上海高校网络文化建设与校园管理创新论坛综述》,载《思想理论教育》2013年第4期。

[3] 贾英飒:《内蒙古高校大学生思想政治教育的成绩和经验》,载《内蒙古民族大学学报》2012年第6期。

究成果丰富，借助各类研究学会、协会，在各类专业性杂志与报刊上展现了该领域专家学者的风采。这些成绩，必将为新时期思想政治工作更好发展奠定坚实基础。不过，在研究过程中，也应该要保持清醒的头脑，要高度重视学科发展中出现的问题。在未来的工作中，要在理论研究中与时俱进，特别是要重视学术研究与实际工作的联系，要重视思想政治教育的实效性，真正把学科建设、文化建设与人才培养紧密结合起来，既要抓队伍建设，也要注重体制机制建设，要重视青年学生思想实际，真正把工作落到实处。

报告撰稿人：江沈红　湖北省大学生思想政治教育评价中心研究人员，湖北经济学院思想政治理论课部副主任，思想政治教育学博士

政策篇

湖北高校践行和培育社会主义核心价值观的文化向度

黄敦兵

在思想政治教育学科设立 30 周年之际，在中国特色社会主义事业的大背景下考量思想政治教育学科，具有鲜明的时代意义、深远的历史意义与较高的学术价值。在新的历史条件下，如何进一步拓展学科领域，增强学科特色，提升学科水平，以增强学科自信，明确学科自觉，提高思想政治工作的实践成效，践行和培育社会主义核心价值观，成为该学术领域的重要问题。2014 年 3 月 26 日，教育部制定了《完善中华优秀传统文化教育指导纲要》，将加强中华优秀传统文化教育，作为深化中国特色社会主义教育和中国梦宣传教育的重要组成部分；作为构建中华优秀传统文化传承体系，推动文化传承创新的重要途径；作为培育和践行社会主义核心价值观，落实立德树人根本任务的重要基础并正视面临的一系列困难和挑战。2014 年 7 月 14 日，湖北省委高校工委、省教育厅转发了教育部教社科〔2014〕3 号文件，号召全省学习和贯彻《完善中华优秀传统文化教育指导纲要》。

教育部思政司司长冯刚在论及思想政治教育学科发展时指出："当前，思想政治教育学科建设面临难得的发展机遇，也遇到很多热点、难点和前沿性问题，具有普遍性、集中性和迫切性的特点，我们需要从世界眼光、中国情怀、时代特征三个维度统一上来推动思想政治教育创新发展。"[①] 本课题将围绕传统文化的现代价值这一层面，从"世界眼光"、"中国情怀"、"时代特征"三个维度出发，探究近两年来湖北高校践行和培育社会主义核心价值观的创新做法与工作亮点。

---

① 《三十而立任重道远》，载《光明日报》2014 年 4 月 6 日刊。

一、"世界眼光":彰显思想政治教育的全球视野

社会主义核心价值体系至少涵盖了世界性、普适性、先进性,要用中国特色的核心价值观占据世界意识形态高地,在彰显思想政治教育全球视野的同时,增强社会主义核心价值体系的战斗力、吸引力及说服力。

(一)"增强中华文化国际影响力"

文化是民族的血脉,是人民的精神家园。党的十七大报告提出了建设社会主义核心价值体系,巩固马克思主义指导地位,开展中国特色社会主义理论体系宣传普及活动,推动当代中国马克思主义大众化的时代命题。这就要求我们去研究马克思主义大众化和思想政治教育的客观规律,探讨用马克思主义中国化最新成果武装人民群众头脑的新思路和新举措。党的十八大报告从建设社会主义文化强国的战略高度,深刻论述了社会主义核心价值体系建设的重要意义与战略要求,并强调:"要倡导富强、民主、文明、和谐,倡导自由、平等、公正、法治,倡导爱国、敬业、诚信、友善,积极培育社会主义核心价值观。"

党的十八大报告指出:"要深化文化体制改革,解放和发展文化生产力,发扬学术民主、艺术民主,为人民提供广阔文化舞台,让一切文化创造源泉充分涌流,开创全民族文化创造活力持续迸发、社会文化生活更加丰富多彩、人民基本文化权益得到更好保障、人民思想道德素质和科学文化素质全面提高、中华文化国际影响力不断增强的新局面。"中共中央《关于培育和践行社会主义核心价值观的意见》中也指出:"培育和践行社会主义核心价值观要坚持改进创新,善于运用群众喜闻乐见的方式,搭建群众便于参与的平台,开辟群众乐于参与的渠道,积极推进理念创新、手段创新和基层工作创新,增强工作的吸引力感染力。"

《完善中华优秀传统文化教育指导纲要》指出,大学阶段的传统文化教育,以提高学生对中华优秀传统文化的自主学习和探究能力为重点,培养学生的文化创新意识,增强学生传承弘扬中华优秀传统文化的责任感和使命感。深入学习中国古代思想文化的重要典籍,理解中华优秀传统文化的精髓,强化学生文化主体意识和文化创新意识;深刻认识中华优秀传统文化是中国特色社会主义植根的沃土,辩证看待中华优秀传统文化的当代价值,正确把握中华优秀传统文化与中国化马克思主义、社会主义核心价值观的关系。引导学生完善人

格修养，关心国家命运，自觉把个人理想和国家梦想、个人价值与国家发展结合起来，坚定为实现中华民族伟大复兴的中国梦不懈奋斗的理想信念。

（二）"优者从教"：抢占人才高地先机

高校思想政治课是系统培养大学生马克思主义世界观、人生观及价值观的主渠道，其作用不可替代。因此，高校思想政治理论课师资队伍建设研究，是一项思想性与理论性都非常重要的课题。尤其在新时期，高校思想政治理论课师资队伍建设更是一项系统工程。党的十八大对高等教育提出了新的要求："全民受教育程度和创新人才培养水平明显提高"、"办人民满意的教育"、"把立德树人作为教育的根本任务，培养德智体美全面发展的社会主义建设者和接班人"、"推动高等教育内涵式发展"。办人民满意的教育是学校所有工作的出发点和落脚点，是建设高水平大学之魂，内涵发展是建设高水平大学之要，立德树人是建设高水平大学之本，人文教育是建设高水平大学之基。

"优者从教"，优而强者从事思政工作是创新思政工作的重要保证。2014年国家启动实施了"思想政治教育中青年杰出人才百人计划"，思想政治教育工作者面对学科发展的大好形势要做好充分的准备。为了响应中央"把高校建设成为马克思主义学习、研究、宣传的重要阵地"，湖北省教育厅启动实施高校马克思主义中青年理论家培育计划，首批立项资助18所高校的18位教师相关课题研究。据介绍，申报人必须是高校具有副高以上职称的马克思主义理论研究和教学在岗专任教师，年龄在50周岁以下，原则上具有博士研究生学历，具有良好的教学科研能力和发展潜力，参加或主持过省级科研或教学项目。经过专家评审，最终评出武汉大学、华中科技大学、华中师范大学等18所高校的18位教师。据悉，省教育厅还将投入5000万元资金，同步启动"高校哲学社会科学重大项目研究计划"、"高校人文社会科学研究优秀成果奖励计划"，推动我省哲学社会科学繁荣发展。①

湖北省教育厅思政处副处长何泽云，在湖北高校学生工作研究会2014年年会暨大学生思想政治教育创新论坛期间，部署了2014年湖北高校大学生思想政治教育工作。他指出，各高校要大力推进哲学、社会科学的研究和发展，加强和改进大学生思想政治教育工作；要继续推进"六大工程"，即理论武装

---

① 龚雪、梁炜：《省教育厅启动马克思主义中青年理论家培育计划》，载《湖北日报》2014年4月11日刊。

工程、实践育人工程、大学生思政工作队伍建设工程、校园文化建设工程、先进典型培育工程和心理健康关爱工程等。

要推进思政工作，加强高校思政队伍建设是关键，而领军人物是核心。关于思政博导境界，中国人民大学马克思主义学院博士生导师、"长江学者"刘建军教授有个说法："思想政治教育工作者要追求思想家的高度、政治家的深度、教育家的温度。"

湖北各校认真贯彻落实《中国共产党普通高等学校基层组织工作条例》及中共中央办公厅《关于加强新形势下发展党员和党员管理工作的意见》（中办发〔2013〕4号），按照"控制总量、优化结构、提高质量、发挥作用"的总要求，做好党员发展管理工作，加强在学术骨干、优秀青年教师中发展党员工作；落实上级《关于进一步加强高校学生党员发展和教育管理服务工作的若干意见》，进一步提升学生党员发展质量和管理水平；实施"双育"工程，以党性教育和能力培育为核心，继续举办大学生党员"双育"示范培训班；省高工委还建立了高校党建专家信息库，提高高校党校教学质量。各校非常注重党员发展质量，规范"推优"程序，把培养教育贯穿发展党员工作全过程，从优秀学生、优秀中青年教师、学科带头人中发展党员，把各类优秀人才团结凝聚在党的周围。

辅导员队伍建设也是其中重要亮点。2014年3月26—28日，由中共湖北省委高校工委、湖北省教育厅主办，湖北省高校学生工作研究会协办，湖北省高校辅导员培训和研修华中师范大学基地承办的湖北省第三届高校辅导员职业能力大赛在华中师范大学成功举办。大赛从2013年12月起准备，在各高校初赛的基础上，共选拔推荐156名优秀专职辅导员参加此次省级比赛。经过"基础知识测试与博（公）文写作"环节，共选拔64名辅导员参加复赛；经过"自我介绍与工作展示、主题班会"环节，共选拔10名辅导员参加决赛；经过"主题演讲、案例分析和谈心谈话情景再现"环节的角逐，华中科技大学文华学院陈骁、武汉大学张婧和向昭3名辅导员分别获得一等奖，中南财经政法大学高梦娇、华中师范大学胡余映、聂敏等7名辅导员分别获得二等奖。此次大赛中，中国地质大学（武汉）吴迪等20人分别获得三等奖，湖北中医药大学张赟等30人分别获得优秀奖。[①]

[①] 《湖北省第三届高校辅导员职业能力大赛成功举办》，载省教育厅政务网，2014年4月3日。

二、"中国情怀"：夯实思想政治教育的基础

一个国家在发展中一定要有凝聚全民的理想与核心价值观，中国梦反映时代发展趋势，充分体现了人民群众的内心需要，是最响亮、最简洁、最深得人心的国家理想和全民的核心价值观。要夯实思想政治教育的基础，离不开中国传统文化根基，离不开"中国情怀"的深沉博大。

（一）文化是民族的灵魂

首先，从创新工作方法角度看，"积极培育社会主义核心价值观，需要方式方法的创新建构，以有效的传播取得大众共识。社会主义核心价值观要为人民群众喜闻乐见、善纳好行，离不开方式方法的创新发展、精细建构。"① 政府部门和各互联网企业应通力合作，培养更多青少年"大V"，通过他们，以青少年喜欢的语言方式，在青少年喜欢的平台上积极发声，主动传播正能量。

其次，从思想政治教育与文化相结合的运行机制上看，思想政治教育要取得实效与长效，必须与思想政治理论课、日常思想政治教育密切结合起来。

针对当前大学生思想政治教育面临的新形势、新任务，教育部提出，要深入学习贯彻习近平总书记五四重要讲话精神，大力培育和践行社会主义核心价值观；落实立德树人根本任务，切实提高大学生思想政治教育工作质量，把解决思想问题和解决实际问题结合起来，把党和政府对高校学生的关怀落到实处；要继续高度重视社会思潮对学生思想的影响，加强队伍建设，创新工作方法与手段，努力培养德智体美全面发展的社会主义建设者和接班人。②

习近平同志担任中共中央总书记以来，在理想、文化、道德建设方面先后提出了三个重要论述，这就是"中国梦"的国家理想、"四个讲清楚"的民族文化根基、"国无德不兴，人无德不立"的道德价值论。这三个重要论述高瞻远瞩，深刻洞察了时代发展的趋势、国家发展的关键以及人民群众的需要，深刻论述了国家和人民在当前发展中所需要的民族理想、文化根基与道德精魂，给国家指出方向，唤起民族复兴之希望。理想、文化、道德建设，不仅是涉及

---

① 沈壮海：《把准社会主义核心价值观培育的着力点》，载《光明日报》2013年1月5日刊。

② 邓晖：《2014年高校学生思想政治状况滚动调查表明：逾九成大学生对实现中国梦充满信心》，载《光明日报》2014年5月27日刊。

"兴国"之策的大问题,也是"立人"的根本性问题。"有理想、有文化、有道德、有纪律"是我们党提出的培养社会主义"四有新人"的标准。在新的历史条件下,习近平同志从国家理想、中国特色与中国道路、民族文化之根本的高度,强调以理想、文化与道德"立人"、育人的重要意义,这是我们党在精神文明、文化道德建设方面的重要理论发展。教育领域应认真学习领会上述重要论述,使教育对象不断提高对中国梦的认同与追求,不断提高中国传统文化的修养,不断提高自身的道德素质,为实现中华民族复兴而共同奋斗。①

党的十八大报告强调指出:"倡导富强、民主、文明、和谐,倡导自由、平等、公正、法治,倡导爱国、敬业、诚信、友善,积极培育和践行社会主义核心价值观。"②"三个倡导",分别从国家、社会、公民三个层面,明确提出了培育和践行社会主义核心价值观的战略任务。中共中央办公厅印发的《关于培育和践行社会主义核心价值观的意见》(以下简称《意见》)明确指出:"社会主义核心价值观是社会主义核心价值体系的内核,体现社会主义核心价值体系的根本性质和基本特征,反映社会主义核心价值体系的丰富内涵和实践要求,是社会主义核心价值体系的高度凝练和集中表达。"《意见》强调,在党的十八大报告中提出的"三个倡导"中:"富强、民主、文明、和谐是国家层面的价值目标,自由、平等、公正、法治是社会层面的价值取向,爱国、敬业、诚信、友善是公民个人层面的价值准则,这24个字是社会主义核心价值观的基本内容,为培育和践行社会主义核心价值观提供了基本遵循。"社会主义核心价值观的基本内容明确之后,加强社会主义核心价值观的宣传教育,提升社会主义核心价值体系的影响力,就成为我们工作中的重中之重,而寻找一种通俗易懂地表达社会主义核心价值观的大众话语,在打动群众心扉的表现形态上下工夫,就成为宣传教育的关键环节。

(二)重新发掘与整合荆楚大地的传统文化资源

中共中央办公厅印发的《关于培育和践行社会主义核心价值观的意见》强调,培育和践行社会主义核心价值观,必须"与中国特色社会主义发展要求相契合,与中华优秀传统文化和人类文明优秀成果相承接"。前者内在地规

---

① 肖群忠:《铸民族文化道德之魂——学习习近平总书记关于理想、文化、道德的重要论述》,载《中国教育报》2014年2月26日刊。
② 习近平:《承前启后 继往开来 继续朝着中华民族伟大复兴目标奋勇前进》,载《人民日报》2012年11月30日刊。

定了培育和践行社会主义核心价值观必须立足于现实逻辑,后者要求坚持历史方法,做到二者的统一。

为贯彻落实党的十八届三中全会关于完善中华优秀传统文化教育的精神,落实立德树人根本任务,进一步加强新形势下中华优秀传统文化教育,2014年3月26日,教育部制定了《完善中华优秀传统文化教育指导纲要》,将加强中华优秀传统文化教育,作为深化中国特色社会主义教育和中国梦宣传教育的重要组成部分;作为构建中华优秀传统文化传承体系,推动文化传承创新的重要途径;作为培育和践行社会主义核心价值观,落实立德树人根本任务的重要基础并正视面临的一系列困难和挑战。2014年7月14日,湖北省委高校工委、省教育厅转发了教育部教社科〔2014〕3号文件,号召全省学习和贯彻《完善中华优秀传统文化教育指导纲要》。

重新发掘与整合荆楚大地的传统文化资源,是湖北高校彰显地方特色推进思政工作的重要抓手。近年来,湖北省充分利用思政工作队伍优势,"全天候"掌握舆情动态,形成了"密切关注、及时发现、大力推广、深入学习、认真总结"的典型培育办法,及时发现和表彰在学习过程中涌现出的先进集体和个人,以此形成传带和辐射效应。

任何一种价值观念,都是在既有的文化传统基础之上产生的。《意见》要求:"发挥优秀传统文化怡情养志、涵育文明的重要作用。"孝道,作为中华民族的一种伦理道德、传统文化,随着中国社会文明的发展而不断地丰富和发展其内容。弘扬中华民族的孝道文化,建设与现代文明社会相适应的孝道文化,对当前的道德建设,处理好代际关系,实现家庭和睦,营造孝亲敬老的良好社会风气,发挥贤孝文化在构建社会主义和谐社会中的作用,具有积极的现实社会意义。

湖北高校学生在践行孝道伦理方面,涌现出不少感人事例。2012年,湖北文理学院大学生程威,为了陪伴母亲走完最后一程,"背着身患癌症的母亲上大学"的事迹一经媒体报道,立即在全社会引发了一股孝亲敬老热潮。湖北省委高校工委、省教育厅要求各高校把程威同学高尚的道德品质和感人的先进事迹作为践行社会主义核心价值观的"活教材",进一步加强和改进大学生思想政治教育工作。2013年3月,湖北省武汉市教育学会儒家文化研究专业委员会,组织在全市部分中小学评选"十佳孝心少年",并举行"孝道文化"论坛。

另外,17岁休学,只为陪伴绝症母亲"更久一点";家贫无法继续深造,她辍学打工两年后,又通过自学考上大学;每周两次,花5小时从阳逻往返武昌照顾年近九旬的奶奶；为报所受点滴帮助，她累计义务献血量超过1万毫升……武汉生物工程学院大三学生程菲的励志孝亲故事传开后，在社会上引起广泛反响。湖北省道德模范汪金权赞誉程菲是"中国传统孝德文化"的传承者，他说，用自己柔弱的肩膀撑起整个家庭的重担，对于一个20岁刚出头的女孩子来说，并不是一件容易的事。全国道德模范吴天祥也专门发来信件：程菲身上的孝道、坚韧和感恩让人感动，青少年可把她当做雷锋精神在当下最可学习的代表。①

三、"时代特征"：生发思想政治教育的着力点

2014年2月24日，习近平总书记在中央政治局第十三次集体学习时强调，"核心价值观是文化软实力的灵魂、文化软实力建设的重点"，"一种价值观要真正发挥作用，必须融入社会生活，在落细、落小、落实上下工夫。利用各种时机和场合，形成有利于培育和弘扬社会主义核心价值观的生活情景和社会氛围，使核心价值观的影响像空气一样无所不在、无时不有"，并要求全党"把培育和弘扬社会主义核心价值观作为凝魂聚气、强基固本的基础工程"来抓。② 这一论述，为培育和践行社会主义核心价值观提供了方法论的指导。

（一）立德树人：湖北高校大批先进典型成为思政教育"活教材"

在2014年全国两会上，面对人们关心的教育问题，不少人大代表呼吁，各级各类学校应把道德教育和践行社会主义核心价值观教育纳入学生升学考评。道德教育的实现形式，便是思想政治教育。近年来，湖北坚持把社会主义核心价值教育融入高校人才培养全过程，创新大学生思想政治教育方式方法，在高校学生中先后挖掘了一大批先进人物，形成了先进典型群体示范的"明星效应"。

1. 湖北高校先进典型的引领效应

据不完全统计，近年来，湖北高校中涌现出了10余位志愿捐髓救人师生，以及更多的大学生先进典型。像湖北高校这样一大批捐髓救人、志愿服务、见

---

① 《全国道德模范盛赞励志女生程菲》，载荆楚网，2013年4月26日。
② 习近平：《习近平在中共中央政治局第十三次集体学习时强调 把培育和弘扬社会主义核心价值观作为凝魂聚气强基固本的基础工程》，载《人民日报》2014年2月26日刊。

义勇为的大学生身边的先进典型，成为大学生思政教育的"活教材"。①

湖北高校的这些"明星"人物的事迹被央视《新闻联播》报道，徐本禹、黄来女、刘芳艳、赵传宇、范献龙、谭之平、郎坤7人受到中央领导接见，一批典型的事迹受到中央领导肯定批示，其中徐本禹和长江大学"10·24"见义勇为舍己救人英雄集体分别被评为2004年度、2009年度"感动中国"人物，黄来女、赵传宇、谭之平3人分别被评为第一届、第二届"全国道德模范"。全省先后涌现出大学生英模人物50多名、年度人物30多名。

这些先进人物有的自强自立、感恩奉献，有的志愿服务、支教育人，有的创新、创业、立业，有的见义勇为、舍己救人，形成了一个全方位、多层次的先进群体，在全社会产生了广泛影响，推动了先进典型在高校"生根开花"。

就拿捐髓救人一事来讲，4年前，湖北高校毕业生、中华骨髓库湖北分库首例跨国捐髓志愿者张宝捐髓救助一位韩国患者的故事，引起国家领导人的重视。7月4日上午，国家主席习近平在韩国国立首尔大学发表演讲时，称"这是中韩两国人民友谊的真实写照"。张宝是中国造血干细胞第1471号捐献者，也是湖北省首例跨国捐献者。在张宝捐献骨髓的示范带动下，湖北近年出现了很多捐献骨髓的大学生，如两次捐髓的大学生杨子威、弃考捐髓的"90后最美大学生"田强等。2011年，湖北共有17人成功捐髓，2012年上升到了34人，2013年达到历史最高点50人。

捐髓救人的感人事迹还发生在教师身上。湖北职业技术学院教师余志凌，是近年来无偿捐献骨髓的教师代表之一。至今坚持无偿献血已超10年的她，在2008年加入了中华骨髓库湖北分库。2012年10月，余志凌接到中华骨髓库湖北分库的征求电话，表示志愿捐献造血干细胞。经过多次体检，2013年2月28日各项体征均符合要求的余志凌在武汉协和医院，按照医生的要求注射动员剂、抽血化验，并先后分两次共捐献480毫升富含"生命种子"的造血干细胞悬液。

2. 实现中国梦平凡而坚实的典型

大学生自觉把追求个人梦想与实现中国梦紧紧联系在一起，要从平凡的小事做起。比如，湖北大学生贴告示呼吁"给老师让电梯"等事例，显露出尊师重道的新特色。

2013年11月26日，汉口学院图书馆一楼和六楼电梯内外都贴上了这样

---

① 黄兴国、程墨、汪亮亮：《湖北高校大批先进典型成为学生思政教育"活教材"》，载《中国教育报》2014年7月9日刊。

一则标语:"老师连续站着上两堂课已经很累了,青春活力的我们把电梯让给老师吧!"它引起师生之间关于"让电梯"的讨论。有的老师表示很欣慰,因为感受到了学生的爱。贴告示的学生田甜(化名)是该校汉语言文学专业大三学生,她解释称,图书馆的5、6楼都是学生上课的教室,整栋楼共有两部电梯。每到中午或晚上放学时间,学生们就蜂拥至电梯口,经常将电梯挤个爆满。"有次我等电梯时,看到一个头发花白的老师被挤在人群边上,最后无奈地走下楼,顿感心酸。年轻的老师还好,像这些年龄稍大的老师一般都会站两堂课,我觉得他们挺辛苦,才萌生出让电梯的念头。"田甜说。响应该活动的学生杨梅表示,大学课程多为两节连上,有时一些年纪较大的老师上完课会表现出疲惫感,大学生是一个活泼的群体,与其跟老师抢电梯,不如把走楼梯当成运动。对于杨梅的说法,该校工商管理专业一李姓老师表示很欣慰。"让电梯活动表明学生在替老师着想,是关心教师的表现。虽然站着上课对青壮年教师来说无所谓,但对年龄较大的教师来说确实很辛苦。无论如何,老师们感受到了学生的爱,这种做法让很多老师感到很快乐、很欣慰。"李老师笑着说。

田甜告诉记者,告示贴出后也遭到了少数学生的误解,这些学生误将"让电梯"理解成了"霸占"电梯。"其实活动的初衷只是出于对老师的尊敬,让老师先进电梯,学生后进电梯而已。"田甜说。①

学生对教师工作的认可,还可以从2014年高校学生思想政治状况滚动调查情况反映出来。2014年度调查结果显示,广大高校学生积极评价学校工作,对所在学校的科创活动、社团活动、社会实践、辅导员工作、家庭经济困难学生资助、心理健康教育等工作满意度均较上年有所提高。85.9%的高校学生对教师教书育人的表现持肯定态度,在他们对教师队伍的好印象中,教师的"学术道德"、"敬业精神"、"教学和学术水平"分列前三位。②

(二) 红色领航:先进典型的引领作用

湖北省教育厅厅长刘传铁说:"荆楚大地高校何以英模辈出?我们认为,'育人为本、德育为先'方针为此指明了方向。"他还指出:"先进典型是积极践行社会主义核心价值观的杰出典范。一个先进典型,就是一面旗帜。只有把

---

① 吕俊磊,曹慧慧:《大学生贴告示呼吁"给老师让电梯"》,载《楚天金报》2013年11月27日刊。
② 邓晖:《2014年高校学生思想政治状况滚动调查表明:逾九成大学生对实现中国梦充满信心》,载《光明日报》2014年5月27日刊。

握规律,创新手段,夯实大学生先进典型的'良田沃土',才能促进先进大学生群体不断壮大,进而影响越来越多的人。"①

新媒体时代,思想政治教育面临许多新情况、新问题。近年来,随着网络信息技术高速发展,我国已经进入"全民网络"时代,据《中国互联网络发展状况统计报告》显示,到2012年12月底,中国网民规模达到5.64亿,手机网民达到4.2亿。其中属网络微博客发展最为迅速。根据有关机构最新统计,我国103家微博客网站的用户账号总数已达12亿个。

大学生作为一个充满活力的群体,应该传递正能量,明善恶、辨真假。一些人上网更多是为了娱乐,对好人好事的关注度不高,反而疯狂转发奇事坏事。2013年7月21日,女歌手吴虹飞在微博上发言:"我想炸的地方有北京人才交流中心的居委会,还有××的建委……还有我想炸的人是完全无节操的所谓好人。我才不会那么傻告诉你他的名字,等他炸没了上了新闻你们就知道了。"尽管她在20分钟内就删除了这条微博,但随后还是被北京警方行政拘留10日,于8月2日释放。这一事件也为在互联网上发言的大V们敲响了警钟。长期研究网络传播的武汉大学教授沈阳在接受《法制日版》记者采访时介绍说,新浪微博社区管理中心在2014年五六月曾进行过一次统计,已经处理了超过18万起不实信息、人身攻击等类微博,"这个量挺大的,证明某些网民已经养成了一种不好的习惯,口无遮拦"。他还说:"有些人动不动就进行人身攻击、污蔑他人、进行无根据的猜测和指责,或者任意在网络上捏造事实、编织谎言、传播谣言,对他人进行恶意人身攻击。"②

开设有"谣言粉碎机"栏目的果壳网副总编吴鸥表示,果壳网将继续通过梳理文献、试验和专家点评,为广大网民特别是青少年网友提供科学权威的证据,帮助网民认清谣言。中国青年网总编辑蔺玉红认为,七条底线的提出是倡导互联网通过自律实现科学治理的重要一步。中国青年网始终注重网上正能量的积聚和传递,将不断努力为青少年构建一个绿色、健康的网上家园。新浪校园全国渠道经理孔令旭表示,现在有超过60%大学生习惯微博生活,新浪将通过微博这一平台进一步引导高校学生形成正确的价值观。腾讯网频道主编库寅斌从儿童频道的运营管理实践出发,分享了在未成年人网络引导方面的经

---

① 黄兴国、程墨、汪亮亮:《湖北高校大批先进典型成为学生思政教育"活教材"》,载《中国教育报》2014年7月9日刊。

② 《"全民网络"时代为何要坚守"七条底线"》,载《法制日报》2013年8月19日刊。

验。她表示，青少年网站管理必须严把内容关，对信息加以筛选和甄别。同时，只有博得青少年网友的认同才能在舆论引导上有所作为。①

2013年8月10日，网络名人社会责任论坛与会者达成共识，畅言共守"七条底线"：法律法规底线、社会主义制度底线、国家利益底线、公民合法权益底线、社会公共秩序底线、道德风尚底线和真实性底线。②

2014年高校学生思想政治状况滚动调查表明，广大高校学生思想主流积极向上，高度认同并积极践行社会主义核心价值观。93.9%的高校学生认同"没有理想信念，理想信念不坚定，精神上就会'缺钙'"，92.1%的高校学生认为"大学生应成为社会主义核心价值观的积极践行者"。97.6%的高校学生认可"诚信是做人之本"，93.2%的高校学生认同"人世间的一切幸福都要靠辛勤的劳动来创造"。参加志愿服务的学生比例达94.2%，比上年增长6.5个百分点。③

1. 湖北省高校思想政治教育领域的典型示范

榜样的力量是强大的，通过典型可以传递正能量。在大学生中开展"中国梦"教育，要重视培育选树学生先进典型，一方面传播放大立德树人的正能量，用"中国梦"凝聚强大精神能量；另一方面激励广大学生学习先进、崇尚先进、争当先进，以社会主义核心价值观武装自己，引导学生坚信"中国梦"，积极投身于"中国梦"的伟大实践之中，努力成为可堪大用、能负重任的栋梁之材。

为了让典型人物事迹真正深入学生群体内心，湖北省除了大力宣传先进事迹外，还注重挖掘精神内涵，提炼精神财富，使其成为大学生可学可用的支点。每推出一个典型人物，除了及时表彰并组织其先进事迹巡回报告会外，还通过话剧演出、主题班会，以及拍摄电视教育片等方式，组织学生深入学习典型。

用青年学生的视角和欣赏习惯来表现典型，引起共鸣，可学易学。被誉为"时代新青年、身边好榜样"的武汉生物工程学院学生杨子威，多次义务献血，两次捐献骨髓，在他的感召之下，孝感学院新技术学院学生田强化名赴京

---

① 黄丹羽：《青少年网友座谈会在京举办 抵制网络谣言 坚守七条底线》，载《中国青年报》2013年8月28日刊。
② 苏秦：《网络大V们应带头坚守"七条底线"》，载人民网，2013年8月20日。
③ 邓晖：《2014年高校学生思想政治状况滚动调查表明：逾九成大学生对实现中国梦充满信心》，载《光明日报》2014年5月27日刊。

捐献骨髓，武汉 3 名大学生为重症老人捐献"熊猫血"。长江大学出现"10·24"英雄集体壮举不久，再次涌现了咸宁职院、咸宁学院 4 名大学生搭人梯救一对母子等 4 起见义勇为的义举。继全国道德模范黄来女、谭之平后，又挖掘出宫晓芳、侯海燕等一批带着父母亲上大学的先进典型。

经过一茬接一茬的努力与传承，湖北先进大学生典型已经形成了一个成体系的"群星方阵"。"播撒下一颗又一颗的'明星'种子，自然而然就能收获一片'百花竞放'的花园。"刘传铁表示，针对当代"90 后"大学生精神需求多层次、内心榜样多元化的特点，把学生思想的需求点和典型人物的闪光点相结合，树立起一系列"看得见、摸得着"的道德标杆，让高校成为社会主义核心价值体系建设的坚强阵地。①

2014 年 4 月，鄂高工委发布〔2014〕16 号文件，决定开展 2013—2014 年度全省高校思想政治教育先进集体和先进个人评选工作。

近两年来，全省高校深入学习贯彻党的十八大、十八届三中全会及省委十届四次全会精神，大力培育和践行社会主义核心价值观，求真务实，开拓创新，较好地完成了思想政治教育工作各项任务，为人才培养和高教改革发展稳定作出了积极贡献。为进一步贯彻落实《中共中央 国务院关于进一步加强和改进大学生思想政治教育的意见》（中发〔2004〕16 号）、《中共湖北省委 湖北省人民政府关于进一步加强和改进大学生思想政治教育的实施意见》（鄂发〔2005〕8 号），激励先进，树立榜样，按照《省委办公厅 省政府办公厅印发〈关于进一步加强和改进大学生思想政治教育的意见〉的通知》（鄂办发〔2011〕39 号）有关要求，经研究，设立包括"湖北省思想政治教育先进高校"和"湖北省高校思想政治教育先进基层单位"的先进集体类，以及包括"湖北省高校十佳辅导员"、"湖北省高校十佳班主任"、"湖北省高校十佳思想政治理论课教师"、"湖北省高校思想政治教育先进工作者"先进个人类两大类。

推荐表彰名额按各高校在校生规模、思想政治教育工作者总人数及近年来思想政治教育工作成效等因素综合确定。相关管理部门在专家评审基础上，结合巡视组考评结果及工作实效等，择优表彰先进高校 20 所左右，先进基层单位 220 个左右，先进个人 450 人左右（包含十佳辅导员、十佳班主任、十佳思想政治理论课教师等 30 人）。"三个十佳"候选人名额包括在先进个人分配名

---

① 黄兴国、程墨、汪亮亮：《湖北高校大批先进典型成为学生思政教育"活教材"》，载《中国教育报》2014 年 7 月 9 日刊。

额中，各高校要对照要求进行推荐，"三个十佳"每一项最多报1人且总额不得超过学校分配名额。上届（2011—2012年度）获得"湖北省思想政治教育先进高校"荣誉称号的各高校在分配名额基础上增加1个先进工作者申报名额，已计入先进个人名额中。各高校先进基层单位和先进个人名额可以在总额度不变的情况下适当调剂使用。

2. 湖北思想政治教育学科建设标志性研究成果

为全面回顾30年来思想政治教育学科建设史，系统梳理与总结思想政治教育学科建设成果，为构建服务于学科人才培养的基本文献序列提供参考，《思想理论教育》编辑部于2013年11月中旬启动了"30年思想政治教育标志性研究成果评选活动"。在日前公布的最终评审结果中，华中师范大学马克思主义学院张耀灿和万美容教授的作品成功入选。

入选著作中，张耀灿的合著《思想政治教育学前沿》、《现代思想政治教育学》和万美容教授的独著《思想政治教育方法发展研究》入选"思想政治教育学科30年30本标志性著作"。此外，张耀灿教授的《思想政治教育的特点和规律探析》、《推进思想政治教育研究范式的入学转换》和万美容教授的《论思想政治教育方法的融合发展》三篇论文入选"思想政治教育学科30年30篇标志性论文"，入选篇目总数名列全国高校第二。

结　　语

2014年湖北思想政治工作的要点，着眼于全面贯彻党的十八届三中全会和省委十届四次全会精神，把立德树人作为根本任务，把改革创新贯穿教育发展始终，把转变作风作为重要保证，着力促进教育公平，着力提高质量效益，着力维护和谐稳定，加快推进教育治理体系和治理能力现代化，努力提供人民满意的教育，为湖北省加快"建成支点、走在前列"提供人才保障和智力支撑。全省组织开展"中国梦"、"优秀传统文化"、"中小学生文明礼仪"等主题宣传教育活动，加强校园文化建设。

各高校要从这些工作要点出发，加强高校思想政治教育工作队伍建设，坚持以中国特色社会主义理论体系为指导，认真贯彻落实党的十八大、十八届三中全会和习近平总书记一系列重要讲话精神，紧密结合教育规划纲要实施，建立和完善有重点、分层次、多形式、重点突出、结构合理的培训体系，努力提高高校思想政治教育工作队伍的理论素养、工作水平和科研能力。全省高校要始终把立德树人的根本任务抓在手上、放在心上，创新工作思路，在真抓实干中进一步提高大学生思想政治教育工作的科学化水平；要以加强理想信念教育为核心，以创新教育方法为抓手，提高大学生思想政治教育的针对性、实效性；要以思想理论武装为重点，以提高舆论导向能力为目标，牢固把握高校宣传思想工作的主导权；要以网络内涵建设为中心，以推进思想政治教育网络化为契机，发挥网络在高校思政工作中的地位和作用。

30年以来思想政治教育学科专业建设积累了丰富的经验，也还存在一定的局限，今后，在围绕践行和培育践社会主义核心价值观形成新的校园文化创新工作方面，在思想政治教育学科专业建设科学发展方面，至少要做到以下几点：一是要加强思想政治教育学科专业规范化建设和督导；二是立足当前，着眼长远，拓展思想政治教育专业的服务范围；三是思想政治教育学科的理论研究应坚持问题导向，以应用研究为重点，同时加强基础研究，不断突出人文性；四是加强思想政治教育学科队伍建设，打造高素质的师资人才队伍。

报告撰稿人：黄敦兵　湖北省大学生思想政治教育评价中心研究人员，湖北经济学院思想政治理论课部教师，副教授，哲学博士

湖北省高校思想政治理论课发展状况

涂爱荣

一、湖北省高校思想政治理论课发展目标

(一) 高校思想政治理论课建设要有学科意识

中宣部、国务院学位委员会、教育部及时加强对马克思主义学科建设的领导，积极推动马克思主义理论学科建设，建立了马克思主义理论一级学科。用马克思主义的学科建设来加强和改进高校的思想政治理论教育，为高校思想政治理论教育提供了良好的建设平台。加强学科建设，一是要根据马克思主义理论学科高度的整体性综合性要求，凝练学科方向，以保证完成为思想政治理论课教学服务、为马克思主义理论和教育提供人才支持、为开展马克思主义理论研究和社会服务三项任务；二是根据思想政治理论课要有一支政治强、业务精、作风硬的教师队伍的要求，加强学科人才队伍建设，通过对急需人才引进、现有人才培养、后备人才储备等手段建构合理的学科梯队；三是根据构建集马克思主义研究、教育和应用相结合的学科基地要求，提高科研水平，通过团队作战、学科交叉、方法创新来繁荣马克思主义理论研究。

(二) 高校思想政治理论课建设要有问题意识

高校思想政治理论课教学应该改变过去那种以教材为纲，以教材各章节为目依次讲授的传统教学方法。现在的大学生是90后，他们出生在信息技术高度发达的时代，通过发达的互联网，学生对于常规的教学模式、常规的知识体系缺乏新鲜感。作为思想政治课教师，必须在课前课后做足学生的功课，了解他们对于哪些问题感兴趣，对于哪些问题比较关注，对于哪些问题有疑惑，对于哪些问题存在错误认识，对于哪些问题已经非常熟悉，哪些问题是中学思想政治课就已经掌握了的，这些教师都要做到心中有数。高校思想政治理论课建

设就应该从问题入手,一是从课程本身存在的问题入手,二是从学生对于这门课的问题入手,三是从学生存在的思想问题入手。带着问题建设思想政治理论课,才能增强思想政治理论课的教学效果。

(三)高校思想政治理论课建设要有整体意识

高校思想政治理论课整体意识具体表现在三个层次上:一是马克思主义理论的整体性。马克思主义哲学是关于人类整体和社会历史的哲学认识体系,是整个马克思主义理论大厦的基石;马克思主义政治经济学的本质在于它的批判性,其理论深层上渊源于马克思主义哲学的否定性和战斗性,政治经济学从来也不是一个独立的学科;马克思主义的科学社会主义的科学性也正是基于唯物主义历史观以及现实的批判经济学的,科学社会主义是置于马克思学说的整体联系中的,必须站在整体性高度上正确理解三者之间的内在关联。二是马克思主义理论学科的整体性。从马克思主义理论五个二级学科的内在逻辑体系来说,马克思主义是整体性和综合性非常强的科学。"马克思主义基本原理"体现了马克思主义立场、观点方法的高度统一;"马克思主义发展史""国外马克思主义研究""马克思主义中国化研究"进行与马克思主义基本原理一脉相承又与时俱进的整体性研究;"思想政治教育"是对马克思主义理论如何为社会各成员的认同研究。马克思主义理论学科,合起来是一个马克思主义理论一级学科,分开就是若干二级学科。三是思想政治理论课的整体性。目前的《马克思主义基本原理概论》、《毛泽东思想和中国特色社会主义理论体系概论》、《中国近现代史纲要》、《思想道德修养与法律基础》四门新课程围绕着培养中国特色社会主义事业的合格建设者和可靠接班人这一目标,从基础理论、实践成果、历史深度和具体应用的角度构成了一个结构合理、功能互补、相对稳定的课程体系。"原理"是从基本理论角度帮助大学生掌握马克思主义的世界观和方法论,从整体上把握马克思主义的科学内容和精神实质;"概论"是从马克思主义基本原理与中国革命、建设和改革的实际相结合的理论成果角度,帮助大学生坚定在党的领导下走中国特色社会主义道路的理想信念;"纲要"是从中国近现代史的角度帮助大学生了解国史,了解国情,以明确历史和人民的"三个选择";"基础"主要进行社会主义道德教育和法制教育,帮助大学生树立社会主义荣辱观,提高思想道德素质。四门课程有史、有论、有应用,帮助大学生全面地掌握科学的世界观和方法论。

(四) 高校思想政治理论课建设要有人本意识

高校办学,从根本上讲是要坚持社会主义办学方向,在核心问题上是要解决好培养什么人、怎样培养人的重大问题。高校思想政治理论课是大学生思想政治教育的主阵地、主课堂、主渠道,其主要任务是造就合格的社会主义建设者和接班人。开设思想政治理论课的目的就是为了学生的成人成才,为了帮助大学生树立正确的世界观、人生观和价值观。要实现上述目标,必须充分调动思想政治理论课教师的积极性、主动性,努力形成教书育人、管理育人、服务育人和全员育人、全方位育人、全过程育人的良好氛围和工作机制,围绕人才培养,保障人才培养,把握人才成长规律,确保人才培养的正确政治方向,坚持以人为本,贴近实际、贴近生活、贴近学生。真正具有可信度的思想政治理论课,它的目标、内容与方法,应当是为受教育者所自觉认同的,必须从"以人为本"的原则出发进行探索,特别是以思想政治教育的对象大学生为本,要服务学生健康成长,帮助大学生解决好学习成才、就业择业、心理健康、作风养成等方面的具体问题,在关心帮助学生的过程中提高育人效果。当代大学生关注社会,但信仰意识较弱;自我意识突出,但群体观念淡薄;思维活跃,但认知能力欠缺;个性张扬,但容易忽视义务责任。如何把握实际,引领学生,思想政治理论课必须关注人的主体性,满足学生发展的需要。为了实现大学生的全面自由发展,高校思想政治理论课必须做到"以人为本"。

(五) 高校思想政治理论课建设要有大局意识

高校思想高校思想政治理论课是对大学生进行思想政治教育的课程体系,是大学生思想政治教育的主渠道和主阵地,是全国在校大学生的必修德育课程,思想政治理论课的根本目标及主要精神就是以马克思主义为指导思想,对大学生进行理想信念教育、爱国主义教育、中国近代史教育社会主义道德教育、法律意识和法律精神教育,加强哲理思维,树立马克思主义的世界观、人生观、价值观,提升大学生的政治素养、法律素养和人文素养,提高大学生的思想道德素质,确立为建设中国特色社会主义而奋斗的政治方向。高校思想政治理论课建设必须牢牢把握社会主义方向这个大局,将社会主义核心价值观贯穿于四门课程的始终,要始终与党中央保持一致,与时俱进,把思想政治理论课放到宣传党的路线、方针、政策这样的大局中来进行建设。

(六) 高校思想政治理论课建设要有责任意识

高校思想政治理论课教师是马克思主义理论和党的路线、方针、政策的宣讲者，是社会主义意识形态和精神文明的传播者。作为高校思想政治理论课教师，一要在"真"字上下工夫，有真信念、真本事，才能真正把思想政治理论课讲好。只有真心信仰马克思主义，才能在我们的教学活动的各个环节、各个方面富有激情和富有感染力地帮助大学生坚定对马克思主义的信仰和对社会主义的信念，增强对改革开放和现代化建设的信心以及对党和政府的信任。二要在"善"字上下工夫，善于奉献。善于奉献是我们所从事的教育事业的内在要求，马克思说过，如果我们选择了最能为人类福利而劳动的职业，那么，任何重担都不能把我们压倒。研究和传播党的理论就是"最能为人类谋福利"的职业之一。作为思想政治理论课教师，我们要让自己的生命为太阳底下最神圣的事业而燃烧。三要在"美"字上下工夫，以美的学识、美的人格影响和教育学生。思想政治理论课教师应该不断学习知识、研究知识、传播知识，追求真理、追求崇高、追求卓越，在平实、平凡、平淡的工作中去实现美德、追求精神、体现坚强。高校思想政治理论课教师必须不断提高马克思主义理论素养，做坚定的马克思主义者；不断地完善知识结构，做教书育人的表率；不断地增强社会责任感，做大学生成长的引路人，充分发挥教书育人的作用。

二、湖北省高校思想政治理论课总体实施状况

全省大多数高校设置了专门的思想政治理论课教学机构，各高校领导基本上比较重视思想政治理论课建设，学校在师资队伍建设、学科建设、社会实践、经费保障等方面都相当重视，思想政治理论课的教材使用和课时安排在各高校都得到了应有的保障。一些高校的思想政治理论课教师还积极延伸工作职能与学生工作对接，实现了大学生思想政治教育的无缝对接。

(一) 组织管理

1. 领导体制

各校党委充分认识到思想政治理论课在全校课程体系中的特殊地位和重要作用，将加强和改进思想政治理论课建设列入学校党政领导班子任期目标，作为"一把手工程"来抓，建立健全了党委统一领导、党政齐抓共管、专兼职队伍相结合、职能部门紧密配合、思想政治理论课教学系部具体实施的管理机

制。多数高校成立了以学校党委书记为组长、分管党政领导为副组长、各部门主要负责人为成员的加强思想政治理论课教育教学领导小组，对思想政治理论课教育教学工作的指导思想、组织领导、师资队伍建设、教学研究及条件保障等提出了明确的要求和具体部署，为思想政治理论课建设提供了有力保障。

2. 工作机制

全省大多数高校坚持每学期召开一次专题会议，研究思想政治理论课建设工作，听取思想政治理论课教学改革与建设的情况汇报，研究并解决思想政治理论课建设过程中存在的问题。各校党政主要领导和分管领导坚持每学期深入课堂听课、评课，有的学校党政领导还参与思想政治理论课的教研活动，了解思想政治理论课教学实际情况，听取教学工作汇报，加强对教学工作的直接领导。全省高校对思想政治理论课均进行了规范管理，将《关于进一步加强和改进高等学校思想政治理论课的意见的实施方案的通知》（教社政〔2005〕9号）写入学校培养方案中，使"05方案"得到了教学保障。各校宣传部、人事处、教务处、财务处等部门各负其责，相互配合，落实思想政治理论课教育教学、人才培养、科研立项、社会实践、经费保障等各方面政策和措施。

3. 机构建设

全省高校都组建了直属学校领导以思想政治理论课教学为主要工作的二级机构（系或部），有的高校成立了马克思主义学院，承担全校所有班级思想政治理论课教学任务。各校根据思想政治理论课四门课程的特点，分设不同教研室，各教研室设置教研室主任1名，具体组织实施课程教学、科研工作、精品课程建设和教研活动。武汉大学改变了原来的以教研室为单位的思想政治理论课程管理模式，建立了以课程组为主要组织形式的运行模式，注重每门课程在学科属性上的专业性，强调了团队组织上的灵活性和开放性。

4. 队伍建设

目前，高校思想政治课教师普遍具有硕士及以上学历，各校通过加强实践锻炼、社会考察、专题调研等方式，使他们坚定信仰、信念、信心，真正做到"学马列、信马列、教马列"。各校对于思想政治理论课专任教师的选配要求严格，既保证了教师队伍的数量充足，同时又提高思想政治理论课教师的准入门槛，严把政治关，确保所配备的思想政治理论课教师政治方向坚定正确，思想政治素质过硬。

5. 物质保障

湖北省各高校都为思想政治理论课教学机构配备了基本教学设备、基本图书资料、声像资料、教学课件、办公用房、计算机、复印件、扫描仪、打印机等多功能一体化办公设备，满足了思想政治理论课教学及科研需要。多数高校基本按照省里规定的标准划拨了思想政治理论课的专项经费，但投入的多少不一样，部属高校生均拨款比较高，各项教学科研工作保障到位，而高职高专由于办学因素生均拨款很低，在思想政治理论课建设上显得力不从心，在一定程度上影响了实际教学效果。

（二）教学管理

1. 管理制度

全省高校高度重视思想政治理论课建设，均制定了健全的教学管理制度，建立了备课、听课、评课制度以及教学内容和教学质量监控制度、检查评价制度，建立了日常教学管理和督导检查制度。各校主要领导多次深入思想政治理论课堂听课，并与思想政治理论课教师进行沟通，听取并反馈教学意见。各校多次召开校长办公会专题会议，解决思想政治理论课改革发展中遇到的问题。大多数学校成立了包括相关职能部门和院系领导、思想政治理论教育方面的知名学者和教师代表等组成的思想政治理论课建设领导小组。

2. 课程设置

全省绝大多数高校严格按照教育部"05方案"课程设置规定执行，本科院校开设《思想道德修养与法律基础》、《中国近现代史纲要》、《马克思主义基本原理概论》、《毛泽东思想和中国特色社会主义理论体系概论》、《形势与政策》五门课程；专科院校开设《思想道德修养与法律基础》、《毛泽东思想和中国特色社会主义理论体系概论》、《形势与政策》三门课程。课时安排上，绝大多数高校按照教育部"05方案"规定的课时执行，即《思想道德修养与法律基础》本科48学时、专科48学时，《中国近现代史纲要》本科32学时、专科未开设，《马克思主义基本原理概论》本科48学时、专科未开设，《毛泽东思想和中国特色社会主义理论体系概论》本科96学时、专科64学时，《形势与政策》本科32学时、专科16学时。

3. 教材使用

湖北省所有高校《思想道德修养与法律基础》、《中国近现代史纲要》、《马克思主义基本原理概论》、《毛泽东思想和中国特色社会主义理论体系概论》所使用的教材均为中宣部、教育部组织编写、由高等教育出版社出版的马克思主义理论研究和建设工程重点教材，每位授课教师人手一本。《形势与政策》课则是各校根据教育部下发的教育教学要点，结合本校实际开展教学，或自编教材，或选用其他地方高校所用教材，或使用《时事报告（大学生版)》或《时事》DVD作为学生学习辅导资料。

4. 课堂教学

由于思想政治理论课涉及人数多、班级多,大多数高校由于师资力量所限,仍然实行大班化教学,有的学校是2个自然班合成一个大班进行教学,有的是3个自然班合成一个大班。思想政治理论课课堂规模一般在100~200人。有少数师资较充裕的高校实行小班化教学,课堂规模在100人以下,教师能更加有效地加强课堂教学管理,更加有利于教学的开展。全省高校思想政治理论课教师在课堂教学中使用多媒体课件比例较高,超过90%,提高了课堂教学效果。

5. 实践教学

思想政治理论课实践教学,各校实施情况不同。有的学校将思想政治理论课实践教学纳入教学计划,确定了相应的学时与学分,按标准划拨了实践教学专项经费,建立了相对稳定的实践教学基地。但是,在有些高校,由于学生规模较大,实践教学还不能实现面向大多数学生,只能少量学生参与其中。就实践教学形式而言,全省大多数高校采取的是开拓第二课堂、参观访问、专家报告等主要形式,还有很多高校正在积极探索更加形式多样、更加行之有效的实践教学形式。

三、湖北省高校教学改革特色项目

(一)武汉大学的课堂教学体系改革

武汉大学根据"05方案"中四门课程在实际教学过程中暴露出的问题,在学校实行学分制改革和"武大课程2010课程体系"修订工作,根据思想政治理论课教学实际,深入推进思想政治理论课课堂体系改革,从《毛泽东思想和中国特色社会主义理论体系概论》的6个学分中分解出2个学分作为专门的实践教学学分,分2个年度安排与大学生的暑期社会实践活动结合进行,强化了实践教学环节,加强了理论与实际结合,提高了思想政治理论课教学的有效性和针对性。同时,武汉大学将《毛泽东思想和中国特色社会主义理论体系概论》和《中国近现代史纲要》两门课程的教学内容进行整合和重组,学分也相应进行调整,新形成的课程体系为12+2,即理论教学12个学分,具体为《马克思主义基本原理概论》3个学分,《中国近现代史纲要》3个学分,《毛泽东思想和中国特色社会主义理论体系概论》3个学分,《思想道德修养与法律基础》3个学分，使各门课程的教学内容更趋均衡。实践教学2个学分，分解到4门课程，分2个学年执行。

(二) 武汉大学珞珈学院的教学方法改革

武汉大学珞珈学院在教学方法上进行了一系列改革：一是将教学体系转化为学生容易接受的话语，教师针对不同学生的思想状况，用具体、通俗化的话语解读教材中固定的理论术语，使思想政治理论课真正做到"三贴近"，使枯燥的理论灌输转化为富有生机的时代话题；二是面对不同层次的学生，采用不同的方法，教授不同的内容，强调"三结合"（结合世界大事和时代潮流、结合改革开放的实际和成就、结合学生的思想实际）、"两不回避"（不回避社会存在的问题、不回避理论难点疑点），坚持用马克思主义的历史观和辩证法，引导学生看大局、看主流、看趋势，使学生对社会问题有一个比较正确的认识；三是教学课件做到既统一又凸显个人特色，该校思想政治理论课教师每门课程有统一的课件，每位教师根据自己和学生的情况增减课件内容，做到既统一又凸显个人特点。

(三) 湖北美术学院的实践教学改革

湖北美术学院的实践教学改革项目，整个教学流程比较规范具体，从大纲、计划、教案到考核，都清楚明确。结合美院学生特点，该校在思想政治理论课实践教学中全面促进美术资源在课件中的运用，"以图证史，以图喻理，图文并茂，深入浅出"，着手开发校本课程，全面推进专题教学。该校开展了多种形式的实践教学活动，如在学生秋季艺术采风中进行社会调查，在《形势与政策》课上请专家就热点问题作讲座，组织学生参加可口可乐公司，组织学生旁听庭审过程，举办"延安精神征文比赛"和"我眼中的改革开放30年"展板设计活动，组织学生参观农讲所、毛泽东旧居、五大会址、辛亥革命纪念馆等武汉地区重要的革命纪念地。

(四) 湖北大学"五位一体"的教学新模式

该校以"05方案"的实施为契机，多向度地从教学设计、教学组织、实践教学、教学环境及教学评估五个方面进行系统研究，构建了"五位一体"的思想政治理论课教育教学新模式，并以此为推手，不断加强教研活动的力度。教师们围绕"教学设计的多维度系统研究"、"教学组织的技术性问题研究"、"实践教学的规范化制度研究"、"教学环境的立体式建构研究"、"教学效果评估指标体系研究"五个子课题开展系统研究，取得了多项实际成果。"五位一体"的教学新模式，通过多学科科际整合，改变了人们单向度地从教学方法或教学手段等某一方面进行教学改革模式设计的思路，拓展了教改的宏观视野，整合教改的微观成果，还原了思想政治理论课教育教学模式的系统性和综合性特征。

（五）鄂州职业大学的教学路径新举措

鄂州职业大学从课堂教学到实践教学不断推出新举措。

在课堂教学方面：一是推行"五线谱"教学法，创新思想政治理论课点名——点题——点击——点睛——落脚点五大教学环节的基本要求；二是倡导"7-12-7"天天备课法，即关注早7点、中午12点、晚7点的新闻，从中汲取授课新鲜资料和素材；三是提倡概念剖析的"句子成分"法，即对概念划出句子成分，先讲主谓宾，再讲定状补，先讲主干，再讲枝叶；四是探索新课引入十法，即复习旧课法、名言警句导入法、案例导入法、时政热点导入法、情境导入法、倒序导入法、抽刀断水导入法、身边小事导入法、现身说法导入法、学生自主导入法等十种方法；五是实行联动的教学信息反馈法，学校督导室设有思想政治理论课专职督导员一名，思想政治理论课专职督导员下设兼职思想政治理论课督导员一名，专职与兼职督导员相互配合，统筹兼顾。此外，每个班级还设有思想政治理论课学生信息员一名，了解思想政治理论课教师的授课情况。

在实践教学方面：该校设计了一个基于理实结合的"三全"（全方位、全覆盖、全过程）型实践教学模式。一是全方位，该校改变了过去思想政治理论课实践教学仅采用观看影像材料和组织学生出外参观等过于单一的形式，采用课堂实践教学、校园实践教学、社会实践、自我实践相结合的全方位立体化实践教学内容，并开始推广思想政治理论课实践报告书制度；二是全覆盖，该校在组织管理上组建了实践教学团，将实践教学组织社团化，在实践教学团基础上还在每个院系和班级成立了思想政治理论课实践教学兴趣小组，使实践教学覆盖所有学生；三是全过程，将思想政治理论课实践教学贯穿于学生学习、生活和实习的全过程，并将实践教学的全过程纳入考核体系，该校思想政治理论课期末考试卷面成绩占总成绩的40%，平时成绩占总成绩的30%，实践教学占总成绩的30%，这一考核方式极大地突出了实践教学的重要性，真正实现了实践教学环节的开展，确保了对实践教学各个环节的全程监控。

四、湖北省高校思想政治理论课存在的问题及对策建议

（一）问题阐述

1. 思想政治理论课教师社会实践经验欠缺

思想政治理论课是一门与时俱进的课程，必须紧密联系社会实际，回答现实社会问题，才具有说服力和吸引力，才能增强教学实效性。全省高校中，大部分思想政治理论课教师都是从校园到校园，很少深入农村、社区、企业等基层开展社会调查，承担社会兼职工作，没有更多的社会阅历，社会实践经验也相对欠缺，很难从社会实践活动中获取丰富的第一手资料，因而讲起课来只能从理论到理论，从书本到书本，所举案例要么陈旧，要么缺乏典型性，很难将思想政治理论课讲活。

2. 教学内容和形式模式化

我国高校思想政治理论课在理论上已经构建了一个完整的系统，但在教学实践中却存在一些偏差，在许多高校思想政治理论课教学内容和教学形式有模式化的倾向。从教学内容上看，大多注重抽象的理论阐释和文本逻辑性，忽视迅速发展变化的社会现实和大学生的发展需要。脱离实践的说教常使思想政治理论教育浮于表面，使学生乏味而难以感受到其价值，进而产生了质疑与疏离。从教学方法来看，思想政治理论课的"我教你学""我讲你听"的单边施教模式影响了师生之间的情感互动。

3. 思想政治理论课教学效果不够理想

在思想政治理论课教学过程中，学生的反应大体上可以分为三种：一种是"全盘接受"，不动脑思考，上课不过是走过场、拿学分；一种是"部分接受，部分质疑"，这些学生有的能主动找老师探讨问题、抒发己见有的则保留问题、心存疑虑；还有一种是"基本排斥"，认为所学的内容与现实脱节，虚假、空洞、教条，毫无意义。如何使高校思想政治理论课既坚持马克思主义的主导意识形态又遵循高等教育的规律，"成为大学生真心喜爱、终生受益的优秀课程"，没有从根本上解决深层次的问题。

4. 师资数量不够

全省大多数高校存在思想政治理论课教师不足的问题，因此不能严格按照教育部和省教育厅规定实行小班化教学，大班上课比较普遍，在课堂上存在做其他学科作业，打瞌睡，玩手机等"坐堂旷课"的现象。部分高校思想政治

理论课学科定位不明,教师流动频繁,队伍不稳定,部分高职高专、独立学院和民办高校思想政治理论课教师是合同聘用,其职称、职务解决比较困难,容易造成人心不稳,教师来源复杂,教师队伍建设有待加强。

(二)原因分析

1. 全球化进程给思想政治理论课教学带来外部压力

随着全球化进程的加快,各种思想文化相互激荡,伴随而来的必然是不同意识形态的思想文化的相互撞击和斗争的加剧,西方的思想文化、价值观念、生活方式将以各种形式渗透。尽管改革开放证明了中国特色社会主义具有强大生命力,但是资本主义国家的相对发达繁荣和社会主义国家的相对落后的局面对比,仍然使人们对社会主义有一种悲观的认识。经济全球化带来的社会主义信仰危机的挑战,部分大学生对社会主义信仰产生动摇,对社会主义的优越性和社会主义的生命力产生质疑。

2. 中国社会的多元化给思想政治理论课教学带来内部冲击

一是随着改革开放的不断深入,我国社会经济成分、组织形式、就业方式、利益关系和分配方式日益多样化,中国社会生活呈现利益多元化,各种社会矛盾凸显,热点难点问题逐渐增多。二是网络的出现,也使学生的价值观出现多元化。由于网站的庞杂、良莠不齐,各类网站对传播内容、方式、时间等的选择具有一定的价值倾向,有些不良的价值观和理念与我国主导的价值观念、伦理道德相偏离。在虚拟空间中,交流不需要传递蕴涵丰富情感的表情、动作和姿势,人们可以摆脱现实生活中的伪装和顾忌,敞开心扉随心所欲,久而久之易形成双重人格,易造成诚信的缺失和法律意识的淡漠,最终可能导致行为失范。利益的多元化和价值取向的多元化是紧密联系的,中国经济体制以公有制为主体,多种所有制形式同时并存、共同发展,社会经济结构的这种状况势必会从不同的层次、角度影响着人们的理想、道德、价值观、人生观的形成和发展,人们的价值观及价值取向也随之改变并趋向多元化。三是市场经济的负面影响,使个人主义、拜金主义、享乐主义、实用主义等在当代大学生中流行。因为在市场竞争中,人的价值追求被实实在在地量化、指标化、工具化、物化、功利化,这些深深地影响和冲击着我们的学生。很多大学生更关注的是自己的前途、生活等,对马克思主义并不关注;有些学生禁不住商品、货币的诱惑,把获得丰厚的物质待遇当做自己追求的主要目标,把时尚的消费和物质享受当做自己生命的渴望体验,忽视人自身的价值和意义,出现精神追求和理想信念淡漠等。在观念多元化的社会,如果没有一个先进的主导意识来统率全局,就会造成人们思想的混乱、行为的失范、生活的无序。虽然这不是单靠思想政治理论课教学就能解决的问题,但是,这无疑给思想政治理论课教学带来重重困难,对思政课教学提出了新的任务和更高的要求。

3. 传统教育观的束缚

在教育观念上,有的教师还是传统的"培养塑造教育观",其较多地关注在确定的教育目标下按传统的认识论来培养塑造人的目的,而较少考虑到被培养对象的个体情况,较多的是塑造,即重视教师教的主导作用,认为当前学生的科学文化思想素质低、认识低,需要引导,需要灌输,进而在教学中只重视培养学生是什么的问题,而较少重视培养学生思考为什么的问题。表现在课堂教学中,教师"一言堂"忽视了学生的主动性、创造性,导致学生的学习积极性严重受挫,产生厌学情绪,并且会使学生对思想政治理论课缺乏正确的认识和了解,很多学生往往把思想政治理论课当做中学时期的思想政治教育课,不过是讲授一些大道理而已,离现实生活很远,对学生没有切实的指导意义,这体现在他们思想上不重视,学习态度上也抱着应付考试的心理。有的教师抱怨教学内容多而课时少、教学大纲相对稳定而理论实践不断发展的问题,其实质也是教育观念上的问题,同时也是教学方法的选择问题。他们总认为要用较少的课时讲授内容丰富的思政课很难讲通讲透,没有想到思想政治理论课的教学是一个过程,是引导学生形成正确的世界观与方法论的过程。

4. 少数院校认识不到位

少数院校没有把大学生思想政治理论课教育教学摆在首位、贯穿于教育教学的全过程,办法不多,投入不够。与新形势相适应的思想政治教育领导体制和工作机制亟待建立完善,学生管理工作与形势发展要求不相适应,思想政治教育工作队伍建设亟待加强,这表现为:一部分高职高专院校为了节约成本,往往采用大班形式上课,教室空间大,学生人数多,一般都有100人以上;投入少,思想政治理论课教学经费严重不足,只是满足于教师的培训经费,而对教师考察学习极为反感,不给予支持,甚至有的高校把教师的进修培训考察误认为是旅游而不是学习,使教师教学缺乏生动性、吸引力;学科建设比较薄弱,甚至有的院校根本上谈不上学科建设,能完成教学任务就已经很好了。同时,许多高职高专院校只片面地强调突出职业特色,突出对学生专业技术、专业技能的培养,而忽视了人文环境的建设,导致不少学生认为思想政治理论课学得好与坏对自己的未来影响不大。

5. 学生对思想政治理论课的轻视与厌倦是影响教学效果的直接因素

一些学校，尤其是高职院校，学生普遍存在对思想政治理论课的轻视与厌倦。学生厌学的原因主要是：第一，实用主义与功利主义。由于高职院校大部分学生毕业后直接走上工作岗位，因而受外界功利主义与实用主义的影响很大，部分学生中存在功利性学习行为，相当数量的大学生追求的只是一个文凭，更多地开始将大学教育视为投资或机会，从而弱化了大学生对政治理论课的学习。第二，抵触情绪。学生因对社会政治失望而产生消极悲观的心理，受社会上不良因素影响，一些学生对思想政治理论课产生一种莫名其妙的抵触情绪，认为思想政治教育是一种"教化"，是空洞的说教，不少学生上思想政治理论课就是"为考试过关"。另外，思想政治理论课教学内容的相对陈旧与庞杂、教学方法的呆板性、教学手段的滞后性也是造成一些学生厌学情绪甚至是抵触情绪的重要原因。

6. 思想政治理论课教师的"职业倦怠"也是导致教学质量较差的重要因素

虽然当前高校教师的普遍收入水平和社会地位日渐提高，但是这不足以消弭思想政治理论课教师队伍中长期存在的在从事思想政治理论课教学时的职业倦怠感。教师职业倦怠产生的原因主要有：第一，社会支持的弱化和自我认同的勉强。思想政治理论课作为传播主导意识形态的重要渠道，作为高校思想政治教育的主阵地，其基本框架是中共中央政治局常委会定的，政治地位较高。然而，在现实社会生活中，历史上"泛政治化"遗留的包袱问题没有妥善解决，如今又处于市场经济商潮、全球化浪潮裹胁下的"去政治化"时代，思想政治教育（包括思想政治理论课）常常被轻率地对待，其本质和宗旨常常被漠视或忽视，其本真目的和价值常常遭遇人为的异化和遮蔽，其信念和信仰常常被扭曲乃至亵渎，人们往往忽视思想政治教育（包括思想政治理论课）效果的长期性和潜在性，又常常对它抱有一种复杂的态度与感情，思想政治教育及思想政治理论课受到轻视与歧视。第二，思想政治理论课教学要求高、难度大。思想政治理论课教学的目的是培养学生对马克思主义的信仰、对社会主义的信心、对党的路线方针政策的认同感，并引导他们树立正确的世界观、人生观和价值观。因此，社会和国家对思想政治理论课要求都很高。然而，思想政治理论课教学的难度也很大，主要表现为教育者很难处理好意识形态的教育与学术研究的关系，教学内容变动快、改革频、更新快，教育对象对思想政治理论课的轻视与厌倦。第三，对工作前途和事业发展的担忧。思想政治理论课教师既有教学问题的近忧，更有工作前途问题的远虑，这是区别于其他专业课教师的，主要是思想政治理论课较窄的专业发展空间，给思想政治理论课教师带来了学术成长上的压力；思想政治理论课课时的减少，上课形式的改变给思想政治理论课教师带来了生存上的危机。当然，职业倦怠的产生不能排除教师个人因素的影响。个人因素主要涉及教师的性格、性别等因素，对于思想政治理论课教师而言，最重要的在于信仰，对马克思主义信仰与否以及信仰坚定与否直接影响着思想政治理论课教师的精神面貌，这也是为什么我们发现在思想政治理论课教师中，与老教师相比，青年教师往往更容易产生职业倦怠的主要原因。

（三）对策建议

1. 加大投入

学校及相关部门要切实加大对思想政治理论课的投入，在师资队伍建设、课程建设、教学研究、社会实践等方面加大支持力度。切实加强人才引进和培养工作，重点是提升教师学历和职称层次，主要抓两头：学科带头人和青年教师，支持和鼓励中青年教师学术深造，引进和侧重培养学科带头人和学术骨干。为了加强思想政治理论课教师队伍建设，一些学校建议，教育行政部门要建立思政理论课科研与教学实效综合评价体系和激励机制。

2. 加强调研

思政理论课教学对各类高校如何结合实际，研究具体教学计划、课程设计、教学方式方法，以及教学质量、教学实效提高，需要进行深入调研总结。高校思想政治理论课要有针对性和实效性，就必须使思想政治理论课成为大学生内在的强烈需求，唤醒他们的需要，把握学生的"需求点"；满足他们的需要，把握教学内容的"结合点"；引导他们的需要，把握教学过程的"着力点"，把他们的积极性和主动性充分地调动起来，把学习过程转化为自觉、自主的行动。

3. 增强意识

必须进一步引导和鼓励思想政治理论课教师加强科学研究，提高思想政治理论课教学的科研水平，强化思想政治理论课教师的科研意识，克服部分教师"重教学、轻科研"的传统观念，积极组织申报科研立项。思想政治理论课教师可以把自己明确定位在马克思主义理论学科之上，自觉地全身心地投身于马克思主义理论的教学和科研之中，这不仅可以帮助思想政治理论课教师吃准、吃透思想政治理论课程的内容和精神，还可以增强思想政治理论课教师的使命意识和责任意识，以保证完成为思想政治理论课教学服务的科研任务。各校应组织一支高水平的教学科研队伍，从根本上提高教学科研质量和水平。

4. 更新观念

随着信息化时代的到来，尤其是2011年秋天掀起的大规模在线课程风暴，即慕课（MOOC）的出现，传统授课方式将受到巨大冲击，教师的教育理念、学生的学习方法都将发生巨大变化。由于慕课课程是全程录像，在网络上接受该课程的不再仅仅是坐在自己课堂上的几十个学生，而是成千上万的受众，这对教师的要求更高。教师在线下也可能成为观众，有机会反思自己的教学方法、方式及效果，教师必须更新教学观念与教学方法，应对慕课给传统教学带来的巨变。

附录：

教育部《高等学校思想政治理论课建设标准》（教社科〔2011〕1号）

一级指标	二级指标	三级指标	指标类型	责任部门
组织管理	领导体制	学校党委直接领导，协调校行政负责实施，分管校领导具体负责，并成立相应的领导机构	B	学校党委、行政领导
	工作机制	1. 校党委（常委）会议、校长办公会每学期至少召开一次专题会议研究工作，会议决议能够及时落实	B	学校党委、行政领导
		2. 学校党政主要领导和分管领导每学期分别到堂听课2次以上，定期听取思想政治理论课教学工作汇报，解决实际问题	B	
		3. 把思想政治理论课建设列入学校事业发展规划，作为学校重点课程建设，有条件的本科院校同时应作为重点学科建设，每年至少进行一次专项督查	A	
		4. 学校宣传、人事、教务、研究生院（处）、财务、科研等党政部门和思政课教学科研机构各负其责，相互配合，落实思想政治理论课教育教学、学科建设、人才培养、科研立项、社会实践、经费保障等各方面政策和措施	B	学校党委、行政领导及有关部门

续表

一级指标	二级指标	三级指标	指标类型	责任部门
组织管理	机构建设	1. 独立设置直属学校领导的、与学校其他二级院（系）行政同级的思想政治理论课教学科研组织二级机构，承担全校本、专科学生和研究生思想政治理论课教学任务，统一管理思想政治理论课教师。有马克思主义理论学科点的机构同时应作为马克思主义理论学科点的依托单位，承担马克思主义理论科学研究、学科建设、研究生培养等工作	A*	学校党委、行政、行政领导
		2. 配齐机构主要负责人。机构主要负责人应具有马克思主义理论相关学科的学科背景、学历和职称，不得兼任其他二级院（系）的主要负责人	A*	学校党委、行政领导及有关部门
		3. 与专业院系同等配备教学设备和基本图书资料、国内外主要社科期刊、声像资料、教学课件以及办公用房、计算机、复印机、传真机等办公设备等，满足教学及办公需要	B	
	专项经费	学校在保障思想政治理论课教学科研机构正常的各项经费的同时，本科院校按在校学生总数每生每年不低于20元、专科院校按在校学生总数每生每年不低于15元的标准提取专项经费用于教师学术交流、考察等，并随着学校经费的增长逐年增加。专项经费安排使用明确，专款专用	A*	学校党委、行政领导
教学管理	管理制度	教学管理制度健全，建立备课、听课制度以及教学内容和教学质量监控制度，认真执行各项管理规章制度，检查、评价制度等。教学档案齐全	B	教务处 思政部
	课程设置	1. 按照本、专科生思想政治理论课"05方案"，研究生思想政治理论课新方案（2011年秋季开始实施）的规定，根据学校培养人才层次，落实课程和学分及对应的课堂教学学时，无挪用或减少课时的情况	A*	教务处 研究生院(处)
		2. 积极创造条件开设本科生和研究生层次思想政治理论课选修课	B	

续表

一级指标	二级指标	三级指标	指标类型	责任部门
教学管理	教材使用	1. 使用马克思主义理论研究和建设工程重点教材思想政治理论课统编教材	A	教处处 研究生院（处）
		2. "形势与政策"课要根据教育部下发的教育教学要点来组织教学，选用中宣部和教育部组织制作的《时事报告（大学生版）》和《时事》DVD作为学生学习辅导资料	B	
	课堂教学	1. 课堂规模一般不超过100人，鼓励小班教学	A	教务处
		2. 合理安排课堂教学时间	B	
	实践教学	实践教学纳入教学计划，落实学分（本科2学分，专科1学分）、教学内容、指导教师和专项经费。建立相对稳定的校外实践教学基地。实践教学覆盖大多数学生	B	教务处 思政部
	教学方法改革	1. 积极探索教学方法改革、优化教学手段	B	思政部 教务处
		2. 改革考试评价方式，建立健全科学的考试考核评价体系	B	
	教学成果	列入校级教学成果类奖系列评选之中，并积极组织推荐参评校级以上"精品课程"、教学成果奖、"精彩"系列等评选活动	B	教务处
队伍管理	政治方向	思想政治理论课教师应坚持正确的政治方向，有扎实的马克思主义理论基础，具有良好的思想品德、职业道德、责任意识和敬业精神，在事关政治原则、政治立场和政治方向的问题上与党中央保持一致。	A	人事处 思政部
	教师选配	1. 本、专科思想政治理论课专任教师按不低于师生（全日制在校本、专科学生）1：350~400的比例配备，研究生思想政治理论课专任教师按相当比例配备（编制在思想政治理论课教学科研机构）	A	人事处
		2. 兼职教师具有硕士研究生以上学历（专科院校兼职教师具有本科以上学历）和相关专业背景，按学校有关规定考核合格	B	
		3. 新任专任教师原则上应是中共党员并具备相关专业硕士以上学位	A	

续表

一级指标	二级指标	三级指标	指标类型	责任部门
队伍管理	培养培训	1. 新任专任教师必须参加省级岗前培训，持证上岗；所有专任教师必须参加省级或中宣部、教育部组织的示范培训或课程培训或骨干研修	B	人事处 思政部
		2. 每学年至少安排1/4的专任教师开展社会实践和学习考察活动	B	
		3. 安排专任教师进行脱产或半脱产进修，每人每4年至少一次	B	
		4. 鼓励支持专任教师攻读马克思主义理论相关学科博士、硕士学位	B	
	职务评聘	1. 思想政治理论课专业技术职务高级岗位比例不低于学校重点学科高级岗位设置的平均水平，且不得挪作他用	B	人事处
		2. 教师获得的教学成果类奖项、被有关部门采纳并发挥积极作用的社会调研报告应作为专业技术职务评定的依据	B	
	经济待遇	思想政治理论课教师的岗位津贴和课时补助等纳入学校内部分配体系筹考虑，思想政治理论课教师工作量、课酬计算标准与其他专业课教师一致，教师的实际平均收入不低于本校相关专业院系教师的平均水平	A	人事处 教务处
	表彰评优	纳入学校各类教师表彰体系，并为思想政治理论课教师确定一定比例，进行统一表彰	B	人事处
学科建设	学科点建设	1. 马克思主义理论学科点设在思想政治理论课教学科研机构，首要任务是为思想政治理论课教育教学服务	A*	人事处 科研处 教务处 研究生院（处）
		2. 马克思主义理论学科点不办本科专业、不招收本科生（思想政治教育专业除外）	A*	
		3. 马克思主义理论学科的学术骨干必须是思想政治理论课的教学骨干。每一位导师至少承担思想政治理论课一门课的教学任务	A	
	科研工作	设立思想政治理论课教育教学研究专项课题。创造条件支持思想政治理论课教师申报各级各类课题，参评各种科研成果奖等	B	教务处 科研处 思政部

续表

一级指标	二级指标	三级指标	指标类型	责任部门
特色项目	教学改革特色项目	开展思想政治理论课教学改革与创新,并取得显著成果,其经验在全国或全省得到一定推广	B	教务处思政部
	其他	能够推动思想政治理论课建设工作的其他有特色的项目	B	

说明:

1. 关于指标类别。建设指标分 A *、A、B 三类,共 38 项,其中 A *为核心指标(6 项),A 为重点指标(8 项),B 为基本指标(24 项)。

2. 关于评价标准。A *指标 6 项、A 类指标 7 项以上、B 类指标 20 项以上达标,方可认定合格。

3. 关于教师类别。专任教师是指编制在思想政治理论课教学科研机构的教师;兼职教师是指编制属其他教学机构或管理部门(单位)的教师。

报告撰稿人:涂爱荣　湖北省大学生思想政治教育评价中心研究人员,湖北经济学院思想政治理论课部教师,教授,思想政治教育学博士

湖北省高校课外思想政治教育实践

李 燕

高校承担着培养中国特色社会主义建设者和接班人的崇高使命，为深入贯彻落实《中共中央国务院关于进一步加强和改进大学生思想政治教育的意见》（中发〔2004〕16号），进一步加强和改进湖北省大学生思想政治教育工作，湖北省省委办公厅、省政府办公厅具体颁发了湖北省高校《关于进一步加强和改进大学生思想政治教育的意见》（鄂办发〔2011〕39号）的文件。一方面积极探索新形势下湖北省大学生思想政治教育的新路径、新方法，增强思想政治教育工作的吸引力、感染力和实效性。同时在积极贯彻落实中央及省文件精神下，专门成立省高校党建和大学生思想政治教育督导巡视组，到各高校检查指导大学生思想政治教育工作的落实开展情况。2014年3月湖北省高校还专门召开了党建和大学生思想政治工作座谈会，会议强调了要认真贯彻落实十八届三中全会和全国、全省宣传思想工作会议精神，把握发展大势，树立底线思维，坚持问题导向，推进改革创新，筑牢高校意识形态阵地，不断提高高校党建和大学生思想政治教育工作水平。

思想政治教育主要包括思想政治理论教育和日常思想政治教育。前者主要通过思想政治理论课的教学来提高学生马克思主义理论素养，树立正确的世界观、人生观和价值观。后者主要借助日常学生管理工作，如学生党组织建设、班级建设、文化活动、社会实践、社团组织、心理咨询等工作实现提高学生人格品质和道德修养。前者强调教育的系统性和理论性，后者侧重教育的日常性和实践性，二者在教育对象、教育目的上是一致的。随着社会的发展和教育的变迁，日常思想政治教育越来越受到高校的重视，本内容主要从日常思想政治教育即课外思想政治教育实践对湖北省高校的思想政治教育工作进行考察归纳。

近几年来，在各方面高度关注和高校自身的积极努力下，为加强大学生思想政治教育工作，不断提升大学生的思想道德素质和政治理论水平，湖北省各高校一直在不断创新着课外思想政治教育工作方式方法，根据各高校自身人文底蕴、文化积淀和学生特点等，在课外思想政治教育的内容、形式、手段上大胆革新，主动适应大学生在思想政治素养方面的诉求，在大学生思想政治教育工作的创新与发展方面取得了许多积极的成果，形成了全面覆盖、重点突出、定位准确、各具特色的思想政治教育新格局，更好地提升了大学生思想政治教育的工作水平。

一、创新思政教育手段，积极运用新媒体、新技术，占领未来教育阵地

在当今社会环境下，对大学生进行思想政治教育，不论是理论还是实践，如果没有好的媒介和形式，一定程度上很难引起大学生的兴趣和关注，从而使各种形式的思想政治教育工作大打折扣。因为思想政治教育的对象千差万别，利益诉求也是多元化的，如果还是借用传统的媒介手段已经远远不能适应满足大学生思想政治教育的需要。必须要像胡锦涛在加强和改进大学生思想政治教育工作会议上所强调的那样，"积极成功地运用现代科学技术手段，使大学生能够通过现代信息传播渠道，接受积极健康的思想文化"。因为新的媒介手段和信息技术不仅打破了受教育者的时间地域形式等传统界限，随时随地发挥思想政治教育的功能，还能极大激发学生的学习热情。思想政治教育工作手段一定要与时俱进，利用大学生的兴趣点在推行方式上积极创新，摆脱提起思想政治教育就是一副威严正经的老面孔，让学生觉得可亲可近有兴趣，这样才能将思想政治教育融于无声之中。

在利用新媒介方面的创新，武汉大学就做得非常有特色和超前。网络形式发展的创新和流行，在大学生中体现得最明显。大学生基本是新形势互联网络最快最积极的运用者和体验者，武汉大学就抓住了大学生的这一特点，将思想政治教育工作融入现代互联网和现代信息技术之中，提出要一直致力于领跑校园无线服务平台，打造"掌上武大"，用新鲜资讯引领学生。从飞信到微信，从2G时代到3G时代，武大走在时代的前列。"掌上武大"致力于做校园资讯的收集者和传达者，为武大学子提供最贴心的信息服务。校园新闻、讲座信息、活动预告、梅操电影、天气预报等各类新鲜、实用、有趣的热点信息，大大便捷了学生的学习生活。考试周有公选课考试时间、复习资料包等信息；寒暑假有精选书籍、电影、音乐、旅行推荐；开学季有全套生活服务手册，涉及打包物品清单、宿舍指南、武汉美食、武大环境、注册流程、上网服务等新生需求的方方面面。"掌上武大"还紧密结合语音、长图等微信时代产物，推出

"珞珈"虚拟人物声讯和"一张图带你了解武大院长"等长图,新颖的资讯形式吸引了大量的学生。随着手机3G时代的到来,武大自强学堂网站还开始自主研发手机应用。"掌上武大"Android客户端于2013年初上线,目前安装量已过万。IOS客户端也于2014年初上线。"掌上武大"手机客户端致力于为学生提供便捷的服务,目前已有课表查询、无线Wi-Fi服务和新闻推送功能。据悉,校车定位服务、空闲教室查询等功能正在拓展中。自"掌上武大"品牌成立以来,积累了大量忠实用户。许多学子即使离开校园,依然通过"掌上武大"来关注母校动态,询问母校的大事小事。"掌上武大"已成为学子和校友沟通的桥梁。

除了打造"掌上武大"的咨询平台,武大还利用大学生爱玩游戏的特点,在2014年1月,制作了首款武大主题网页游戏——《报告女王大人我是武大郎》正式上线。这是一款由玩家扮演武汉大学学生,浏览武大校园并回答问题的文字答题类游戏。旨在让学生在欣赏武大四季无处不在的美景之余,感受武大自由博爱之精神,增长校园文化之知识。问题类型涉及武大校史、历史建筑、校园文化等方面,以大学生喜闻乐见的形式弘扬主旋律、传播正能量。游戏界面清新优美,背景音乐采用武大学子原创歌曲《珞樱2》,是一款真正属于武大学子的网页游戏。游戏一经上线,立即在学生中引起强烈反响,试玩人数超过5000人次(见图1)。

图1 武大首款主题网页游戏的主页

为了充分发挥学生的自主性、传播正能量,让学生自主的融入思想政治教育互动中去,2013年学校鼓励学生原创纪录片、微视频、微电影等。例如武大原创的纪录片《新武大郎的30天》,内容是记录同学们军训的过程,让新生从旁观者的角度看待军训时候的自己，以此激励新生在未来的大学生活中要"不忘初心"，进一步地突出军训的爱国主义情怀，真正做到"为中华之崛起而读书"，让新生们再次接受思想的洗礼。

其他高校也非常重视并利用新型的网络平台加强大学生的思想政治教育工作，比如武汉工程大学邮电与信息工程学院就发布了"关于规范和推进我院大学生思想政治教育网络平台建设的通知"，提出要充分运用网络技术丰富思想政治教育工作的方式，提高思想政治教育工作的时效性，抢占思想政治教育工作网络阵地。但在具体做法上，应该说武汉大学还处在领先的地位。不论是"掌上武大"，还是微电影纪录片原创，以及游戏平台等，这种新媒介的形式在思想政治教育工作的融入推广上受到学生的极大青睐，抓住了大学生的特点和兴趣点，打破了思想政治教育的时间地域群体界限，让学生在玩中提升了思想政治素养和认识，非常值得借鉴和推广。

二、改革思政教育内容，紧跟时代步伐，弘扬主旋律

湖北省各高校的课外思想政治教育在内容上，都非常注重紧跟时代步伐，弘扬主旋律，抓住国家社会发展重大主题，引领学生思想。绝大多数高校在党和国家召开重大会议，部署重大工作，倡导学习重要文件和精神方面都非常积极。对大学生思想政治教育开展最多的是，围绕党和国家的重大会议及文件精神等开展的专题讲座。比如武汉民政职业学院就策划组织了"我的中国梦"主题教育活动，通过"我的中国梦"系列主题教育活动的开展，培养学生的爱国主义情感，增强学生对中华民族伟大复兴的信心，展示学生朝气蓬勃、昂扬向上的精神风貌，教育学生将个人成长与祖国发展紧密结合。再如湖北工程职业学院在习近平提出中国梦的构想后，也组织策划"中国梦、学院梦、学习梦"的主题思想活动等，在此不一一列举。

围绕时政重大主题开展思想政治教育活动，固然是对大学生进行思想政治教育的一个重要渠道；但这种解读中央精神的思想政治教育讲座专题总体来说还是过于传统，学生的兴趣点不是很大，应该在内容的体现形式所有创新。这点武汉大学学生党支部在学习十八大精神上的做法很值得借鉴。这个活动主题是：珞珈别样红——珞珈红色文化节户外挑战赛。学校组织了全校各院系学生党支部的50多支队伍，从同一个地点出发，每队拿一张红色通关卡，在不同的路线上向着同一个终点奔跑。红色问答、有关十八大的猜词游戏、红色歌曲之我爱记歌词等红色知识学习项目和残疾人互助、携手并进等趣味性游戏被列

为通关必过的关卡在六一亭、李达园、十八栋、郭沫若故居等与红色联系比较紧密的地点开展。正如武大参与的学生所说:"它将趣味性和理论性相结合,让我们在活动中学习红色知识,感觉很棒!"在这种创新形式下的思想政治主题教育活动,让学生"收获的不仅是知识,还有友谊"!学生的兴趣和参与度大大增强。不论何种内容的思想政治主题学习,只要在方式上创新,以灵活而有趣味性的形式展开,找到一个学生喜爱的方式来传递思想政治教育的主旋律,都可以达到事半功倍的效果。唯有如此,才能将大学生的思想政治教育工作落到实处,发挥出应有的政治教育功能(见图2)。

图2 2014年喜迎十八大珞珈别样红
——珞珈红色文化节户外挑战赛宣传照

三、丰富思政教育形式,加强校园文化建设,为课堂教育提供有力补充

现在各高校开展大学生的课外思想政治教育,不仅仅是在理论和校园开展,而且开始将这一工作向社会各层面实践渗透,让学生在社会实践层面感受思想教育的真谛和真正价值。

在这些方面很多高校都有不同活动体现。为帮助青年学子树立正确的人生观、价值观,打牢远离毒品的思想根基,自觉防范毒品侵害,中南财经政法大学就组织学生到湖北暨武汉禁毒教育基地考察参观,学生参观了"祸——国耻难忘"、"魔——揭示毒害"、"盾——远离毒品"、"剑——人民斗争"和

"心——众志成城"为主题的五个展厅。禁毒基地通过真人模型、电子模型、禁毒宣传片、漫画海报、情景模拟重现等方式,还原了我国近代鸦片战争的屈辱历史,揭示了毒品祸国殃民的危害性。同时,讲解员还为同学们详细介绍了从鸦片战争时期的毒品到现在新型毒品,使学生认识毒品的种类,了解吸食毒品的危害及强制戒毒的措施,将禁毒教育寓于生动的展示体验之中,让学生充分认识毒品对个人、家庭、社会乃至国家、民族的危害。

再如华中农业大学,开展组织了"爱心接力,传递温暖"毕业生跳蚤市场,跳蚤市场物品繁多,有四六级、双学位、考研、公务员考试等相关书籍,有衣服、鞋帽、电扇、收音机等生活用品,毕业生在出售书籍等物品的同时,也给同学们传授经验,鼓励大家珍惜光阴,好好学习(见图3)。

图3 华农"爱心接力,传递温暖"毕业生跳蚤市场一角

为使全校师生进一步践行社会主义核心价值观、缅怀革命先烈、学习先烈、伟人的高尚品质,弘扬爱国主义精神,完善党团教育途径,拓展人才培养渠道,提升人才培养质量,引导学生树立正确的人生观、价值观及世界观,武汉工程大学与黄麻起义和鄂豫皖苏区纪念馆共建社会实践教育基地。武汉其他很多高校都建设有这样的教育基地(见图4)。

中国地质大学开展了"爱心驿站毕业季募书公益活动"。在大学生的日常学习生活中,书籍教材大都价格较贵,使用时间较短,更新周期较快,如果仅仅靠购买来得到书的话,不仅浪费钱财,更是浪费纸资源。为了让有限的书籍无限地流动起,将丰富的营养输送到同学的知识脉络中去,爱心驿站自开站以来,被借阅的书籍量不断增大,知名度也不断提高,现已成为同学们极为认可

图 4　武汉工程大学与黄麻起义和鄂豫皖苏区纪念馆
　　　共建社会实践教育基地揭牌仪式

的书籍借阅平台。

武汉工程大学为鼓励学生在实践中受教育,开展了"圆梦中国·公益我先行"活动,以"爱儿童"为公益主题,开展了"爱在行动,让留守儿童不再孤单"的公益活动,在社会实践中学生们不仅获得良好社会评价,也更多了解当今中国现实,从实践层面加深他们对思想政治教育的认识和理解(见图 5)。

图 5　武汉工程大学"圆梦中国·公益我先行"活动

为了深入贯彻落实党的十八大精神,推动高校学生资助工作持续健康发展,强化学生资助工作的育人功能,弘扬社会主义核心价值体系,提升学生诚信感恩意识,体验诚信感恩情感,践行诚信感恩行动,江汉大学开展了"感恩于心、诚信于行"的系列教育活动,组织开展了"信贷助学、信用树人"

诚信还款签名活动；邀请国家开发银行客户经理来校作银行信贷知识诚信报告会；邀请武汉市学生资助管理中心工作人员来校作贷款还款培训指导；发放了一封"致2014届贷款毕业生的一封信"；组织观看了《贷款助学·信用助人》宣传教育专题片；举行了"诚信还贷，诚信做人"贷款学生座谈会；开展了"一声祝福——铭记母校培育之恩"建言献策、书写一封"毕业家书"等一系列活动。不仅进一步了解了国家助学贷款资助政策，也让学生深刻认识到诚信感恩教育，对大学生道德和素质建设具有非常积极的作用。种类很多，在此不一一列举。

这种让学生从课堂从理论走出来，走向实践，走向生活现实层面的思想政治教育的做法，对大学生的思想政治教育具有非常积极的实效。人的认知和价值理念的树立，书本教育固然是一个重要途径，但不得不承认，现实社会和每个人的人生经历会让学生更真实地感受道德教育的力量。高校的课外思想政治教育需要打造更多的平台，创新更多的活动内容形式，引导学生立体全方位的感受思想政治教育的无处不在和润物无声。

四、打造思政教育品牌，以持续的主题活动凝聚思想共识，指导人生发展

思想政治教育活动的展开在高校中往往具有片段性，一般都是来了某个主题就抓住这个主题即时进行宣传教育。比如雷锋日就搞搞宣传学习雷锋的活动，十八大召开了就搞搞学习十八大精神的活动等。绝大部分高校会抓住特殊的纪念日或是时代主题，开展各种思想政治教育活动。比如天门职院就开展了"关爱空巢老人·学雷锋志愿活动"；湖师文理学院开展了"服务人民，我与雷锋同行"的主题团日活动等，这种状况在高校非常普遍。虽然在特定主题的思想政治教育对大学生思想影响有一定积极意义。但这样的日子一年只有一次或几次，这种精神对于需要持久的思想政治教育需求显然不足，很多精神和品质不是靠这一两天的活动和宣传就能牢牢树立。一定要将思想政治教育的核心理念形成一个连续持久的教育主题常抓不懈，才能真正达到满意的效果。这种状况在很多高校也开始逐步改变，形成一个持续性的活动主题。

这里列举一些比较有特色的活动主题。武汉工程大学开展"青年夜校"学习班就很有特色。成为青年团干和青年学生骨干提升思想素质、锤炼精神品质、提高业务能力、开阔思路视野的学习课堂。学校陆续邀请上级领导、知名

学者、社会精英、行业翘楚来为共青团骨干和学生骨干授课，采取访谈分享、典型示范、理论研讨、读书会等形式开展集中的理论学习。第一期就邀请2004年年度感动中国十大人物、第18届中国十大杰出青年、第十一届中国青年五四奖章获得者、共青团湖北省委学校部部长徐本禹出席，并向与会者分享了自己的经历和感悟（见图6）。

图6 武汉工程大学徐本禹做客第一期"青年夜校"学习班

武汉大学开展的"珞珈影像阅读"活动也比较有特色，在近一学年中，共放映电影12场。"珞珈影像阅读"活动除了在选片上注重见微知著，主要选择能带给学生正能量并引起大家思辨的影片作为观赏和讨论的对象，与社会思想潮流紧密相关，还在观影后加入了讨论环节，起到了德育工作"放大镜"的效果。利用电影进行思想政治教育的过程中做到了：有选择的播放电影、拍摄电影；组织好了影评活动、讨论环节；充分地引导学生不断自我完善，促进学校思想政治教育工作和校园文化建设更上新台阶，引领了武大学子的思辨新潮。这项活动在武大还在继续开展。

武汉理工大学华夏学院的华夏讲坛也做得非常突出，现在已经开展到了142期，每期都邀请国内高校知名学者来学校开办讲座，已经走过了10年的历程，对在校大学生在人文素养、科学知识以及思想道德素质的教育提升起到了非常大的影响。华夏讲坛十周年时很多学者专家还专门为之题词（见图7）。

此外，湖北警官学院结合学校学生实际，数年来坚持举办"警史大讲堂"专题讲座，现在已经是第十一期。武汉交通职业技术学院举行"中华诵 经典

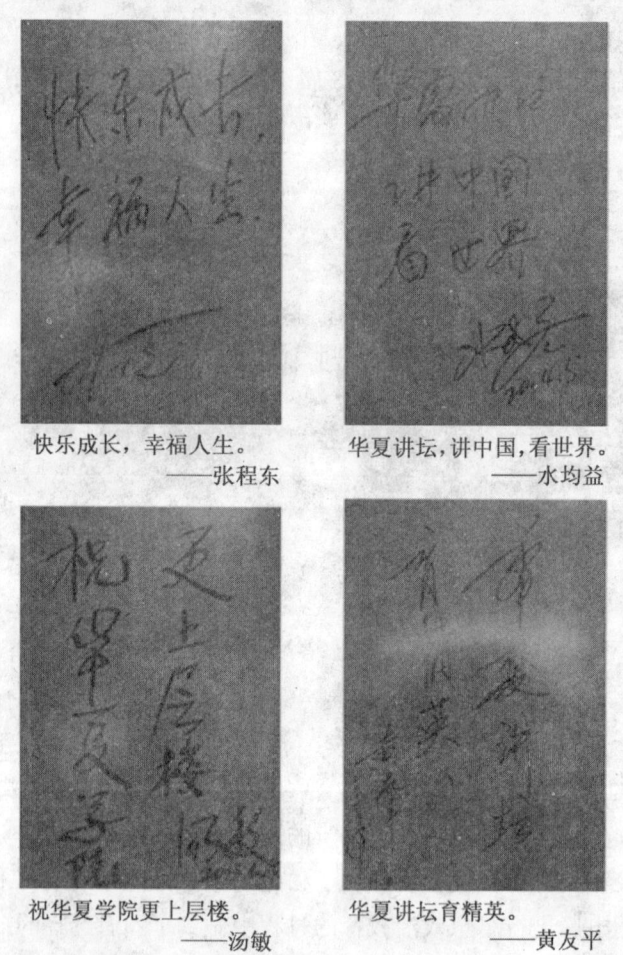

图7 武汉理工大学华夏学院华夏讲坛十周年部分学者专家题词

诵读"朗诵暨普通话比赛和"读书明志"主题阅读活动分别已经创办了五届和十一届。中国地质大学开展"震旦讲坛"系列活动,全年举办震旦讲坛——人文社科讲座29期、震旦讲坛——自然科学讲座2期、震旦讲坛——创业励志讲座7期;举办师生午茶会18场,其中国际视野拓展6场;举办领航人生讲座4场、"赢在地大"讲座9场等。这样持续性的思想政治教育活动的开展,很多大学对大学生的人生影响和思想教育起到了深远的影响,这对大学生的思想政治教育的落实是一个重要的途径。

五、拓宽思政教育主体，多层次全方位延伸思政教育触角

现在高校对大学生的思想政治教育不仅仅单纯是从学生层面来关注大学生的成长和教育，也开始从改善提高其他方面的工作促进大学生的思想政治教育工作落实，从而全面立体地体现落实对大学生思想政治教育引导。这包括很多层面，比如对辅导员的教育培训，学校领导与学生的直接对话，加强学生资助和就业工作，解决学生学习的后顾之忧等层面，间接促进对大学生思想政治教育的落实。在这些方面湖北很多高校做得非常有特色。

武汉大学为进一步增强大学生思想政治教育的科学性、创新性和实效性，不断总结经验、加强研究、推动工作，营造"边工作、边学习、边研究"的良好氛围，不断提高该校学生思想政治工作队伍的实践能力和理论水平，在全校本科生辅导员队伍中征集大学生思想政治教育论文，并举办大学生思想政治教育创新论坛。而且武大人文学院还专门建立学生班级导师工作特色基地，对学生成长成才具体关怀。为加快导师工作特色基地建设，学校还开辟班级导师工作室、学生个性化指导档案室；严格遴选导师，思想政治过硬、业务能力强、学历层次高、身心健康、作风正派、责任心强的教师为导师；出台《本科生导师工作要求及职责》等7项工作制度，将专职干部评分表、学生评分表、导师自评表作为依据，考核导师下班工作情况，班风与学风建设情况，学生对导师的评价，制定导师工作手册等。

还有多个高校建立与学校领导直接交流的平台。比如江汉大学就有一个"校长午餐会"，现在已经开展到第五期。第五期校长午餐会就是紧密围绕"就业"话题，杨校长在一同聆听了七位同学所有的心里话后，分别针对学生不同的问题，跟大家进行了交流。再如中国地质大学就建立了"师生午茶会"，现在已举行到了第八十八期，教师与学生定期开展互动和交流。再如湖北经济学院校长就专门开放自己的微博论坛，随时接受学生的咨询和问答，了解学生的思想政治动态和学习生活诉求，吕校长也成为经院学子口中的吕妈妈。这种直接开放学校领导及教师和学生的沟通平台，不论是茶话会、午餐会还是网络微博微信等，通过对高校大学生的思想政治教育动向的了解，从而采取积极有效的施教手段和方式是非常可取的。

辅导员以及班主任是日常生活中与学生接触最多的人，他们的价值人生观

以及对学生思想政治教育管理工作的能力水平，对大学生的思想政治教育也至关重要。现在很多高校对此也高度重视。很多高校在平时以及假期都非常注重对辅导员的培训和教育。有些学校还专门建立辅导员沙龙在平时辅导员交流中提升对大学生的日常管理教育工作。这方面三峡大学就比较突出，目前三峡大学的辅导员沙龙已经开展多期，辅导员定期交流日常管理中的经验问题，对加强学生的教育管理非常有利。湖北美术学院学工部还专门开展了"思想政治教育进宿舍"工作，以"大学生文明养成"为出发点和落脚点，旨在提高大学生文明修养，营造"舒适、文明、整洁、温馨"的生活环境，强化宿舍育人功能，展现大学生良好风貌，敦促学生将核心价值观内化为自己的精神追求，外化为个人的自觉行动，将"构建文明宿舍"融入校园文化生活中，用实际行动践行社会主义核心价值观。而湖北警官学院在引导学生就业报考公务员方面也做得非常有特色，他们与很多单位加强合作，积极为学生的就业创造条件，解决学生的忧虑，关心学生的前途和命运，对加强学生的思想工作引导也起到积极作用。

六、拓展思想政治教育空间，关注心理健康教育，培养健全人格

心理健康教育现在是高校大学生思想政治教育一个必不可少的核心内容，绝大多数的高校都建立由心理咨询室配备有一定数量的心理咨询教师，将心理健康教育作为一个专门的工作在开展，都高度重视。这些方面在湖北省的高校大多是大同小异。有些是硬件建设走在前面，比如武汉纺织大学就专门建立心理咨询室、团体辅导室、宣泄室、沙盘室、心理测评功能区、朋辈辅导功能区等，为学生建立系统的心理咨询结构。有些高校在心理健康教育内容方面走得比较积极，把心理咨询教育做在事前，而非等到学生出了事情或遇到问题来咨询才开展。比如华中科技大学的大学生发展研究与指导中心，每年策划、印发各类心理小资料，通过各种方式发放给同学，以方便同学学习心理常识，帮助自己调整心态，提高学习效率与生活品质。武汉工程大学邮电与信息工程学院还专门开通微信公众平台，对大学生开展心理健康教育。武昌工学院还专门举办大学生心理健康教育节，活动主题是感恩社会、幸福友善、沐浴阳光、发展自我，活动将从校级、院级、班级三个层面展开，活动内容主要包括心理专家讲座、现场心理测量、主题演讲比赛、心

理健康图片展、心理电影展播等。湖北工程职业学院还专门创办了一档心理广播节目，叫《心理有约》，现在已经播放到第十五期，每一期都围绕不同的心理主题进行心理健康教育。让心理健康教育做在平时，全面预防大学生心理健康问题。不论采取什么形式开展大学生的心理健康教育，其关键都是要有计划性和持续性。这方面中国地质大学做得非常好，具有较强的延续性。以下是他们一次心理健康月系列活动的汇总和春季大学生咨询中心讲座信息汇总。能将大学生心理健康活动做到如此详细和持续，中国地质大学应该是个典范，值得其他高校借鉴，以下是其心理健康月系列活动和2014年春季大学生咨询中心讲座信息的汇总表（见表1至表2）。

表1　　　　　　　　心理健康月系列活动汇总

编号	时间	地点	活动形式	主题	主讲人	参与人数	主办
1	5月3日	学习支持中心	心理沙龙	拖延的现象及根源	杨洋	20	大学生咨询中心
2	5月5日—5月28日	西区、北区和东区	心理知识展板	心理健康月介绍、心理健康知识及常见问题的应对方法和心理书籍介绍	大心协骨干	全校	研心协、大心协
3	5月5日、5月28日	网络	笑脸征集大赛	寻找幸福瞬间	研心协骨干	20	研心协
4	5月6日	教三401	心理讲座	爱情花开	郭兰	80	大心协、研心协
5	5月17日	北区	心理学征稿	《心宇》报纸征稿	大心协骨干	全校	大心协
6	5月8日	北区素质拓展基地	户外心理素质拓展	同心协力	大心协和研心协	20	大心协、研心协
7	5月10日	学习支持中心	心理沙龙	男女有别	刘娅仙	15	大学生咨询中心
8	5月11日	学习支持中心	心理学电影赏析	赏析《当幸福来敲门》	潘文正	10	大心协

续表

编号	时间	地点	活动形式	主题	主讲人	参与人数	主办
9	5月12日	西区公主楼前	现场心理咨询活动与心理测评	心理测评与咨询	咨询员	300	大学生咨询中心、大心协
10	5月17日	东区林荫道	现场心理咨询活动	心理测评与咨询	咨询员	300	研工部、研心协
11	5月17日	学习支持中心	心理沙龙	什么是心理学	谢梦颖	15	大学生咨询中心
12	5月18日	学习支持中心	心理学电影赏析	赏析《天堂电影院》	潘文正	10	大心协
13	5月20日	教三401	心理讲座	做一个健康快乐的人	郭兰	80	大心协、研心协
14	5月24日	学习支持中心	心理沙龙	人际关系之界限	宋飞	15	大学生咨询中心
15	5月27日	东区灯光篮球场	心理游园会	在娱乐中学习心理学知识	研心协骨干	100	研心协

表2　　**2014年春季大学生咨询中心讲座信息汇总**

序号	主讲人	周数	时间	地点	听众	主题
1	郭兰	第八周	（周四）2014.4.10	教三109	机电学院	如何做一个健康的人
2	郭兰	第八周	（周五）2014.4.11	师生交流厅	辅导员	大学生常见心理问题及识别
3	郭兰	第八周	（周五）2014.4.11	西四学园	西四学园	如何治疗拖延症
4	郭兰	第九周	（周二）2014.4.15	北综104	保卫部	校园心理危机识别与处理
5	郭兰	第十二周	（周五）2014.5.2	教二401	全校同学	爱情花开

续表

序号	主讲人	周数	时间	地点	听众	主题
6	郭兰	第十五周	（周二）2014.5.20	教三406	全校	做一个健康快乐的人
7	郭兰	第十六周	（周二）2014.5.27	北综207	公共管理学院	自助学历能力培养
8	黄海	第六周	（周三）2014.3.26	北综楼	大三班长	班干部培训
9	黄海	第十六周	（周五）2014.5.30	师生交流厅	心理联络员	如何缓解考试焦虑
10	刘陈陵	第六周	（周三）2014.3.26	师生交流厅	心理联络员	危机干预研讨会
11	王煜	第七周	（周四）2014.4.3	教三楼	机电学院	谈心理健康及其维护
12	王煜	第九周	（周四）2014.4.17	教三楼	后勤物业中心	心理健康及危机干预的基本知识
13	王煜	第十周	（周五）2014.4.25	师生交流厅	心理联络员	心理动力学对人类心灵的理解
14	杨琴	第五周	（周一）2014.3.24	北综楼	大一班长	班干部培训
15	杨琴	第六周	（周二）2014.3.18	北区综合楼202	全校	九型人格与人际关系
16	杨琴	第十六周	（周四）2014.5.29	学习支持中心	地球科学学院	提高人际交往信心
17	周春燕	第六周	（周二）2014.3.25	北综楼	大二班长	班干部培训
18	周春燕	第九周	（周一）2014.4.21	教三楼	全校	人际沟通的艺术

虽然这样的活动并不是中国地质大学独创，很多学校都举办过此类活动，比如湖北师范学院定期举办心理健康教育宣传月系列活动，现在已经举办到了第九届，但是如此详细而又有计划的全方位心理教育活动还是在高校中很难得

的，非常值得推广和借鉴。

七、固化思政教育成果，在实践活动中检验思想，提高认识

高校思想政治教育理论是大学生思想政治教育的一个重要构成部分，但现在普遍存在理论教学效果不好的现实。为了激发学生对理论课堂教学的学习积极性，进而提高学生的思想道德水平素养，很多高校都在摸索思想政治教育的理论课堂教学与大学生活动实践相结合的道路，提升实践教学在思想政治理论教育中的影响和作用。尽管这方面的工作开展得不是很突出，但也有很多高校做出了自己的特色。

比如湖北工业大学工程技术学院，为了更好地加强课堂理论教学，学生工作部专门组织《中国近现代史纲要》实践教学集体备课，教师根据实践教学大纲的要求，设计表演（采取拉歌形式），以利于调动学生的参与性和活跃现场气氛。在"重走长征路"的实践环节中，提出前两个学时在大操场播放电影帮助学生重温长征历史，传承长征精神；后两个学时按长征路线分组，运用情景教学的原理，让学生以导游解说词的方式来，自主学习这段历史，以增强教学的生动性和历史感。这种"教学形式和内容上的创新"，使老师和学生都感到上实践课是一件快乐的事情，事后还有专门的《中国近现代史纲要》实践课活动汇报活动（图8至图9为湖北工业大学工程技术学院开办活动的照片）。

图8 搬桌椅，挂幕布，集思广益，查漏补缺

中国地质大学为鼓励学生通过"社会调查"了解国情和社会，达到"践

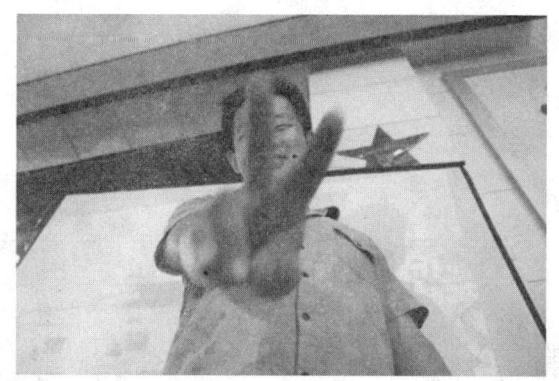

图9 红星高挂，会场终于布置完毕，学工助理会心一笑

行悟道"，推进大学生思想政治理论课改革，开展了"千名学子寻梦行"大型"社会调查"启动。在"社会调查"中注重实效性，要求指导教师要按照教学规范进行严格的组织管理，给予学生详细指导。这种社会调查活动对全面深入理解课堂理论教学，深化学生思想认识有很大帮助，对各高校实践教学展开是一个借鉴（见图10）。

图10 中国地质大学"千名学子寻梦行"大型"社会调查"启动仪式现场

在实践教学上武汉纺织大学也探寻了一个新的模式。武汉纺织大学马克思主义学院和学工部联合启动经典原著学习系列培训活动，开展每月一次的集中学经典和工作案例交流，通过课前预习、课后撰写心得体会、学期或年度考试等方式，不断提高学生工作队伍的思想理论水平和实际工作能力，同时让学生

通过系列读书活动更好地补充课堂理论教学,有利于加强提高大学生思想政治教育理论教育的水平,实现了理论优势和实践优势的良好结合(见图11)。

图11　武汉纺织大学马克思主义学院和学工部联合创办经典原著学习系列培训活动学习交流会场

长江职业学院思政课部公共课部开展思政实践课走进大别山革命根据地。48名学生正在上一节特殊的思政教学实践课,在思政课部、公共课部老师的带领下,来到红安县参观黄麻起义和鄂豫皖苏区革命烈士陵园学习红安精神(见图12)。

图12　长江职业学院思政课部公共课部师生参观黄麻起义和鄂豫皖苏区革命烈士陵园

从目前的状况看,高校大学生思想政治理论教育这门学科,在与理论教学相适应的实践教学环节上还非常薄弱,这不利于理论教学的深化以及拓展、提高学生学历理论的积极性和增强理论教学多样性。目前湖北部分高校在实践教学上虽有上述的部分探索,但很明显,这些活动开展都难以普及全体学生,很多都不具有可持续性,还需要探索更新的路径。

报告撰稿人: 李　燕　湖北省大学生思想政治教育评价中心研究员,湖北经济学院思想政治理论课部教师,法学博士

楷模示范与思政教育

范文明

楷模是指值得学习的人或事物。奖励是指对在工作中的成绩优异者给予鼓励的制度，分精神奖励和物质奖励两种。学校对本领域楷模的奖励在无形中树立教育进展的示范和目标，以此鼓励先进，鞭策后进。一次次的实践证明，奖勤励优对高校思想政治教育的提高成效甚伟，意义重大。

2013年，对于湖北省高校思想政治教育发展而言是不平凡的一年。为了促进湖北大学生思想政治水平再上台阶，省教育厅领导深入高校，现场办公，亲临指导。许多领导在了解高校思想政治教育进展情况后，具体分析，对症下药，不时提出学习贯彻习近平总书记系列讲话精神，扎实抓好党建工作，以党建引领促进教育事业新发展，加强思想政治教育工作的新举措。譬如，有的领导强调高校在积极培育和践行社会主义核心价值观，加强意识形态阵地建设，提升思政队伍的政治素质和业务能力，培育和选树好先进典型的重要作用；而有的领导在高校调研座谈会后，亲自到学生食堂和学生一道用餐，并与学生进行了亲切交谈。充分了解学生对思想政治教育工作的认识、要求、建议和看法。上述事实本身就是对思政教育工作的引领和示范，对于全省高校思想政治工作而言，是一个很好的促进和带动。领导率先垂范，真抓实干，这对于党的政策宣传、增进感情、兴办实事、服务群众、选优配强无疑效果灿然，为高校思想政治工作的进一步开展创造了条件。特别是对于高校思政工作者以良好的精神状态、扎实的工作作风做好省委规定动作，充分发挥主动性和创造性，特色鲜明地推进高校思想教育的快速前行，起到良好的激励作用（如图1所示）。

榜样的力量是无穷的。榜样是旗帜、方向，也是资源力量。榜样也是典型，典型本身就是一种政治力量。学习先进典型，往往比接受抽象的概念、原则效果更加明显。特别是身边的榜样和典型，对大学生的耳濡目染，潜移默化，润物无声之功效，是无法用语言形容的。

"点亮一盏灯，照亮一大片"，由一到十，由点到面，相互感染，竞相效

图1 2014年4月11日,省委高校工委副书记、省教育厅副厅长严学军赴英山县湖北大学驻点村和罗田县武汉纺织大学驻点村调研

仿,典型示范是我们党的重要的工作方法。全省高校通过对各种榜样的塑造和奖励,为湖北高校教育创造了赶超典型,争先创优的良好环境。古人云:"学以穷理,实践为主。"全省高校一定会在榜样和示范的引领之下,见贤思齐,学以致用,紧抓机遇,攻坚克难,探索出一条高教改革的新路子。

一、教师楷模是思政教育之肇基与先导

教师作为人类灵魂的工程师,其导引和发轫之作用,对高校思想政治教育作用巨大。当前正处于社会主义核心价值观塑造时期,高校教师先进典型的率先垂范,对湖北高校思想政治教育的推动作用,诸如此类,无疑成为2013年到2014年高校教育改革与发展史上的首要亮点。

(一)骨干教师的培训和提升

骨干教师是学校教学的重要支柱,在教学工作,培养人才,学科建设中起着至关重要的作用。2013年9月6日,湖北省高校思想政治理论课骨干教师培训在华中农业大学国际交流中心举办。学员们通过学习贯彻习近平总书记8·19重要讲话精神,基本领会了2013年修订版教材和教学大纲的主要内容和基本精神。这对于教师加强和改进思想政治理论课建设工作,不断巩固马克思主义在高校意识形态领域的指导地位,坚实筑稳全体师生团结奋斗的共同思

想基础,深刻认识新形势下加强和改进思想政治理论课的极端重要性和紧迫性,有着不平凡的意义。特别是课后的互动交流,对于教师今后的工作和学习,具有相当重要的补充作用(如图2所示)。

图2　湖北省高校思想政治理论课骨干教师培训现场

(二)师德标兵的塑造和培育

师德是为人师表的精神追求,作为高校教师,应该有高尚的师德,才能做好学生的示范,才能在教育实践中践行社会主义价值观。2013年至2014年,湖北省进行过两次"十佳师德标兵"的评选。其中,高校教师是其重要部分。这些十佳标兵是经层层推荐和联合评审产生的,具有一定的公正性。而在各个高校中,也出现了一批不同层次和级别的思政课标兵人物,如由教育部社会科学司指导、教育部高校思想政治理论课教学指导委员会和《思想理论教育导刊》主办,共同推选出的"高校思想政治理论课教师2013年度影响力标兵人物"10名、"年度影响力人物"29名、"年度影响力提名人物"59名等,均为工作在马克思主义理论研究和思想政治理论课教学一线的高校教师。他们怀着对马克思主义理论的坚定信仰和执著追求,不断探索、积极进取,用良好的道德影响学生,用深刻的道理引导学生,努力成为学生健康成长的引路人。武汉大学马克思主义学院院长佘双好就是这样的"标兵人物"。其示范和引领作用,是近年来武汉大学总结思想政治理论课教育方法改革的经验,推进教材体系转化为教学体系,推进中国特色社会主义理论体系进教材、进课堂、进头脑氛围形成的重要原因。这种氛围的形成,又进一步推动了课程教学内容的深化和实践教学环节的增强，更加丰富和完善了思想政治理论课程教学体系等一系列工作。

（三）先进教师的驱策与涌现

先进教师是高校队伍的领路人，优秀中青年思政课教师则是其中的生力军，如何发挥他们的先锋模范作用，是做好高校工作的重要一环。

2013年3月，湖北省推举出20名教师，列入"全省高校优秀思想政治理论课教师择优资助计划"，这显示了湖北省教育厅思政处对高校思想政治工作的高度重视，是对全省教师的鞭策和鼓励。同时，湖北省教育厅也评选出一批高校思想政治教育先进集体。无论是集体，还是个人，都反映了湖北省教育厅在高校思政教育方面的精心所在。例如2013年3月，中共湖北省委高校工委湖北省教育厅《关于表彰2011—2012年度全省高校思想政治教育先进集体和先进个人的决定》，涵盖了全省各高校和广大思想政治教育战线的所有集体和个人。这些集体和个人坚持以邓小平理论、"三个代表"重要思想、科学发展观和中国梦为指导，按照中央16号文件的要求，切实加强和改进大学生思想政治教育工作，成绩显著。他们坚持"育人为本、德育为先"的理念，不断创新工作方式，丰富工作内涵，拓展教育途径，提升教育效果，为大学生健康成长成才作出重要贡献，是湖北省高校思想政治教育工作中的先进典型和优秀代表。其中：武汉大学、华中科技大学等22所高校荣获"湖北省思想政治教育先进高校"称号、陈晓玥等10名同志荣获"湖北省高校十佳辅导员"称号、万美容等10名同志荣获"湖北省高校十佳班主任"称号、佘双好等10名同志荣获"湖北省高校十佳思想政治理论课教师"称号（以上"三个十佳"教师由省委高校工委、省教育厅分别给予每人2万元现金奖励）、武汉大学动力与机械学院党委等219个单位荣获"湖北省高校思想政治教育先进基层单位"称号、龚文德等422名同志荣获"湖北省高校思想政治教育先进工作者"称号。省教育厅希望受表彰的先进集体和先进个人，发扬成绩，戒骄戒躁，谦虚谨慎，再接再厉，把荣誉作为工作的新起点，在加强和改进大学生思想政治教育、切实提高人才培养质量上做出更大的成绩。也希望全省高校及广大思想政治教育工作者要向他们学习，深入贯彻落实党的十八大精神以及国家、省《教育规划规划纲要》，努力工作，不断开创高校思想政治教育工作新局面。

（四）学术前沿的引领与示范

高校是研究型场所，无论是教学水平的提高，还是学术科研的提升，都是其立足教育，走向社会的根本。因此，利用学术前沿的示范引导作用，对大学生进行思想政治教育，可以作为大学思政教育工作的有效方法。湖北省部分高校充分利用学术优势，对学生进行学术引路的同时，也穿插潜移默化的思想政治教育。例如，武汉大学马克思主义学院举办"马克思主义与当代中国论坛"，邀请中国社会科学院马克思主义理论学部委员、中国历史唯物主义学会会长李崇富教授做客，为学院师生作了一场"关于历史唯物主义的几个前沿问题"的学术报告。对师生进行深入细致的马克思主义再教育（如图3所示）。

图3　李崇富教授在讲座中

在讲座中，李崇富教授系统而深入地解读了马克思两大伟大发现与社会主义理论和实践的关系问题、社会存在与社会意识的关系问题、历史唯物主义是不是经济决定论问题、恩格斯晚年对历史唯物主义的思考问题、从历史唯物主义看为什么不能搞GDP崇拜问题、如何正确对待马克思主义阶级观点问题、改革开放以来我们党历史唯物主义的发展问题以及当代历史唯物主义的发展趋势问题等八个历史唯物主义的前沿问题。这一系列重要阐述，使师生再次受到一次马克思主义教育，师生对马克思主义以及唯物主义在新时代的历史意义有了更加深刻的认识。报告会结束之后，李崇富教授还与在座师生就马克思主义劳动价值论及其当代发展等问题进行了热烈的互动和深入的交流。从类似的学术领航中，师生们对该学术领域的学习和探讨有了新的视角和起点。

如果说，单纯的政治和道德说教显得过分枯燥的话。那么，从具体可循的历史角度进行思政教育，则显得更加生动有趣、容易接受。同样是武汉大学马克思主义学院，2014年邀请北京大学历史系教授、中国近代史、民国史专家王奇生,以《陈独秀时代的中共革命》为题给全院师生做了一场别开生面的讲座(如图4所示)。

图4 王奇生教授做讲座

王奇生教授从学界对中共党史和中国革命史的研究现状和趋势、陈独秀时代的中国革命模式的特点、陈独秀时期中共对工人运动、农民运动的动员和组织等方面进行了独到的解读。他分析了近年来众多学者对中共党史、共产国际、中国革命史的研究出发,对陈独秀所犯错误进行了独到的剖析。他还通过历史文件和档案资料对陈独秀时期中共对工人运动和农民运动的组织和动员提出了新的解读视角。王奇生教授以新颖的视角、丰富的资料、多方的对比,对以陈独秀时期的中国革命做出了独特的阐述,使师生从不同的角度理解了中共党史。

通过讲座,广大师生对王奇生教授的讲座体会颇深,认为学习历史不仅要有问题意识,还要有对历史材料的熟悉和严谨应用,另外也有关怀现实的情怀。

总之,这样的学术讲座已经突破了学术交流的范畴,客观上对大学生思想政治水平的提高起到有益的促进作用。

(五)爱国学者的身教与言传

爱国学者是既具有强烈鲜明的爱国情怀,又在学术上有着深刻造诣的学者文人。他们的言行和学术风范,足以对大学生形成思想上的震撼。武汉部分高校邀请境外爱国学者到校讲演,利用其个人魅力和学术声望,为大学生提供了良好的思想政治示范。如江汉大学举行香港爱国诗人王一桃所著的《王一桃创作回忆录》首发式暨爱国主义诗歌创作心路历程报告会就是其中之一（如图5所示）。

图5　香港爱国诗人王一桃在江汉大学讲述其爱国主义的心路历程

王一桃先生1934年出生于英属马来亚丁家奴，少年时期因宣传爱国主义思想受到殖民地当局逮捕，两年后被驱逐出境回到祖国，大学毕业后在广西从事教育和文化工作，发表诗歌作品100余篇。1980年定居香港，积极从事进步文化活动、宣传爱国主义思想，曾先后担任多家报刊专栏作家、丛书主编和创作园地主持人，并任教于香港大学。

王一桃先生用诙谐的语言阐述了自己浓浓的湖北情结、武汉情结和江大情结，讲述了他的爱国主义的3个历程：马来西亚狱中、社会主义建设时期和改革开放时期。他生动的语言感染了在场的每名观众，会场不时响起阵阵掌声和欢笑声，在与观众互动中，他还向现场观众赠送自己的诗词作品。

王一桃先生的演讲和赠书，不仅使学生感到其殷殷的爱国之情，更让学生享受了一次丰盛的文学盛宴，这对大学生的思想水准的不断升华有着重要的意义。

（六）平凡人物的伟大与震撼

常言道：近朱者赤，近墨者黑。身边的人和物往往对我们最具感染力。因此，努力寻找身边的榜样、典型、示范，是鞭策自己的最好方法之一。正因如此，自己身边的感人故事，常常也是推动大学生思想政治教育的好教材。湖北省部分大学在师生中寻找身边最美人物的活动就是鲜明例证之一。如江汉大学截至 2014 年，共举办了七届感动江大人物的评选活动。这些老师以平凡的故事，感动众人，震撼灵魂，引起武汉市各级领导的充分重视。该校 2013 年举办的"感动江大"的任务评选就是这样：校医院退休教授毛俊英，放弃安享晚年的快乐，自愿担任江岸区劳动街残疾人"阳光家园"的院长，负责照顾年龄不等的智障人，其中最小的 19 岁，最大的 55 岁，通过毛医生无私的"大爱"和耐心的努力，这些三级或四级智障人终于找回了希望，插上了希望的翅膀。而江汉大学另一位教育学院的普通辅导员郭焕泉用 36 年的心血关心着每一位同学，被学生亲切地称为"郭爸爸"，这位"郭爸爸"通过无私的"大爱"挽救了许多陷入迷途的学生，使他们在精神上重获新生，走上社会。当然，江汉大学还有许多感动江大的教师，例如满怀报国赤子心的李超英教授，倾心育骄子的章红老师，援孤助弱献身公益的赵立新老师。另外，学生中也有不少感动江大的骄子，如信念催生科研花的姚晶同学、勇救山火的张智同学、舌尖上的守护者赵长久同志、身残志坚乐观生活的冯诚诚同学、传统曲艺文化的追随者严林同学、永不言弃的追梦少年林聪同学和风雨创业见彩虹的左周同学。

  这些人物的事迹，深深地打动着每一位大学生。他们的事迹，谱写了一曲曲"感动江大"的激昂奋进的乐章。无论是追寻共产主义信念的老革命、老教授，德艺双馨、无私奉献的普通教职员工，还是励志成才的莘莘学子，其感人至深的先进事迹成为师生热议的焦点，都在校内外掀起一股股"感动潮"。特别是在大学生思想中激起一层层波浪，对大学生的思想意识形成一股股冲击，使他们自觉地以这些先进人物为榜样，去践行社会主义价值观。2012 年该活动被国家教育部授予"高校校园文化建设优秀成果奖"，成为校园文化建设的"奇葩"，也成为高校思想政治教育方式的奇葩，是高校大学生思想政治教育发展史上的重大事件（如图 6 至图 7 所示）。

（七）红色教育的延伸与融会

  红色教育资源是大学生思想政治教育的现实教材，有效利用当地红色圣地对大学生进行思想政治教育，不失为思想政治的一招高棋。湖北省部分高校积极利用红色资源，为大学生思政教育鸣锣开道，铺路架桥。2014 年 5 月，武汉延安精神研究会在江汉大学召开了市属延安精神进校园座谈会，与会人员交流了延安精神进校园的工作情况和经验。市属各高校参加了研讨会，市延研会

图 6　感动江大颁奖现场（一）

图 7　感动江大颁奖现场（二）

领导对江汉大学延安精神进校园和延安精神研究院取得的成果予以充分肯定。学校谭仁杰书记指出，延安精神进校园同大学生思政工作一样，既需要融入课程建设，也要融入课堂教学及社会实践活动。高校弘扬延安精神，就是要使其在大学精神与大学文化建设中起到潜移默化升华学生的精神境界和理想追求的作用。武汉市委教育工委、市人大常委会等其他领导也作了讲话给予肯定（如图 8 所示）。

　　学校促动，社会支持。领导重视，师生配合，用红色资源作为学生思想政治理论的现实补充，使学生切实感受思想政治教育的现实意义。同时，这样的活动，对加强师德师风建设，培育社会主义建设合格接班人，引导高校加快转

图 8　江汉大学延安精神进校园座谈会

型发展，提高理论研究、实践活动以及宣传的能力，坚持社会主义办学方向，用理想信念提升学生价值追求等，也有十分重要的作用。

二、学生楷模是思政教育之硕果与建树

（一）孝亲敬老　报恩社会

孝敬老人是中华民族的传统美德，儒家认为：百善孝为先。在社会主义核心价值观塑造人性和灵魂的今天，传统的孝文化仍然是高校思想政治教育的重要内容，我们仍然可以通过孝文化的培育，发掘学生心灵深处对敬老爱老的情感，从而带动整个社会对中华传统美德的继承和传续。2013年以来，湖北省部分高校注重孝文化楷模的塑造，先后进行多次尊老孝老的奖励，在大学生思维意识中初步掀起一股爱老敬老的浪潮。武汉生物工程学院化学与环境工程材料化学专业学生程菲就是这方面的典范。中学时，程菲因妈妈不幸罹患癌症，尽孝床前，情愿休学，历尽艰辛。其间，她得到社会无数好心人的帮助，这使程菲心灵受到很大震撼。此后，为弘扬爱心，报答社会，程菲尽力帮助别人。汶川大地震后，她又主动献血。几年下来，程菲共献过一次全血和十二次成分血，累计献血量超过一万毫升，她也因此获得卫生部颁发的"无偿献血奉献奖"银奖荣誉证书。19岁时，她还签下了器官捐献协议书，自愿加入武汉市器官捐献者行列。2008年，本来要参加高考的她，因为妈妈去世，父亲病重，

家庭经济难支,再次放弃高考志愿的填报,毅然走上打工历程。在打工期间,她不忘学习,刻苦钻研,2010年,程菲以社会青年身份走进高考考场,并最终被武汉生物工程学院录取,圆了自己的"大学梦"。在校期间,程菲刻苦学习,成绩一直名列前茅。同时,照顾高龄奶奶和重病的父亲仍然是她课余时间的重要任务。寒暑假打工,当促销员是其主要工作。上大学三年来,虽然生活困难,她却主动把近万元奖助学金的机会让给了同班同学。程菲同学的事迹经媒体报道后,在社会上引起了广泛关注和强烈反响,被社会誉为"最美励志女生"。她的孝行和义举彰显了中华民族的传统美德,是对社会主义核心价值体系的生动诠释和践行,展示了当代青年学子崭新的精神风貌与时代风采,是全省高校大学生学习的楷模。为表彰程菲同学,2013年5月,中共湖北省委高校工委、湖北省教育厅决定:授予程菲同学"湖北省优秀大学生"荣誉称号。她孝老爱亲、知恩图报的高尚品质,自强不息、奋发进取的可贵精神,立志成才、奉献社会的价值追求,是引导广大学生弘扬中华民族优良传统,不断提高思想道德素质,刻苦钻研科学文化知识,为实现"中国梦"贡献青春、智慧和力量的最好例证。

程菲同学孝敬老人、奉献社会、关爱他人、立志成才的行为,通过学校和上级部门的表彰,在当代大学生心目中必然引起强烈的震撼,对于大学生思想政治素质的提高,具有积极的作用。

(二)身体力行 学习先烈

红色革命圣地是战争年月革命者为建立新中国战斗过的地方,那里既有革命故地,也有先驱遗影。带领学生亲临革命故地,可以用生动的实际史料对学生进行生动的思想政治教育。因此,大力提倡参观革命圣地,加强红色教育的活动,成为湖北高校2013年到2014年进行思政教育的重要举措。通过红色教育,大学生亲身体会了革命战争年代,先辈如何用鲜血和生命创造未来的新中国,从而净化自己的思想和灵魂。如武汉大学马克思主义学院,利用暑假时间,由院党委书记带领,骨干教师协助,本院骨干学生为主体参加的井冈山革命教育团,就利用井冈山丰富的革命教育资源,让学生感受先烈风采,了解先烈事迹及党的革命历程,深化对井冈山精神的认识,从而引导学生弘扬革命精神、坚定理想信念、矢志奋发成才。他们还与当地大学联系,请本地大学的学者讲解专题报告,并且同这里的大学共建大学生实践教学基地。依托井冈山红色教育资源,在实践教学、科学研究和成果转化等方面进行深度合作和协同创新,促进双方教学水平和综合实力的不断提高,实现互利双赢,共同发展。

总之，通过实地参观和考察黄洋界哨口、中国第一个红军造币厂——上井红军造币厂、小井红军医院、茨坪旧居、毛泽东和朱德旧居等红色革命遗址和红色教育基地，同学们对井冈山的革命史与革命精神加深了认识和理解，更清楚地了解了当年井冈山当年轰轰烈烈的革命史，感受到了革命先烈们在艰苦卓绝的斗争环境下，凭着坚定的理想信念，不怕牺牲，抛头颅、洒热血，为了革命事业艰苦奋斗的伟大精神，更深刻地理解了"坚定信念、艰苦奋斗，实事求是、敢闯新路，依靠群众、勇于胜利"的井冈山精神。在思想上受到了一次良好的中国革命史和革命精神的教育，增添了为实现中国梦奋斗成才的精神动力（如图9所示）。

图9　武汉大学马克思主义学院与井冈山大学马克思主义学院合作共建大学生实践教学基地协议签订仪式

另外，湖北省的其他高校也利用暑假时间，去上海中共一大纪念馆、浦东新区、嘉兴南湖、河南省南街村、兰考、林县红旗渠等地参观学习，加强同学们对爱国主义的教育，对学生进行别开生面的思想政治教育。

（三）讲求诚信　彰显人性

市场经济使人们感受到物质的丰富与生活的快乐。然而，在生活水平提高的同时，一些人却见利忘义，见危不救，完全失去了中华民族的传统美德。如公交车上不给老人让座、老人摔倒不扶、故意碰瓷等，都是明显例证。

那么，如何针对上述现象对大学生进行思想政治教育，湖北省部分高校为我们呈现了很好的答案。长江大学开展诚信教育月活动，鼓励学生如何在纷扰的社会现象中坚守自己的良好品行。截至 2014 年，这一活动在该大学已经开展到第九届，活动主题是：学习诚信，幸福一生。该活动是根据湖北省学生资助管理中心、国家开发银行湖北省分行和农业银行湖北省分行的有关精神举办的。活动内容包括：一年级诚信宣誓、二年级主题班会、三年级资助培训、四年级还款确认、资助与育人论坛、"诚信学子"评选暨贫困生走访活动等。该校各参加单位对此项活动高度重视，广泛宣传，积极参与。他们精心设计，周密部署，认真组织，认真落实和保障各项活动的落实和参与，在活动中积极引导学生健康成才，推进该校大学生资助工作高水平发展，诚信意识增强。通过活动，大学生在思想上认识到学会诚信、敢于担当、有效利用资助等的重要性，增强了大学生思维中的诚信意识、感恩意识。在思维深处体会到生活节俭，学习刻苦，成绩优异且诚实守信、忠义仁勇的道德品质对于个人成长的重要意义。

另外，也有部分大学采取大学生喜闻乐见的文化形式，在大学生中营造诚信有为、见利思义的风气。例如有的大学以学生喜闻乐见的微电影形式，举办了"诚信青春，魅力江大"微电影大赛。学校各阶层领导亲自参赛，显示其对诚信的高度重视。通过这些活动，发现和挖掘校园的诚信学风、诚信校园、诚信学子等，引导广大学生讲诚信、树新风。通过学生的独特视角和全新创意，以视频的形式弘扬时代精神，展现校园青春风采，进一步提升学生的文化追求，教育引导广大学生坚定理想信念，放飞青春梦想，夯实社会主义核心价值观。尤其是大学生自编自导的一些电影，显示了大学生对社会、人生、学习的不同价值判断。既能提高大学生的学习技巧，也对他们进行了良好的思想政治教育，可谓一箭双雕、一举两得、一石二鸟。

（四）励志成长　发奋图强

励志成长，是大学生成功的动力之一。湖北省高校在思想政治教育活动中，注意从优秀学生中选取励志青年，作为学校思想政治教育的典型，从正面引导学生克服生活、学习中遇到的困难。长江大学就在 2013 年 8 月成功举办了"国家资助，助我飞翔"全国励志成长成才优秀学生典型的评选，对 2007 年国家新资助政策体系建立以来受资助的在校学生和毕业生进行表彰奖励。有的学生思想素质高，进取、乐观，勇于克服困难，学习刻苦，成绩优异；有的毕业生则在工作岗位上奋发有为，事迹突出；有的学生乐于助人，甘于奉献，积极参与公益活动。这些优秀学生是通过严格的程序层层选拔上来的，显示了学校对这项工作的重视程度。学校还将这些人的花名编印成册推荐到相关媒体,扩大社会影响。在思想政治教育提高方面,对其他大学的学生也有很好的教育示范作用。

再如,有的大学利用教育部等上级部门表扬奖励的学生的先进事迹,作为提高大学生思想政治水平的教材。2014年1月,江汉大学积极配合"第九届中国大学生年度人物评选"活动,积极提供申报材料,推举2010级"创业先锋"左周和"励志青年"张鑫龙申报年度人物,并在学院开展了"榜样力量"的专题报告会。通过这一活动,展现了当代大学生积极健康向上的精神风貌,大力弘扬社会主义核心价值观。让广大青年学生感到振奋和感动,给予高校师生极大的鼓舞。活动中的感人事例,在大学生心中引起层层波浪。商学院2010级张鑫龙同学,身患白血病,又因医疗事故伤及神经,不得不依靠拐杖走路。然而入校后,他却坚持拄着双拐也能飞翔的信念,积极参加学院社团组织的公益活动,为七里庙老年公寓的孤寡老人包饺子,看望古田二路儿童康复中心的小朋友,注册武汉市红十字会志愿者成员,参与赴新洲地区残联服务等公益活动。他凭借顽强的毅力连续两年获得国家励志奖学金、2012年度共青团中央和全国学联"中国大学生新东方自强奖学金"、2013年本学校"感动江大人物",并获得年度国家奖学金和校长奖学金。临近毕业,他又以厚实的专业积淀和良好的综合素质,顺利签约武汉纬创纬尊软件有限公司,成为一名软件工程师。这些事迹,都是思政教育的良好素材,深深地激励着当代大学生的心灵。

(五) 接植传统　砥砺道德

随着改革开放的深入,中西文化的进一步交流,传统文化和道德再次经受考验。如何在市场大潮中坚守中国的传统美德,许多湖北高校用道德模范的案例对这一问题作了很好的诠释。如江汉大学2014年3月,邀请第四届全国道德模范,"中国好兄弟"、"割皮救父"兄弟之一——刘洋,在图书馆学术报告厅举行事迹报告会,并受聘学生成长导师一职。这一举动是传承中华民族孝老爱亲的传统美德,践行社会主义价值观的典型方法之一。当活动举办之时,学校宣传部长亲自主持,其他领导和师生共同聆听,显示了领导师生对这场报告的重视。刘洋以《有一种爱叫担当》为主题,讲述了自己"割皮救父"的经历。无论是家庭的沉重打击,还是经济的万分拮据,都没有吓倒兄弟俩为父治病的决心和勇气。作为全国道德模范,他们兄弟俩还受到了习近平总书记的接见,其事迹被社会各界广为传颂。讲座结束后,刘洋还与同学们进行了互动和交流。

刘洋兄弟的行为，以实际行动诠释了80后、90后是有责任、能担当的一代人。他们的事迹感人至深，催人奋进，发人深省，对于当代大学生工作学习生活中要以模范为榜样，做中华优秀道德传统的传承人，做社会主义核心价值观的践行者，起到很好的示范作用。对于培养学生孝老爱亲、感恩奉献的世界观，对于建设和谐社会，稳定社会，传递中华民族传统美德，以实际行动践行社会主义价值观，作用也不可小觑。

（六）净化校园　润物无声

积极利用校园文化典型，对大学生思想意识进行潜移默化的渗透，也是提高大学生思想政治水平的有效途径。湖北部分高校以多种文化形式为感召，积极探索新形势下大学生思想政治教育新路径。江汉大学"榜样的力量"主题文化教育活动，获得了教育部思想政治工作司关于第七届高校校园文化建设三等奖，同时获2013年湖北省高校校园文化建设优秀成果二等奖。其实，这样的活动，该校已经从2008年开始举办六届，其间，涌现出了"冠军团队"、ERP沙盘协会、"80后长篇童话第一人"、"设计天才"、"中国青年虎保护代表"、"献血大爱之星"、"英语达人"、"江大才子"等英雄人物。

这些活动，真实地记录了新一代大学生艰难成长、默默耕耘、辛勤付出的难忘历程。这些品学兼优，全面发展的优秀学子；理论联系实际、积极参加科研和竞赛活动的拼搏者；身残志坚、自强不息的青年励志典型；投身实践、开拓进取的创业先锋。在大学生中营造了尊重、热爱、学习榜样的良好氛围，成为新形势下提高大学生思想政治素质的有意义的举措。

（七）结束语

随着改革开放的不断深入，中国正面临着新的机遇和挑战，这种新的境遇再一次对人们的理想、观念和信仰产生巨大的冲击。这就使我国高校思想政治教育的任务、内容、方法等也将发生前所未有的变化，我们要充分认识到加强和改进高校思想政治教育的重要意义。同时，要审时度势地认真分析新情况，把握新特点，在继承和发扬优良传统的基础上不断创新，切实加强和改进高校思想政治教育工作。我们要对增强高校思想政治教育的实效性给予足够重视，用开放的视野和现代化的价值观念，努力提高高校思想政治教育的实效性。

楷模是榜样，是标杆。大学生楷模就是在大学生学习过程中涌现出来的各种先进骨干分子、劳动模范、标兵等。他们是大学教育不断前进的带头人，是大学生中的优秀分子，也是大学生价值观和大学精神的化身，他们的观念、品质、气质与行为特征都是大学特定价值观和世界观的具体体现。大学生楷模也是大学文化建设不可或缺的角色。他们生活、学习于师生中间，其优秀的品格和模范的言行对其他师生起着示范、导向作用，吸引广大师生员工去学习和仿效，从而产生润物无声、潜移默化的效果。选树这样的楷模，客观上可以起到传播社会主义核心价值观、培育新时代精神、提高高校思想政治教育水平的作用。湖北省各高校利用本校楷模，引领示范，不断提升思想政治教育的工作方法，为本省乃至全国大学生的健康成长树立了成功的案例，也为高等教育的改革作出了巨大的贡献。

参考文献

[1] 季海菊：《新媒体时代高校思想政治教育研究》，南京师范大学 2013 年博士学位论文。

[2] 彭建国：《增强高校思想政治教育吸引力问题研究》，湖南师范大学 2011 年博士学位论文。

[3] 梁建美：《高校思想政治教育有效性的现状及对策研究》，西南大学 2007 年硕士学位论文。

[4] 郭倩倩：《网络环境下高校思想政治教育研究》，大连海事大学 2009 年硕士学位论文。

[5] 蒋蕾：《浅析高校思想政治教育现状与改革措施》，载《云南社会主义学院学报》2014 年 4 月刊。

[6] 孙红艳：《社会主义核心价值体系与高校思想政治教育方法创新研究》，载《思想政治教育研究》2014 年第 9 期。

[7] 李亚慧：《高校思想政治教育进网络的实践探索》，载《中共山西省委党校学报》2014 年 8 月刊。

[8] 梁明：《再论主体间性下的高校思想政治理论课程改革》，载《学理论》2014 年 9 月刊。

[9] 展伟：《论高校思想政治教育 SNS 平台价值及其建设机制》，载《教育理论与实践》2013 年第 12 期。

[10] 张朋、王忠桥：《"中国梦"的高校思想政治教育解读》，载《思想政治教育》2013 年第 10 期。

[11] 田秭援、程锡绎：《浅谈高校教师的楷模作用》，载《黑龙江高教研究》1983 年 5 月刊。

[12] 任飞：《高校高层次人才楷模效应生成之探析》，载《贵阳学院学报

(社会科学版)》2011年9月刊。

[13] 郑敏燕、骆子炜:《时代楷模对高校思想政治教育的推动力——再论雷锋精神》,载《天津市经理学院学报》2012年第8期。

报告撰稿人: 范文明　湖北省大学生思想政治教育评价中心研究人员,
　　　　　　　　湖北经济学院思想政治理论课部教师,副教授,
　　　　　　　　历史学博士

评 价 篇

湖北省省属高校大学生思想政治教育工作评价报告

巨 英 卫 莉 马翠兰

本次湖北省高校思想政治工作评估共选取湖北大学、武汉科技大学、三峡大学、长江大学、江汉大学、湖北工业大学、武汉工程大学、武汉纺织大学、湖北中医大学、武汉轻工业大学、湖北汽车工程学院、湖北民族学院、湖北医药学院、湖北经济学院、湖北警官学院、武汉体育学院、湖北美术学院、武汉音乐学院、湖北师范学院、湖北文理学院、湖北工程学院、湖北科技学院、黄冈师范学院、湖北理工学院、湖北第二师范学院、荆楚理工学院、武汉商学院27所省属公办高校以及武汉生物工程学院、武汉东湖学院、汉口学院、武汉工商学院（原武汉长江工商学院）、武昌理工学院、武昌工学院6所省属民办高校共计33所高校为样本，所用资料以调研资料和网络资料为主，辅以各高校提交给省教育厅的《大学生思想政治教育工作自评报告》。所编制的"高校思政政治教育工作指标体系"以教育部2011年1月印发的《高等学校思想政治理论课建设标准》（暂行）和中宣部和教育部2012年2月印发的《全国大学生思想政治教育工作测评体系》（试行）为蓝本而设计。所调查的33所高校的基本情况如下：

一、湖北省省属高校基本情况

从学校类型来看，如图1所示，在所调查的33所高校中，综合性大学10所，占30.3%；工科类院校10所，占30.3%；民族院校1所，占3%；医药类院校2所，占6.1%；财经类院校3所，占9.1%；公安政法类院校1所，占3%；体育类院校1所，占3%；艺术类院校2所，占6.1%；师范类院校3所，占9.1%。

从地区分布来看，如图2所示，所调查的33所高校中，地处武汉的高校

评 价 篇

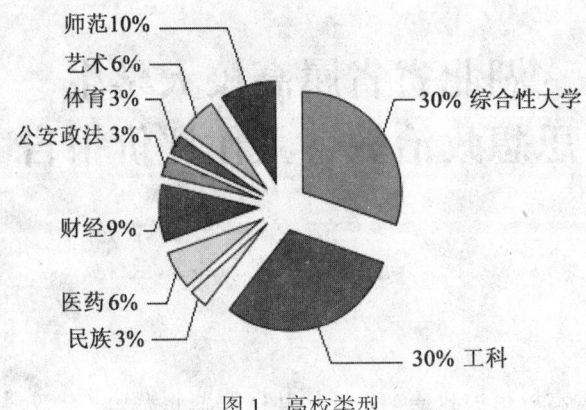

图 1 高校类型

有 21 所，占 63.6%；宜昌、荆州、十堰、襄阳、孝感、咸宁、黄冈、荆门的高校各 1 所，分别占 3%；恩施、黄石的高校 2 所，分别占 6.1%。

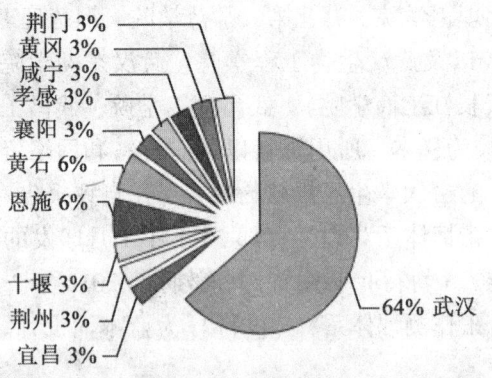

图 2 高校的地区分布

从高校的属性来看，如图 3 所示，在调查的 33 所高校中，有 6 所高校属于省部①共建，占 18.2%；有 6 所高校属于列入中西部高校基础能力建设工程（即"小 211 工程"），占 18.2%；民办高校 6 所，占 18.2%；公办高校 27 所，占 81.8%。

---

① "省部共建"是指湖北省与教育部或其他中央部委共建，另有一所高校为湖北省和武汉市共建，也包括在其中。

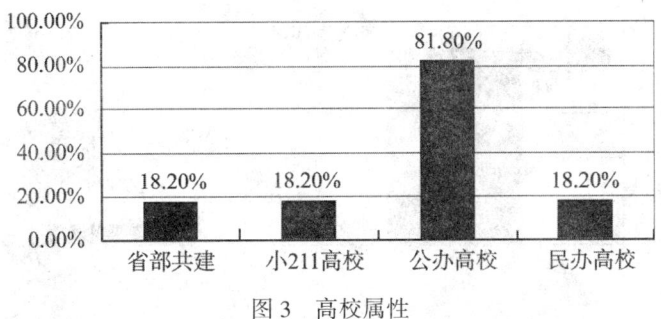

图3 高校属性

从升本时间来看，如图4所示，在所调查的33所高校中，本科办学时间5年以下的有3所，占9.1%；6~10年的有4所，占12.1%；11~15年的有5所，占15.2%；16年及以上的有21所，占63.6%。

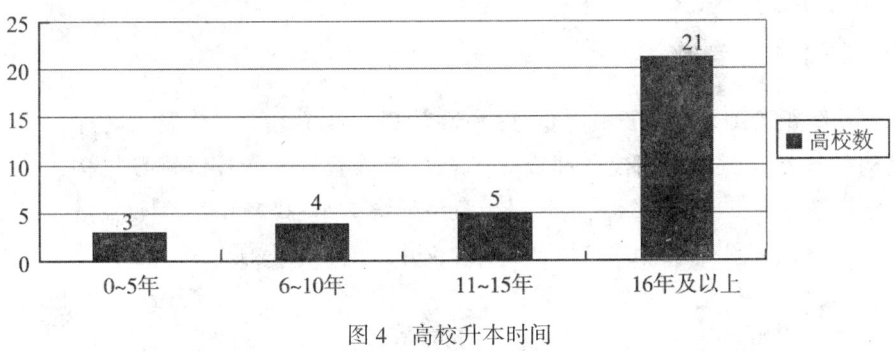

图4 高校升本时间

从自评结果来看，如图5所示，在所调查的33所高校中，有30所高校的自评结果是"A"，占90.9%；有3所高校的自评结果是"B"，占9.1%。

综上所述，我们可以发现湖北省省属普通高等学校具有以下特点：第一，各高校办学历史悠久。从以上各高校本科办学时间来看，超过16年以上的高校占总数的2/3以上，多在改革开放前即为普通本科院校。第二，从高校属性来看，湖北省属普通高校未能入选20世纪90年代的"211工程"，但有6所高校入选教育部、发改委2012年实施的中西部高校基础能力建设工程（"小211工程"），占这一计划总数的6%。第三，从高校所分布的区域来看，有12所高校分布在武汉以外地区，占36.4%。鉴于不同区域所拥有的社会资源差异，分布于武汉以外地区的这些高校的思想政治教育工作可能会受到某种程

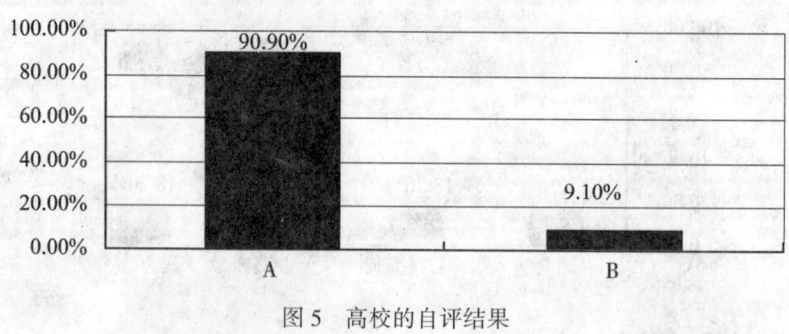

图 5　高校的自评结果

度的限制。

二、大学生思想政治教育工作总体状况

(一) 组织管理

从组织管理来看，被调查的 33 所高校思想政治教育工作管理有序，组织机构配备齐全。33 所高校全部成立了思想政治教育工作校级领导机构，并且每学期至少召开一次校级大学生思想政治教育工作专题会议；学校党政主要领导每年分别到堂听思政课不少于 4 学时，并定期听取汇报。各校工作部署中均把思政课列入学校事业发展规划，切实落实思政工作各项政策措施，并配齐了专职的具有相关学科学历背景的机构主要负责人，与专业院系同等配备教学、办公设备，并保障了专项经费专款专用。在 33 所高校中，有 3 所学校没有建立与校其他二级院（系）行政同级的、独立的思政课教学科研二级机构。

(二) 教学管理

在被调查的 33 所高校中，思政课教学管理制度均较为健全。具体情况如下：

1. 从课程设置来看，33 所高校全部落实了规定的思政课课程、学分及对应的课堂教学学时。在"形势与政策"课程设置方面，除 1 所高校外，其他高校均把这一课程作为必修课列入教学计划，"形势与政策"课程的落实率达到 97%，并保证了规定的课时和学分。另外，这 33 所高校均积极创造条件开设本科生和研究生层次思想政治理论课选修课，然而真正开设相应选修课的高校只有1所。

2. 从教材使用情况来看，被调查的高校全部使用的是马克思主义理论研究和建设工程重点教材，即思想政治理论课统编教材；"形势与政策"课选用中宣部和教育部组织制作的《时事报告（大学生版）》和《时事》DVD作为学生学习辅导资料。

3. 从课堂教学来看，各高校均能合理安排课堂教学时间。从课堂规模来看，只有1所高校在自评报告中提及课堂规模，其余高校的自评报告当中并未直接提及。根据该高校提交的材料，其校内思政课课堂规模一般不超过100人，鼓励小班教学。我们在走访中发现，多数高校的思政课课堂规模一般控制在100人左右，即两个自然班的规模。鉴于自然班规模的大小，有的课堂规模实际上超过了100人。

4. 从实践教学来看，所有高校都把实践教学纳入教学计划，落实了学分、教学内容、指导教师和专项经费。多数高校设立了校外实践教学基地，如图6所示，在调查的33所高校中，有9所高院设立了1~2个校外实践教学基地，占总数的27%；有4所高校设立了3~4个校外实践教学基地，占12%；有14所高校建立了5个及以上的校外实践教学基地，占43%。另有6所高校尚未设立校外实践教学基地，占18%。

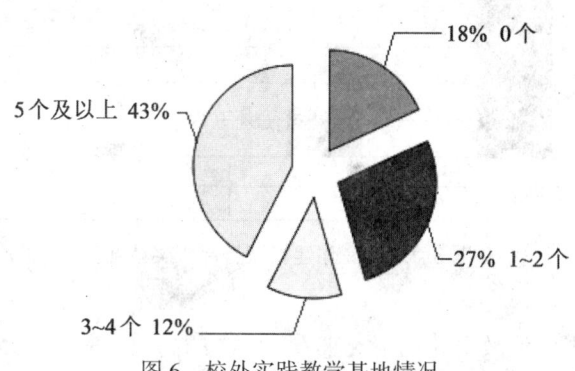

图6　校外实践教学基地情况

从实践教学覆盖率来看，如图7所示，在所调查的33所高校中，有1所高校的实践教学覆盖率低于学生总数的50%，有30所高校的实践教学覆盖率高于50%，有2所高校的实践教学覆盖率是100%。

5. 课堂外思想政治教育总体状况良好。在所调查的33所高校中，所有的高校都进行了社会主义核心价值观宣传教育；并将实践育人工作纳入学校教学

评 价 篇

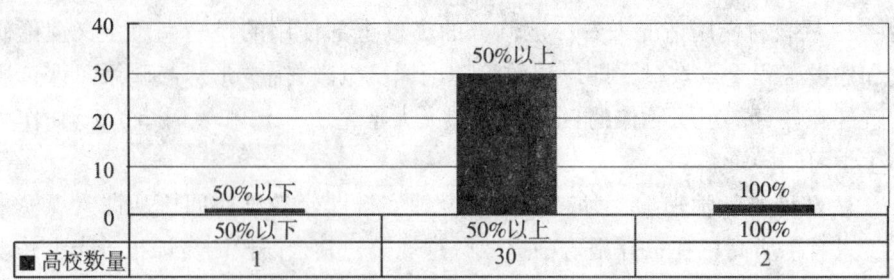

图 7　实践教学覆盖率

计划，在全校开展各类实践育人活动。其中有 23 所高校有校史馆，进行丰富多彩的创新型校园文化建设活动，占全部高校的 69.71%。

从校园文化建设获奖情况来看，如图 8 所示，2013 年获 1~2 项省部级高校校园文化建设奖项或称号的高校有 7 所，占 21.2%；获 3~4 项的高校有 2 所，占 6.1%；获 5 项以上的高校有 1 所，占 3%；未获奖项的高校有 23 所，占 69.7%。

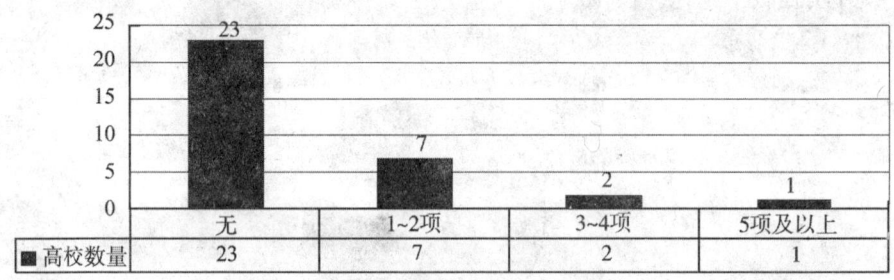

图 8　校园文化建设获省部级奖情况

从网络思想政治教育建设情况来看，97% 的高校建有思想政治教育专题网站，积极推进大学生网络社区建设，开展网络思想政治教育活动。

从心理健康课程建设情况来看，所有高校都设有心理健康教育机构，并开设心理健康通识必修课。81.8% 的高校按不少于 2 名，且师生比不低于 1：5000 的比例配备专职从事心理健康教育的教师。

从生均心理健康教育经费情况来看，如图 9 所示，生均心理健康教育经费在 0~2.99 元的高校有 2 所，占 6.1%；3~5.99 元的高校有 3 所，占 9.1%；6~8.99 元的高校有 4 所，占 12.1%；9~11.99 元的高校有 6 所，占 18.2%；

12元及以上的高校有7所，占21.2%。

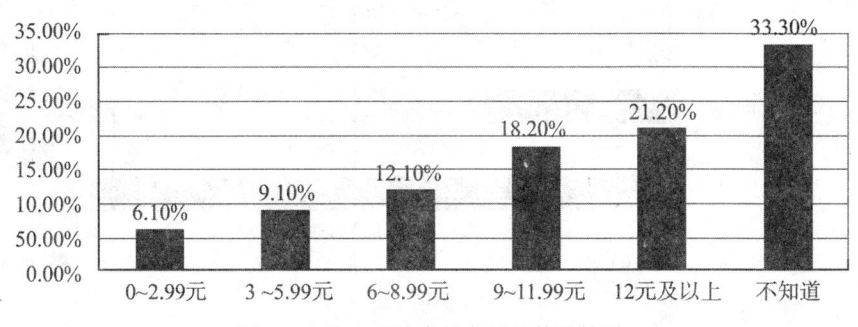

图9　生均心理健康教育经费使用情况

在教学成果方面，被调查的33所高校全部把思想政治教育的教学成果列入校级教学成果奖、"精彩"系列等评选活动。其中获得校级以上"精品课程"的高校有24所，占72.7%。有1所高校获得了国家级精品课程，占3%。高校获得校级以上精品课程具体情况如下：

（1）从所获校级精品课程数量来看，如图10所示，有10所高校获得了1门校级精品课程，占30.3%；有4所高校获得了2门校级精品课程，占12.1%；有8所高校获得了3门校级精品课程，占24.2%；有1所高校获得了5门校级精品课程，占3%。

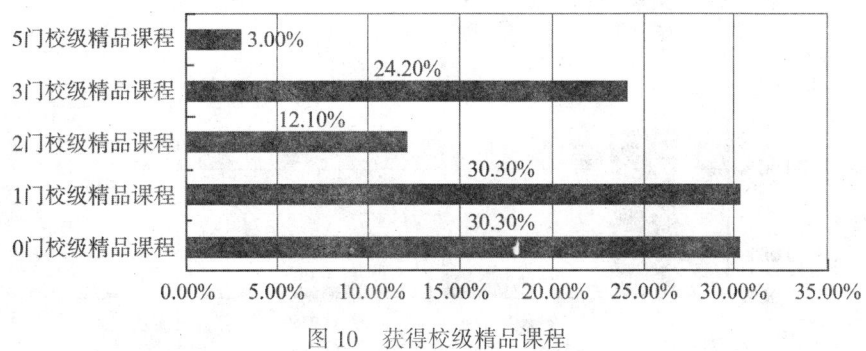

图10　获得校级精品课程

（2）从获省级"精品课程"来看，如图11所示，有8所高校获得1门省级精品课程，占24.2%；有1所高校获得2门省级精品课程，占3%。其余24所高校均未申请到省级"精品课程"，占省属本科高校总数的72.7%。

评 价 篇

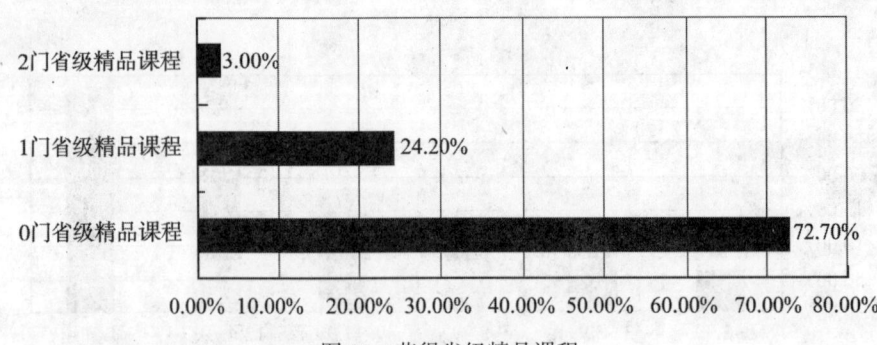

图 11　获得省级精品课程

（三）队伍管理

从教师的思想政治素质来看，在被调查的 33 所高校中，对学校党政干部及共青团干部组织、协调、实施大学生思想政治教育工作有明确要求的高校有 32 所，占 97%。33 所高校均实行思想政治理论课专任教师任职资格准入制①，其中，有 25 所高校专任教师按不低于师生 1∶400 的比例配备，占 75.8%，师生比低于这一比例的高校为 8 所，占总数的 24.2%。

从教师或集体所获省级奖项来看（见图 12），有 4 所高校获得了 1 项省级奖项，占 14.8%；有 2 所高校获得了 2 项省级奖项，占 6%；有 1 所高校获得了 4 项及以上省级奖项，占 3%。

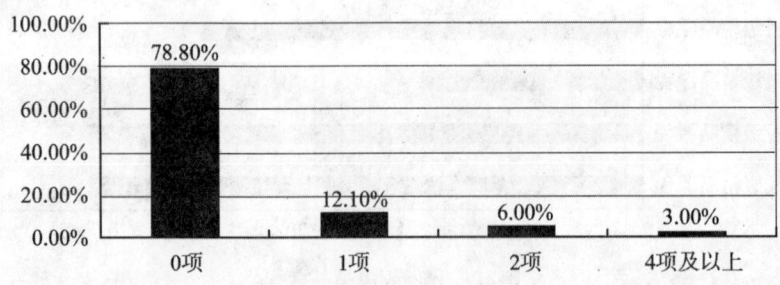

图 12　教师或集体所获省级奖项

---

① 任职资格准入制，指新进思想政治理论课专任教师原则上应是中共党员并具备相关专业硕士以上学位。

从专任教师进修情况来看，93.9%的高校每学年至少安排1/4专任教师开展社会实践和学习考察活动。100%的高校均鼓励并支持专任教师攻读马克思主义理论相关学科博士、硕士学位。

从专任教师职称情况来看，33所高校的思想政治理论课专业技术职务高级岗位比例均不低于学校重点学科高级岗位设置的平均水平，且没有挪作他用。另外，所有的高校对思想政治理论课专任教师的专业技术职务评定注重考核教学能力和教学实绩。其中有4所高校有博士生导师或者特聘教授，占12.2%。

从专任教师的表彰情况来看，所有的高校均把思想政治理论课专任教师纳入学校各类教师表彰体系中，并为思想政治理论课教师确定了一定比例，进行统一表彰。

从辅导员、班主任队伍情况来看，所调查的33所高校都在每个班级配有兼职班主任或指导教师，并有辅导员、班主任工作考核办法和年度考核结果，定期评选表彰优秀辅导员、班主任，并纳入教师表彰体系。有22所高校按师生比不低于1∶200的比例设置一线专职辅导员岗位，研究生配备有专职辅导员，占66.7%。有27所高校对辅导员专业技术职务单列指标、单设标准、单独评审，占81.8%。

（四）学科建设

从马克思主义理论重点学科建设情况来看（见图13），在被调查的33所高校中，所有高校的马克思主义理论学科的学术骨干都是思想政治理论课的教学骨干，所有高校均把马克思主义理论学科点设在思想政治理论课教学科研机构，首要任务是为思想政治理论课教育教学服务。其中有8所高校马克思主义理论学科点为校级重点学科，占24.2%；有2所高校马克思主义理论学科点为

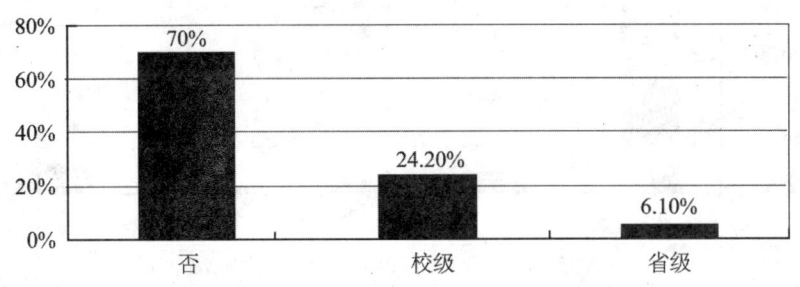

图13 马克思主义理论重点学科建设情况

省级重点学科,占6.1%。另外,有31所高校遵循马克思主义理论学科点不办本科专业、不招收本科生(思想政治教育专业除外)的中央精神,占93.9%。

从科研工作来看,在2013年,所调查的33所高校中有20所获得厅级以上科研项目,占74.1%。具体情况如下:

(1)从获得厅级科研项目来看(见图14),其中有8所高校获得1项厅级科研项目,占24.2%;有11所高校获得2项厅级科研项目,占33.3%;有2所高校获得3项厅级科研项目,占6.1%;有1所高校获得4项厅级科研项目,占3%。

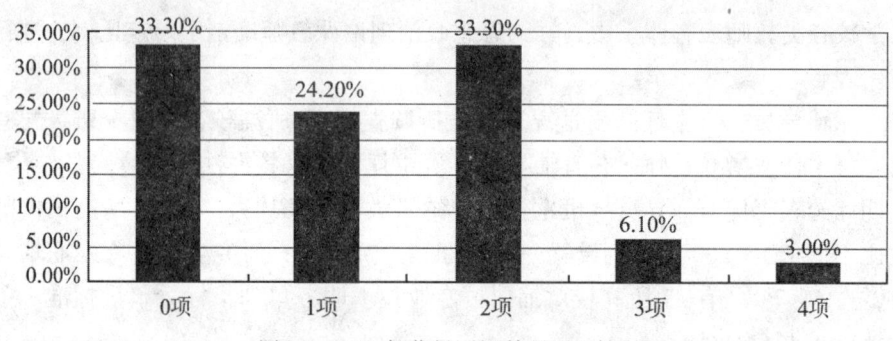

图14 2013年获得厅级科研项目情况

(2)从获得省部级科研项目来看(见图15),有3所高校获得1项省部级科研项目,占9.1%;有2所高校获得2项省部级科研项目,占6.1%;有1所高校获得3项省部级科研项目,占3%;有1所高校获得5项以上的省部级科研项目,占3%。

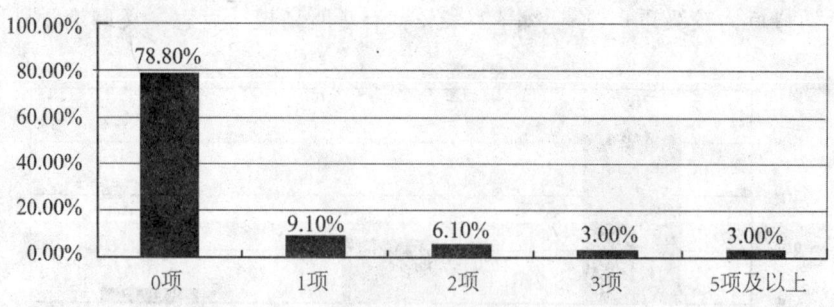

图15 2013年获得省部级科研项目情况

（3）从获得国家级科研项目来看（见图16），有2所高校获得1项国家级科研项目，占6.1%；有1所高校获得2项国家级科研项目，占3%，其余90.9%的高校（30所）未能获得国家级科研项目。

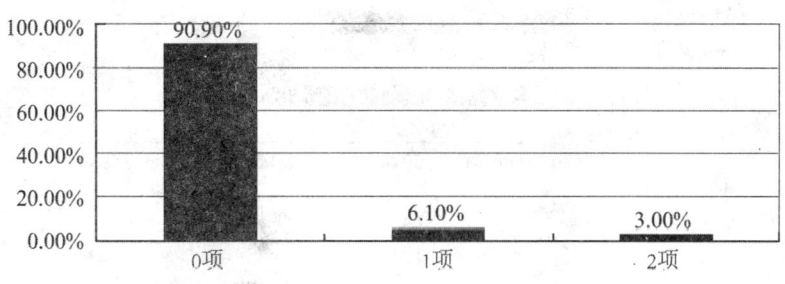

图16 2013年获得国家级科研项目情况

（4）从科研基地的建设情况来看（见图17），在所调查的33所高校中，有1所高校建立有厅局级科研基地，占3%；有4所高校建立有省部级科研基地，占12.1%。

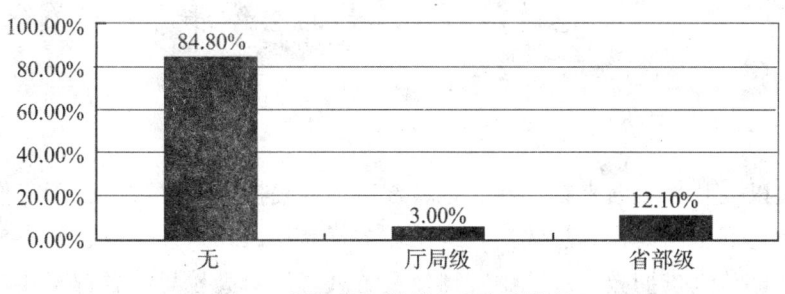

图17 厅级以上科研基地建设情况

（5）从科研论文论著发表情况来看，所调查的33所高校，每年在核心期刊（北大核心、南大核心）发表论文、出版论著数量均不低于全校平均水平。

（五）人才培养

在被调查的33所高校中，如图18所示，有7所高校设置有思想政治教育本科专业，占21.2%；有10所高校设置有思想政治教育、马克思主义理论硕士点，占30.3%。有1所高校设置有思想政治教育、马克思主义理论博士点，占3%。

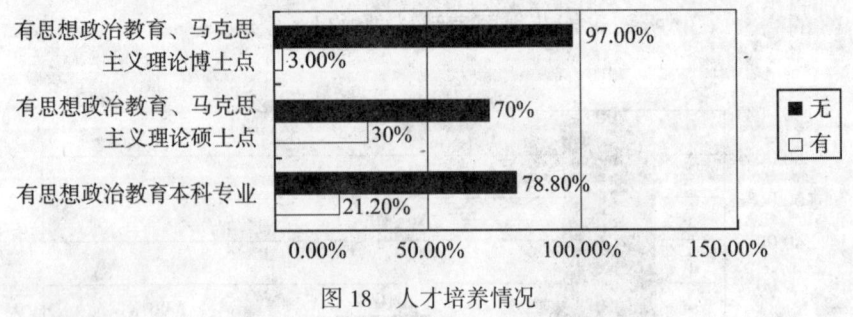

图18 人才培养情况

(六) 特色项目

在被调查的33所高校中,均开展思想政治理论课教学改革与创新,并取得显著成果,但各高校经验尚具有典型性特征,并未在全国或全省得到推广。

三、大学生思想政治教育工作的总体评价和相关分析

(一) 总体评价

从以上基本数据来看,湖北省属普通本科院校的思想政治教育工作总体上能够达到全国高校思想政治教育工作的优秀层次,这说明全省各高校党政系统能够认真贯彻教育部、中宣部以及省教育厅对高校思政教育工作的基本要求,并且在达标的基础上不断提升校内的思政工作水平。然而,从高校之间差别较大的指标来看,不同高校的思政工作水平可见一斑。具体情况如下:

1. 从教学成果来看,有3/4的高校至少把1门思政课建成了校级以上精品课程。但是从数量上来看,各校之间的差异较大;从更高的标准来看,省级精品课程和国家级精品课程数量较少。这与各校是否有思想政治教育本科办学资格、学校是否为综合性大学以及学校的性质即公办或民办有关系。

2. 从队伍建设来看,个别高校辅导员人数配备未达标,一些辅导员为本科学历,多为中级职称。

3. 个别高校的生均心理健康教育费用未达到 10 元/人的标准。

以上两项差异较大的工作从一定程度上受到学校的财政收支状况限制，因此与该校是否为省部（省市）共建、学校所分布的地区有关。

4. 从学科建设来看，仍然有部分高校未把马克思主义理论课建设成为校级重点学科，省级重点学科较少。从各校 2013 年所获得的纵向科研项目来看，有近 3/4 的高校获得了厅局级以上项目，省部级、国家级等较高级项目的获得数量方面差异较大。这与学校思政课教学单位教师的职称、学历结构，是否设置有思政本科专业、思政或马理硕士点、博士点有关。

(二) 相关分析

1. 精品课程数量与相关因素分析

假设（1）：综合性大学的思想政治理论课精品课程数量多于其他类型大学。

假设（2）：高校本科办学时间越长，精品课程数量越多，层次越高。

假设（3）：公办大学的思想政治理论课精品课程数量多于民办大学。

表 1 为相关分析结果表，从表中可以看出，高校所获校级精品课程数量与高校升本时间的 Pearson 相关系数为 0.308，即 $|r|=0.308$，表示两个变量是低度相关的，而两者之间不相关的双尾检验值（Sig.（2-tailed））为 0.081，否定了二者不相关的假设。根据表 1 可以得出结论：高校所获得的校级精品课程数量与该校升本时间存在正相关性，即高校本科办学时间越长，精品课程数量越多。表 1 还表明了所获校级精品课程数量与学校性质（公办或是民办）的相关性，两者的 Pearson 相关系数为 -0.334，即 $|r|=0.334$，表示两个变量之间为低度相关，并且较前一因素相关性较大。表 1 同时表明了所获校级精品课程数量与学校类型（是否为综合性大学）的关系，Pearson 相关系数为 -0.245，即 $|r|=0.245$，两个变量之间为微弱相关。同样的分析可以得出结论：综合性大学中思政课校级精品课程数量多于其他类型大学，公办大学的思政课校级精品课程数量多于民办大学。

表 1 还说明，高校所获得的省级、国家级精品课程数量与高校升本时间、学校性质和学校类型均存在正相关性，从 Pearson 相关系数来看，$|r|<0.3$，两两变量之间均为微弱相关。

表1　　　　　　　　　　精品课程数量的相关分析

		升本时间	学校性质	学校类型
校级精品课程数量	Pearson 相关性	.308	-.334	-.245
	显著性（双侧）	.081	.057	.170
	N	33	33	33
省级精品课程数量	Pearson 相关性	.270	-.274	-.063
	显著性（双侧）	.129	.123	.727
	N	33	33	33
国家级精品课程数量	Pearson 相关性	.117	-.083	-.156
	显著性（双侧）	.516	.645	.385
	N	33	33	33

2. 心理健康教育经费、辅导员队伍建设与相关因素分析

假设（1）：省部（省市）共建高校的生均心理健康教育经费较非共建高校更为充足。

假设（2）：位于省会城市的高校心理健康教育经费较非省会城市高校更可能达标。

假设（3）：省部（省市）共建高校辅导员师生比达标的比率高于非共建高校。

假设（4）：位于省会城市的高校辅导员师生比较其他城市更可能高于1∶200的比例。

表2为生均心理健康教育经费、辅导员师生比与学校是否为省部（省市）共建和是否在省会城市的相关分析。分析结果表明，生均心理健康教育经费和是否省部（省市）共建之间的 Pearson 相关系数为-0.186，即$|r|=0.186$，表示两个变量之间是微弱相关的，而两者之间不相关的双尾检验值（Sig.（2-tailed））为0.354，否定了二者不相关的假设。表2的分析结果告诉我们，高校生均心理健康教育经费与该校是否为省部（省市）共建呈正相关性，即从总体上看，省部（省市）共建高校的生均心理健康教育经费较为充足。另外，从生均心理健康教育经费与是否在省会城市的相关性来看，Pearson 相关系数为0.280，即$|r|=0.280$，两个变量之间也是微弱相关关系。从这两个因素对生均心理健康教育经费的影响来看，在不考虑高校财政预算的分配状况的前

提下，我们可以推断出省部（省市）共建高校和位于省会城市的高校财政经费较为充足，因此心理健康经费的投入也较多。

表2还表明，辅导员师生比与是否是省部（省市）共建的Pearson相关系数为0.333，即$|r|=0.333$，两个变量之间是低度相关关系，而两者之间不相关的双尾检验值（Sig.（2-tailed））为0.058，否定了二者不相关的假设。表2关于这两个变量的结果表明，高校是否为省部（省市）共建与辅导员师生比是否达标呈正相关关系，即省部共建高校辅导员师生比达标的比率高于非共建高校。另外，从辅导员师生比与是否在省会城市的相关性来看，Pearson相关系数为0.163，即$|r|=0.163$，两个变量之间是微弱相关关系。而两者之间不相关的双尾检验值（Sig.（2-tailed））为0.365，否定了二者不相关的假设。由此可以得出结论：辅导员师生比与是否在省会城市之间存在正相关关系，即位于省会城市的高校辅导员师生比较其他城市更可能高于1∶200的比例。如果忽略其他因素，我们可以认为，非省会城市所带来的不便是影响高校毕业生就职于高校的一个因素。同时，与地域限制相比，是否为省部（省市）共建与辅导员师生比的相关性更大，这说明，经费限制对这一变量的影响大于地域限制的影响。

表2　　　　　生均心理健康经费、辅导员师生比的相关分析

		是否省部（省市）共建	是否位于省会城市
按师生比不低于1∶200的比例设置一线专职辅导员岗位，研究生配备有专职辅导员	Pearson 相关性	.333	.163
	显著性（双侧）	.058	.365
	N	33	33
生均心理健康教育经费	Pearson 相关性	-.133	.198
	显著性（双侧）	.460	.269
	N	33	33

3. 学科建设、科研项目与相关因素分析

假设（1）：是否有思想政治教育本科专业、教师中高级职称比例、博士学位获得者比例以及学校性质均与马克思主义理论学科是否为重点学科呈正相

关关系。

假设（2）：是否有思想政治教育本科专业、是否有思想政治教育、马克思主义理论硕士点和博士点、教师中高级职称比例以及博士学位获得者比例与高校所获得的纵向科研项目均呈正相关关系，但相关度不同。

表3为马克思主义理论学科点是否为重点学科的相关分析。分析结果表明，马克思主义理论学科点是否为重点学科与高级职称比例、博士学位获得者所占比例、是否有思想政治教育本科专业以及学校性质之间的 Pearson 相关系数分别为0.046、0.088、-0.167、-0.304，即 |r|=0.046、|r|=0.088、|r|=0.167、|r|=0.304，表示除了学校性质与马克思主义理论学科是否为重点学科之间呈低度相关外，其他两两变量之间均是微弱相关的，而两者之间不相关的双尾检验值（Sig.（2-tailed））为0.798、0.625、0.353、0.086，否定了两两之间不相关的假设。表3的分析结果告诉我们，有思想政治教育本科专业的高校中，马克思主义理论学科为重点学科的比例更高；教师中高级职称比例越高，马克思主义理论学科越可能成为重点学科；教师中博士学位获得者比例越高，马克思主义理论学科越可能成为重点学科；与民办学校相比，公办学校中的马克思主义理论学科更可能成为重点学科。

表3 马克思主义理论学科是否为重点学科的相关分析

		高级职称比例	博士学历者所占比例	有思想政治教育本科专业	学校性质
马克思主义理论学科点为重点学科	Pearson 相关性	.046	.088	-.167	-.304
	显著性（双侧）	.798	.625	.353	.086
	N	33	33	33	33

表4为高校所获科研项目的相关分析。从表中可以看出，2013年获得厅级科研项目与高级职称比例、博士学位获得者所占比例、是否有思想政治教育本科专业、是否有思政、马理专业硕士点和博士点之间的 Pearson 相关系数分别为0.296、0.096、-0.244、-0.323、-0.375，即 |r|=0.296、|r|=0.096、|r|=0.244、|r|=0.323、|r|=0.375，表示作为自变量，前三个因素与获得厅级科研项目之间两两关系均是微弱相关的，而后两个因素，即是否有硕士点和博士点与获得厅级科研项目之间两两关系为低度相关，相关性较大；而两者之间不相关的双尾检验值（Sig.（2-tailed））为0.095、0.597、

0.171、0.067、0.032，否定了两两之间不相关的假设。结果表明，有思想政治教育本科专业、有思政或马理硕士点、有思政或马理博士点、教师中高级职称比例越高、博士学位获得者比例越高，2013年所获得的厅局级科研项目越多。同时，从相关程度来看，在五个自变量中，是否有思政、马理专业硕士点和博士点两个自变量与因变量即2013年所获厅局级科研项目数量的相关性较高。这也说明，硕士点和博士点对推进教学单位的科研水平具有重要作用。

2013年所获得的省部级和国家级科研项目与其他自变量之间的关系与上相同，此处不再赘述。需要指出的是，高级职称比例这一自变量与省部级科研项目和国家级科研项目的Pearson相关系数分别为0.538、0.611，即|r|=0.538、|r|=0.611，表示两两变量之间均是显著相关关系。这也说明，与其他自变量相比，高级职称比例在影响所获得省部级和国家级科研项目数量方面最大，呈显著相关；Pearson相关系数还表明，博士学位获得者所占比例、是否有思想政治教育本科专业与这一因变量之间低度相关；其他两个自变量与这一因变量之间均为微弱相关。以上分析表明，高级职称教师和博士应该是改善本校科研水平的中坚力量。拥有博士学位的教师仍然有进一步发挥作用的空间。

表4　　　　　　　　　高校获得纵向科研项目的相关分析

		高级职称比例	博士学历者所占比例	有思想政治教育本科专业	有思想政治教育、马克思主义理论硕士点	有思想政治教育、马克思主义理论博士点
2013年获得厅级科研项目	Pearson 相关性	.296	.096	-.244	-.323	-.375*
	显著性（双侧）	.095	.597	.171	.067	.032
	N	33	33	33	33	33
2013年获得省部级科研项目	Pearson 相关性	.538**	.365*	-.329	-.154	-.660**
	显著性（双侧）	.001	.037	.062	.393	.000
	N	33	33	33	33	33
2013年获得国家级科研项目	Pearson 相关性	.611**	.037	-.164	-.469**	-.719**
	显著性（双侧）	.000	.838	.362	.006	.000
	N	33	33	33	33	33

四、大学生思想政治教育工作存在的问题及原因分析

虽然湖北省属普通本科院校的思想政治教育工作总体上能够达到全国高校思想政治教育工作的优秀层次,然而,从以上分析我们也可以发现其中存在着一些问题,尤其是那些不同高校个别评价指标方面的差异很大,具体情况如下:

(一) 教学成果方面,精品课程的数量和层次仍然有待提高

从上述"大学生思想政治教育工作总体状况"的描述中我们可以发现,有69.7%的高校至少有1门以上的思政课为校级精品课程。然而,从总体状况来看,各级精品课程的数量仍然有待增加,层次有待提高。具体情况如下:

首先,表5表明,33所高校的校级精品课程数量平均值为1.42,结合图10来看,高于平均值的高校仅有13所,占总量的39.4%,低于平均值的高校数量多达20所,占总量的60.6%。中值、众数和百分位数都表明,占百分比最多的是"0"和"1"的变量,分别占总数的30.3%。另外,最大值为5,即数量最多的高校有5门精品课程,但只有1所高校拥有5门,仅占总量的3%。这说明在所收集到的数据中,获得1门校级精品课程和无精品课程的高校数量居多。

表5　　　　　　　　　精品课程的描述性统计分析结果

		校级精品课程数量	省级精品课程数量	国家级精品课程数量
N	有效	33	33	33
	缺失	0	0	0
均值		1.42	.30	.03
均值的标准误		.230	.092	.030
中值		1.00	.00	.00
众数		0[a]	0	0
标准差		1.324	.529	.174
方差		1.752	.280	.030
极小值		0	0	0
极大值		5	2	1

注:a. 存在多个众数,显示最小值。

其次，表5还表明，省级精品课程的均值为0.3，结合图11来看，高于平均值的高校数量仅有9所，占总量的27.3%。中值、众数均为0，说明在所有高校中，大多数并未申请到省级精品课程。国家级精品课程的申请状况也是如此，有这一层级精品课程的高校仅为1所，占总量的3%。

最后，从三个层级的标准差来看，校级、省级和国家级精品课程数量的标准差依次递减，分别为1.324、0.529、0.174，这说明三个层级资料的变异程度也是依次递减，校级精品课程数量的变异性最大，国家级精品课程数量的变异性最小，但根据上一段的分析，我们发现变异性最小的原因是绝大多数高校并没有申请到国家级精品课程。

综上所述，在教学成果方面，省属本科高校所获得的精品课程数量仍然较少，并且层次不高，多集中于校级。从相关分析我们可以发现，这一问题与高校办学性质、办本科教育时间以及学校类型有关。从这些相关因素出发可发现部分导致这一问题存在的原因。

1. 民办高校办学时间较短

从学校性质来看，民办高校的精品课程数量相对较少，如表6所示，在民办高校中有50%的学校仅有1门校级精品课程，而公办高校的这一比例是74%。其中的一个原因是民办高校升本时间较短。在6所民办高校中，本科办学时间在11～15年的仅有1所，占所有民办高校的16.7%；本科办学时间在6～10年的有3所，比例为50%；2所高校办学时间为0～5年，占33.3%。而公办高校中本科办学时间超过16年的有21所，占公办高校总数的77.8%。

表6　　　　　　所获校级精品课程数量与学校性质

		学校性质				合计
		公办	所占比例	民办	所占比例	
所获校级精品课程数量	0	7	25.9%	3	50%	10
	1	7	25.9%	3	50%	10
	2	4	14.8%	0	0%	4
	3	8	29.6%	0	0%	8
	5	1	3.7%	0	0%	1
合计		27	99.9%	6	100%	33

另一个原因是民办高校所处的市场化需求。民办高校办学时间较晚，要在市场化环境当中与公办高校为主的竞争对手进行竞争的话，一定要有自己的办学特色。因此，民办高校多走一条"办应用型大学，培养高素质应用型人才的发展道路"①。应用型大学的精品课程主要集中于学校的主流学科和主流专业。另外，民办高校的思政工作理念也是围绕以上理念展开的，更加注重思政课堂内外的总体布局，例如一所高校"坚持用社会主义核心价值体系教育引领学生，注重培育学生先进典型，形成了一个典型就是一面旗帜、催生一个先进群体、促进大学生整体素质提升的良好格局"②。

2. 精品课程的培育和申请需要较长的时间

精品课程建设是一项复杂的系统工程，它是集"教育理念、教师队伍、教学内容、教学方法和手段、教学制度于一体的整体建设"③。正如教育部副部长吴启迪在2004年对精品课程提出的要求："国家精品课程就是具有一流教师队伍、一流教学内容、一流教学方法、一流教材、一流教学管理（即'五个一流'）等特点的示范性课程。"④ 由此可见，精品课程的培育并非一朝一夕所能完成，需要高校在长时间内对这五个方面进行凝练、培育。

就湖北省属本科高校精品课程的总体状况来讲，升本时间较短已经是精品课程数量较少和层次不高的重要原因之一。表7说明，在33所高校当中，申请到3门及3门以上校级精品课程和1门及以上省级精品课程的高校中，升本时间在16年以上的高校共有14所，升本时间在10~15年的高校共有4所，而在这一数量和层次上没有一所升本时间10年以下的高校。这充分说明，精品课程是一项复杂的系统工程，需要一定时间的沉淀与积累才能够建成。

---

① 武汉生物工程学院概况，见http：//www.whsw.net/introduction.htm。
② 武汉生物工程学院概况，见http：//www.whsw.net/introduction.htm。
③ 吴炎：《国家级精品课程建设的问题研究——以A大学国家级精品课程为例》，安徽师范大学硕士论文，2013年3月。
④ 教育部关于启动高等学校教学质量与教学改革工程精品课程建设工作的通知，教高〔2003〕1号。

表7　　　　　　　　　　精品课程层次、数量和高校数量

精品课程层次和数量		高校升本时间	0~5年	6~10年	11~15年	16年以上
校级	3门		0	0	2	6
	4门		0	0	0	0
	5门		0	0	0	1
省级	1门		0	0	2	6
	2门		0	0	0	1
合计			0	0	4	14

3. 非综合性大学的精品课程数量和层次有待提高

从相关分析可知，学校类型与精品课程数量和层次存在相关关系。这与非综合性大学的办学定位有关。综合性大学多以各学科均衡发展为学校的总体办学策略，除了具体的精品课程建设之外，这从一级学科建设中可以窥之一二。根据教育部学位与研究生教育发展中心公布的2012年学科评估结果，在马克思主义理论一级学科的排名中，参评的121所高校中，湖北省属高校上榜的共有7所，位次从高到低依次是湖北大学、武汉科技大学、武汉工程大学、武汉纺织大学、三峡大学、长江大学和武汉工业学院（现为武汉轻工大学）①。其中4所为综合性大学，另外3所也是标榜以优势学科为主，多学科协调发展的大学。

（二）辅导员队伍的专业化、职业化发展不足

高校辅导员是大学生思想政治教育工作队伍的主体之一，是开展大学生思想政治教育的骨干力量，一支高水平的辅导员队伍对于大学生的思想政治教育工作非常重要。在所调研的省属高校中，辅导员队伍专业化、职业化发展不足的问题较为普遍。其中原因有以下几方面：

1. 部分学校对辅导员队伍建设力度不够

（1）辅导员工作内容非常繁杂，思想政治教育功能缺位。中央16号文指出，辅导员是高等学校教师队伍的重要组成部分，是高等学校从事德育工作的骨干力量，是大学生健康成长的指导者和引路人。而实际工作中，多数高校辅

---

① 《2012年学科评估结果》，载中国学位与研究生教育信息网。

导员角色任务具有多样性，呈泛化趋势，辅导员分管的工作涉及招生就业、心理健康教育、党团建设、宿舍管理、文体活动、班级管理、安全教育、社团指导、学籍管理、学生奖助工作等，甚至还要承担催缴学费、校友联络、教学管理和行政事务等任务，辅导员成为无所不教、无所不管、无所不能的"全能"选手，也常常因忙于杂务而被戏称为"勤杂工"、"保姆"，在这样的情况下，辅导员很难有多余的时间和足够的精力开展深入细致的"育人"工作，其思想政治教育职能也就难以到位。

（2）从辅导员队伍的配备情况来看，按照专职辅导员不低于1∶200的师生比配备，在33所高校当中，有11所学校的辅导员数量还有待充实，另有部分高校辅导员队伍的结构尚需优化。

（3）辅导员队伍稳定性较差。由于辅导员工作的职责和内容越来越不确定，事务性的工作越来越多，且大部分辅导员认为收入低、经济压力大。这些因素导致很多辅导员在职业目标和个人发展方向上往往徘徊不定，出现频繁的人员流动，辅导员工作也就成了跳板，导致辅导员队伍稳定性较差。这严重影响了辅导员队伍的专业化、职业化建设。

2. 辅导员自身的业务素质和职业意识不足

当代大学生在思想道德、学业、就业、心理素质、价值观等方面面临着前所未有的问题，这极大增加了辅导员的工作难度，对辅导员个人素质提出了很高的要求。在所调研高校当中，多数学校辅导员队伍的主体已经是80后，很多辅导员是85后甚至是90后。他们的成长和教育环境、时代背景、对社会上的一些问题的看法和"90后"学生具有一定的相似性，容易走进学生的内心，和学生打成一片，这是优势。但是由于这支辅导员队伍大多从事辅导员工作时间不长，他们的思政工作经验较少，现有的相关知识体系和专业研究能力有限，工作技巧和方法还不是很成熟，缺乏一定的社会阅历和经验积累，这些对于指导学生的发展和成长成才都会存在一定的制约性。另外，由于长期难以在自己的岗位上找到成就感，不少辅导员逐渐淡化了自己的本职工作意识，对职业的认同度较低，出现了"自我轻视"现象。比如我们在调查中发现，辅导员对自身的业务能力和知识素养迫切渴望提高，但对职业生涯发展规划还缺乏足够的认识和了解。

（三）部分高校思想政治教育经费相对不足

通过相关数据分析，我们可以看出，生均心理健康教育经费和辅导员师生比达标程度，与该校是否为省部（省市）共建呈正相关性，即从总体上看，省部（省市）共建高校的生均心理健康教育经费较为充足、辅导员师生比达标的比率高于非共建高校。由此我们可以推断，非省部（省市）共建高校财政经费相对于共建高校相对不足，这导致其心理健康经费、辅导员队伍建设以及其他思想政治教育经费投入相对不足。主要原因如下：

（1）位于省会城市之外的高校生源有限，根据我国高等教育财政拨款模式，高等教育财政拨款主要取决于计划内招生人数。① 鉴于目前高校生源逐渐减少，位于武汉之外的高校缺乏地域优势，生源紧张，每年招生人数有限，所获得的财政拨款相对较少，这也就限制了心理健康教育的经费投入，并且也是辅导员师生比不达标的原因之一。

（2）省部（市）共建高校的资金来源较为多元，除了省级财政拨款外，还可以从共建单位那里获得一般高校难以得到的资金。

（四）学科建设方面，科学研究水平仍然有可提升空间

本次评估在科学研究方面主要是以 2013 年各校所申请获批的纵向科研项目为评价标准。第二部分的相关数据分析表明，虽然近 3/4 的高校获得了厅局级以上的科研项目，但是总体上所获得的省部级和国家级项目数量较少，并且不同高校之间的差异性较大，根据相关分析可知，省属高校思政教学单位的科研水平仍然有可提升的空间。具体情况如下：

第一，表 8 表明，33 所高校的厅级科研项目数量平均值为 1.21，结合图 14 来看，高于平均值的高校仅有 14 所，占总量的 42.4%，低于平均值的高校数量多达 19 所，占总量的 57.6%。中值、众数和百分位数都表明，占百分比最多的是"0"和"2"的变量，分别占总数的 33.3%。另外，极大值为 4，即数量最多的高校获得 4 项厅级科研项目，但只有 1 所高校获得 4 项，仅占总量的 3%。这说明在所收集到的数据中，获得 2 项厅级科研项目和无厅级科研项目的高校数量居多。

第二，表 8 还表明，省部级科研项目的均值为 0.45，结合图 15 来看，高于平均值的高校数量仅有 7 所，占总量的 21.2%。中值、众数均为 0，说明在所有高校中，大多数并未申请到省部级科研项目。国家级科研项目的申请状况也是如此，获得这一层级科研项目的高校仅为 3 所，占总量的 9.1%。

第三，从三个层级的标准差来看，厅级、省部级和国家级科研项目数量的

---

① 赵雅琴：《高等教育财政拨款模式的发展及改革对策研究》，载《扬州大学学报》（高教研究版）2011 年 3 月刊。

标准差分别为 1.083、1.092、0.415，这说明在三个层级的科研项目变异程度上，省部级科研项目数量的变异性最大，国家级科研项目数量的变异性最小，但根据上一段的分析，我们发现变异性最小的原因是 90% 的高校并没有申请到国家级科研项目。

表 8　　　　　　　　　科研项目的描述性统计分析结果

		2013 年获得厅级科研项目	2013 年获得省部级科研项目	2013 年获得国家级科研项目
N	有效	33	33	33
	缺失	0	0	0
均值		1.21	.45	.12
中值		1.00	.00	.00
众数		0ª	0	0
标准差		1.083	1.092	.415
极小值		0	0	0
极大值		4	5	2
和		40	15	4

注：a. 存在多个众数，显示最小值。

综上所述，在学科建设方面，省属本科高校所获得的科研项目数量仍然较少，并且层次不高，多集中于厅级。从相关分析部分我们可以发现，这一问题与学校思政课教学单位教师的职称、学历结构，是否有硕士点，以及学校类型有关。从这些相关因素出发可发现部分导致这一问题存在的原因。

1. 高级职称教师、博士教师的科研优势未充分发挥。较高层级的科研项目一般需要申请人具有高级职称或博士学位。2013 年教育部人文社科一般项目中规划基金项目申请者就具有高级职称；青年基金项目申请者，应为具有博士学位或中级以上（含中级）职称的在编在岗教师，年龄不超过 40 周岁。① 国家社科基金的重点项目和一般项目申请人须具有副高级（或相当于副高级）以上职称；青年项目申请人（包括课题组成员），年龄不得超过 39 周岁（1974 年 3 月 1 日后出生），不具有副高级以上职称人员申请青年项目须由两名具有

---

① 《关于 2013 年度教育部人文社会科学研究一般项目申报工作的通知》，载教育部社会科学司网站，2012 年 12 月 10 日。

正高级职称的同行专家推荐。① 从这两个科研项目的申请条件来看，申请人一般需要具有高级职称或者具有中级以上职称的博士。

表9是关于职称与省部级项目、国家级项目的交叉列表。从中可以看出，获得1项省部级项目的2所学校的思政课教学单位中高级职称的比例分别为10%~19%，20%~29%；其他4所学校的这一比例较高，分别位于30%~79%这一比例区间；值得一提的是获得5项课题的学校这一比例最高。另外，获得国家级项目的学校中这一比例均位于30%~79%这一比例区间。

从以上数据我们可以得出结论，较高层级科研项目的申请条件限制了各高校的申请数量，那些高级职称比例高于30%的高校中具有高级职称教师的科研水平尚未得到充分发挥。究其原因，一是思政课教师教学工作量比较大，高级职称教师也仍然从事较多教学工作，有限的精力使其在科研方面的优势难以发挥；二是教师教学和科研工作内容相互分离的现象普遍存在。一方面是教师教学当中出现的学科建设、教学内容方面的问题无法及时通过研究反映出来，另一方面是科研中的新成果无法有效贯彻到课堂当中去，导致一些教授"能够在学术交流会上不断地唱出'新曲'，而回到课堂上却是哼着'老调'"。②

表9　　　　省部级、国家级科研项目与高级职称比例交叉表

	高级职称比例									
	10%~19%		20%~29%		30%~39%		50%~59%		70%~79%	
	省级	国家级	省级	国家级	省级	国家级	省级	国家级	省级	国家级
0	6	8	5	6	3	4	1	1	0	0
1项	1	0	1	0	0	1	1	1	0	0
2项	1	0	0	0	1	0	0	0	0	1
3项	0	0	0	0	0	0	0	0	0	0
5项及以上	0	0	0	0	0	0	0	0	1	0
合计	8	8	6	6	5	5	2	2	1	1

---

①《关于做好2013年度国家社科基金项目申报工作的通知》，载全国哲学社会科学规划办公室网站，2012年12月27日。

② 郑洁、侯玲玲：《高校思想政治理论课教学科研团队建设探微》，载《学校党建与思想教育》2014年9月刊。

从表 10 中我们可以看出，获得省部级科研项目的高校中，具有博士学位的教师在教学单位中，有 3 所学校的这一比例在 40%～49%、50%～59% 和 70%～79%区间内，3 所学校的这一比例均位于 60%～69%区间；获得国家级项目的 3 所高校中，除了 1 所学校的数据缺失外，其他高校这一比例均在 60%～69%区间。这个调查结果说明，虽然具有博士学位的教师是改善各省属高校科研水平的中间力量，但在实际中，其科研优势却并未充分发挥。究其原因，主要是因为 4 门思政课性质相同但却实属四个不同专业，这决定了各思政课教学单位招聘的博士教师专业口径较多，且专业和专业之间相差较大，研究方向分散，因此很难在短时间内形成强有力的科研团队，团队科研效应难以发挥。这个问题具有一定的普遍性，而在升本时间较短的高校，这一问题则更为突出。

表 10　省部级、国家级科研项目与博士学历者所占比例交叉表

	博士学历者所占比例									
	不知道		40%～49%		50%～59%		60%～69%		70%～79%	
	省部级	国家级	省部级	国家级	省部级	国家级	省部级	国家级	省部级	国家级
0 项	2	1	4	5	7	8	2	4	2	3
1 项	0	1	0	0	0	0	2	1	1	0
2 项	0	0	1	0	1	0	0	1	0	0
3 项	0	0	0	0	0	0	1	0	0	0
5 项	0	0	0	0	0	0	1	0	0	0
合计	2	2	5	5	8	0	6	6	3	3

2. 思想政治教育、马克思主义理论硕士点是促进科研水平提高的重要手段之一。硕士点不但是一个教研单位中科研水平的表现，并且能够有力地促进其整体科研水平的提升，这两者相辅相成，相互促进。由图 19 和图 20 可以看出，获得 3 项和 5 项以上省部级科研项目的高校以及获得国家级科研项目的 3 所高校均具有思想政治教育、马克思主义理论硕士点。

3. 非综合性高校的发展模式一般以本校主流学科、主流专业为主，马克思主义理论学科建设时间较短。表 11 说明，获得省部级科研项目的高校中，民族类、财经类和艺术类院校各仅有 1 所，综合性和工科院校各有 2 所，国家级科研项目也集中于综合性高校和工科院校。究其原因，非综合性高校的学科发展虽然有向多学科协调发展的趋势，但是一般都形成了鲜明的办学特色，并

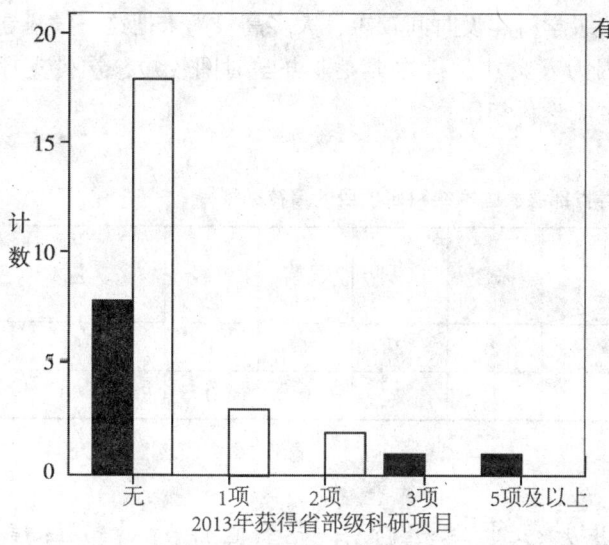

图 19 硕士点与省部级科研项目

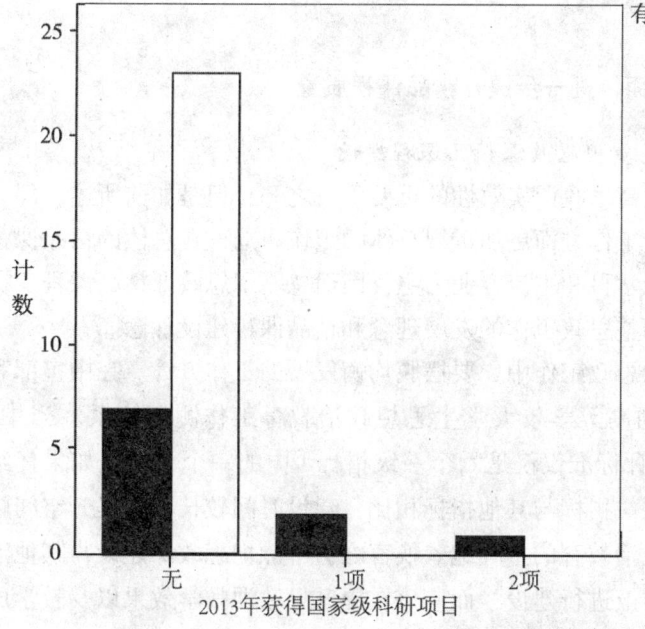

图 20 硕士点与国家级科研项目

且其主流学科和主流专业的发展时间较长,在科研方面的实力也位于学科发展前列。马克思主义理论一级学科建设时间较短,大多高校尚未把这一学科建设成校级重点学科,并且因为人文社会科学类专业办学时间较短,学科支撑薄弱,科研水平也无法与主流学科相比。

表11　　　　获得省部级、国家级科研项目的高校类型

高校数量 \ 高校类型	综合	工科	民族	财经	艺术
省部级科研项目	2	2	1	1	1
国家级科研项目	1	2	0	0	0

五、加强和改进大学生思想政治教育工作的对策与建议

针对以上提出的问题,要加强和改进大学生思想政治教育工作,我们提出以下的对策与建议。

(一) 教学成果方面,进一步提升精品课程质量

1. 转变办学理念,重视思政课精品课程建设

精品课程建设是提高思政课实效性的重要手段之一,但是如前所述,部分高校在本校的思想政治工作方面更加重视总体的工作布局,在总体的精品课程建设中更是以本校主流学科和主流专业为主,因而忽略了思政课精品课程。在这方面,需要各高校调整思政工作的发展理念和精品课程建设理念。

一方面,在总体的思政工作中,要摆脱均衡发展的工作方针。在中宣部和教育部所印发的《普通高等学校大学生思想政治教育工作测评体系》当中,"思想政治理论课"测评标准仅仅是六个一级指标①中的一个,但是如果仔细研究我们可以发现,这一指标与其他指标相比,建设时间较长,可提升空间较大,并且课堂是思想政治教育的主阵地。换言之,不能把思政课建设与其他五个指标放在平行的地位上进行建设,而应该在提升思政课教学效果以及教学成

---

① 这六个指标依次是:组织领导、队伍建设、思想政治理论课、课堂外思想政治教育、条件保障和育人环境。

果方面提出更高的要求。另一方面，各高校还有必要调整精品课程建设理念，重视思政课精品课程建设，在建设方面为思政课单列指标，从前述提到的"五个一流"方面从总体上培育思政课精品课程。

2. 政策向民办高校和非综合性高校倾斜

针对民办高校和非综合性高校精品课程的数量和质量问题，相关政府部门有必要从政策上鼓励这些高校进一步提升本校思政课精品课程建设水平。具体建议可见下一部分。

3. 完善思政课精品课程培育的政策保障和激励机制

精品课程建设是一项系统的复杂工程，需要长时间的培育和鼓励，才能达到"五个一流"的标准。因此，相关部门需要从不同层次上完善思政课精品课程培育的政策保障和激励机制。

首先是省属本科高校的主管部门。由于不同高校之间精品课程建设的差别较大，主管部门有必要在这方面提供政策保障，建立思政课精品资源共享平台，对上网后社会反响比较好的课程给予"省级精品资源共享课"称号，规定相应的有效期，并给予经费补贴。鼓励高校投入资金支持精品资源共享课程建设，并且制定相应激励机制，引导高校和教师积极参与本课程的培育、建设和使用，尤其鼓励民办高校和非综合性高校积极参与。

其次是高校要建立相应的激励机制、监督机制和交流机制。各高校在精品课程建设经费上要对思政课倾斜，给予专项费用进行课程建设；同时，思政课教学单位要在这笔经费当中预留一部分奖励基金，对于在精品课程建设方面有突出贡献的教师给予奖励，提高教师进行课程建设的积极性。同时，要建立相应的评价和考核机制，对精品课程建设的阶段性成果进行奖励，对未完成的相应责任人进行惩罚。另外，监督机制和交流机制也非常重要，鉴于精品课程的开放性，对其监督不但要有同行监督、上级监督，而且要把学生监督做到实处，鼓励学生对使用过的精品课程进行评价，从受众角度来促进精品课程建设。高校还应当鼓励思政课教师与本校主流学科和主流专业的教师定期就精品课程建设的经验进行交流，鼓励本校思政课教师定期就思政课精品课程建设与外校，尤其是部属院校的相应人员进行交流，不断提升本校思政课精品课程建设水准。

（二）高度重视对辅导员队伍的系统化建设

进一步深化对辅导员工作重要性的认识。切实贯彻落实中央16号文等系列文件精神，把辅导员队伍建设作为一项战略任务来抓，建立一套能有效解决队伍建设的突出问题，保证辅导员队伍建设不断推进的领导体制和工作机制，努力为辅导员创造良好的政策环境、工作环境和生活环境，最大限度地调动辅导员的积极性和创造性。

进一步明确高校辅导员岗位职责。高校辅导员在宏观层面上是做思想政治工作，在微观层面上则是做大学生成才的引导和服务工作，其职业角色既有教师的特点又不同于一般教师。高校辅导员应深入大学生学习生活实际，做好思想政治教育工作。紧密围绕大学生思想政治状况，有针对性地开展相应的课堂教育；紧密围绕理想信念教育、爱国主义教育、公民道德教育、素质教育等方面的任务要求，指导和组织开展各种专题教育；紧密围绕大学生学习、生活中的实际问题，开展日常思想政治教育工作，指导学生党支部和班委会建设。坚持一把钥匙开一把锁，做到春雨润物，立德树人。

建立科学的考评机制，发挥激励作用。完善符合辅导员队伍要求的考评机制，充分发挥对辅导员的激励作用，由于辅导员工作的多元性所导致的量化考核难度大，要根据辅导员职业特征制定符合大学生日常思想教育和事务管理要求的考核体系，考核评价标准不但要具体，考核结果更要使其有现实意义，要根据考核结果采取相应的激励措施，使辅导员既感压力又有动力。

解决职业出路，进一步完善发展机制。解决出路问题，是安定辅导员工作情绪的基本保证，也是辅导员队伍良性发展的内在要求。辅导员队伍要相对稳定，合理流动，才能获得更加持续稳定的良性发展，要把辅导员队伍作为学校青年后备干部、党政管理骨干、学校专业骨干培养和选拔的重要源头之一，努力形成辅导员队伍建设良性发展的机制。

（三）打造科研团队，形成科研合力

高级职称教师和博士教师是科研中坚力量，如何让这些教师发挥科研优势，打造一支一流的科研团队是提升教研单位科研水平的重要途径。

1. 构建教学科研一体化机制，鼓励教学科研一体化研究。教学科研是高校思政课教师的两大主要任务，针对前面提到的教学科研相分离的问题需要各高校建立相应的教学科研一体化机制。就教师个人而言，鼓励教师在研究过程中把教学当中存在的问题及时通过科学研究来解决，同时把学术前沿及时转化到教学内容当中来，把最新的信息和知识以及国家最新政策传递给学生。就教学单位而言，要建立教学和科研的协调机制，统一规划，统筹安

排。"所谓统一规划就是把科研和教学的两大任务纳入有机的统一规划之中,坚持教学出题目,科研做文章,成果上课堂,促进教学科研一体化。教研计划要把教学专题和科研项目统一起来安排,一同考核。教学计划要有科研要求,科研计划也要体现教学要求,如教学计划不仅要明确达到什么教学目的,而且要明确达到何等科研要求;科研计划中要明确科研反哺教学的要求,促进教师将科研成果转化为课程资源,优化课程体系,并以此作为对教学、科研部门和教师考核的一个标准。"① 最后是在总体的思想政治教育工作评价过程中体现教学科研一体化趋势,在具体的教师考核过程中把科研内容与教学内容大体一致作为考核和评价标准,鼓励建立科研教学一体化的科研团队。

2. 目标明确、科学分工,发挥专业分散合力。针对4门思政课教师专业分散的情况,需要各高校把这一劣势充分转变为优势,建立科学分工的科研团队,发挥专业分散合力。要做到这一点,首先要寻求4门课程的契合点。调查过程中发现,很多高校的课堂教学虽然明确分开,但是在实践教学方面却建立了"大思政"的模式,即把4门课程的实践教学统一在一个教学体系当中,这就为不同专业的研究者寻求了研究的共同切入点。因此在科研内容方面可以以实践教学为基础进行专业整合,充分发挥教授和博士的科研优势。其次是在分工方面充分发挥不同研究人员的优势,实现能力互补和资源共享,教学型教师发现问题,科研型教师研究、解决问题,使教学科研相互转化;不同专业但具有共同目标,即传达国家的大政方针政策,提高思想政治教育教学的有效性,提升大学生的思政道德素养和政治素质。在这一共同目标的引领下,在找到研究合适的切入点的前提下,必将打造一个一流的科研团队。

(四) 加大经费投入,保证专款专用

各高校尤其是非省部(省市)共建高校要进一步加大思想政治教育专项经费投入,保证专款专用。

1. 加大经费投入并着力加强辅导员队伍建设。根据《普通高等学校辅导员队伍建设规定》(教育部令〔第24号〕)的规定,进一步加强辅导员队伍建设,力争多渠道解决工作经费和人员配备问题。根据教育部、省教育厅培训

---

① 张炳生:《高校科研教学一体化机制的构建》,载《黑龙江高教研究》2006年第12期。

计划和安排,结合各校事业发展需要,分类别、多层次、有计划的组织开展各种培训活动,着力提升辅导员的工作水平和综合素质。切实完成专职辅导员与学生比例达到1∶200。进一步加强辅导员队伍的建设水平,投入专项经费,资助辅导员队伍开展思想政治教育工作研究。

2. 加强学生活动经费调控,举行各种有益活动。重点支持开展学习竞赛、学科竞赛、学术作品竞赛、专业技能竞赛等活动;搭建学术交流平台、实践平台,引导学生走进实验室、进入教师的科研项目。

3. 加大经费投入,建设高水平思政理论课教师队伍。制订计划,形成制度,引进高学历、高素质思政理论课专任教师,切实完成思政理论课教师与学生比例达到1∶400。每学年至少安排相应比例的思政专任教师开展社会实践和学习考察活动。继续加强思想政治理论课教师的培训,强化制度约束机制和规范教学力度,不断提高思想政治理论课教学效果。

4. 加强大学生心理健康教育和心理咨询服务。各学校应积极引导大学生化解不良情绪,重点加强院系心理健康教育工作体系和工作模式的研究与构建。每年安排相应经费进行心理健康咨询室的建设,开展心理健康教育,引进心理健康教育专门教师,使心理健康教育专门教师与学生比例达到1∶5000,不断提高学生的心理素质,使他们成为身心健康的中国特色社会主义事业的建设者和接班人!

报告撰稿人: 巨　英　湖北省大学生思想政治教育评价中心副主任,
　　　　　　　　　湖北经济学院思想政治理论课部教师,副教
　　　　　　　　　授,政治学博士

　　　　　　　卫　莉　湖北省大学生思想政治教育评价中心研究人员,
　　　　　　　　　湖北经济学院思想政治理论课部教师,哲学博
　　　　　　　　　士

　　　　　　　马翠兰　湖北省大学生思想政治教育评价中心研究人员,
　　　　　　　　　湖北经济学院思想政治理论课部教师,历史学
　　　　　　　　　博士

调查篇

湖北省大学生心理安全预警指标因素研究报告

赵 菊

大学时期的青少年如同蜕变中的蝴蝶,美丽而脆弱。近年来,随着经济社会的推进,复杂的社会环境、家庭环境和校园环境更增加了大学生蜕变的难度和风险,使大学生成为心理问题的高发群体。胡锦涛曾在全国加强和改进大学生思想政治教育工作会议上强调指出:"要高度重视大学生心理健康咨询和教育工作,为大学生健康成长创造良好条件。"可见,加强大学生心理安全预警研究,增强大学生心理健康已经刻不容缓。

一、研究背景与意义

(一)湖北省大学生心理危机的"预"与"防"

1. "重""评""查"

湖北省教育厅结合本地区实际于 2005 年发布《湖北高校大学生心理危机干预及自杀预防实施方案》,2011 年 7 月出台《湖北省普通高等学校学生心理健康教育工作基本建设标准实施意见》(以下简称《实施意见》)。高校随之高度关注大学生心理健康教育,大力推进学生管理体系,强化专业队伍建设,加强本校大学生心理健康教育方面的软件和硬件设施的建设。同时湖北省还明确提出,从 2012 年起,依据《实施意见》,启动全省高校心理健康教育中心的达标检查和评审工作,进一步促进各校心理健康教育工作的开展。

2. "预"与"防"

湖北省 81% 的高校根据《湖北高校大学生心理危机干预及自杀预防实施方案》,建立了本校的危机预防干预体系,其主要特点在于重"防"。高校危机体系的主要特点在于:(1)事前设"防"。通过新生心理健康状况普查、心理危机定期排查等途径和方式，及时发现学生中存在的心理危机情况。学校应对有较严重心理障碍的学生予以重点关注，并根据学生的心理状况及时加以疏导和干预；（2）事中控"防"。明确工作流程及相关部门的职责，对有较严重障碍性心理问题的学生，及时通知其法定监护人，协助监护人做好监控工作，并及时将学生按有关规定转介给精神疾病医疗机构进行处理；（3）事后加"防"。重视对危机事件当事人及其相关人员提供支持性心理辅导，最大程度地减少危机事件的负面影响。及时总结经验教训，提高师生对心理危机事件的认识以及应对心理危机的能力。

3. "预"与"需"

湖北大学生主体对心理安全的需求高、内容多样。但是明显表现出缺乏相应的心理安全预防知识。在自认为有健康和心理问题想咨询的大学生中，只有1/5的学生曾经接受过心理卫生服务。85%大学生表示自己从来没去过心理咨询室，大学生对心理卫生服务的了解和认识存在明显的不足。由此可见，高校的心理安全预防体系中对"预"的广度和深度还需要进一步加强，同时"预"需要与大学生的需求结合在一起。

（二）研究意义

从湖北省大学生心理健康教育背景来看，目前高校非常重视大学生心理危机预警系统的建立，但预警更多停留在各层预警人员的主观观察和判断上，缺乏对危机判断的量化指标和标准，以至于很容易出现预警偏差。因此，对大学生心理安全预警指标因素进行实证探索和研究，是湖北省高校当前面临的一项现实而紧迫的课题。

目前大多数心理危机干预属于事后干预，即对已经发生危机的个体进行干预，这种干预是被动的，干预目标多是消除当前症状，较少涉及人格矫治等深层次问题，很难从根本上消除心理危机。该课题的研究能为事前干预提供手段，从技术和社会视角解决大学生心理危机识别、度量、预警到干预中的复杂和不确定性问题，建立多层面多角度立体化的心理危机预警与防控平台。解决心理危机预测问题，提高大学生心理危机预测或干预的效率。

高校心理健康教育研究不仅需要探讨心理健康教育本身的问题，还需要关注心理健康教育的保障条件，大学生心理安全预警指标因素的研究从保障条件角度探讨心理危机的预测与干预，有效地充实了心理健康教育研究的内容。心理危机预警系统建立的基础在于预警信息的评估，本课题以指标因素为出发点进行研究，研究心理安全预警的指标因素，并建构预警机制，有效地深化了学校心理健康教育研究，促进心理危机预警体系研究的内容。

大学生心理安全预警指标因素研究旨在以湖北高校为核心，以湖北省高校类型为样本框，在湖北100多所高校中随机选取目标高校和样本群体。调研共发放850份问卷，回收有效问卷840份，有效率为98.9%。其中部署院校152份，占18.1%；省属本科242份，占28.8%；民办本科院校197份，占23.4%；高职高专249份，占29.6%。

二、大学生心理安全预警指标因素差异化分析

（一）大学生对学习和健康的自我认知存在个体背景的差异

作为学校群体的大学生，其主要关注点仍然是学习和自我健康，自我健康包括生理健康和心理健康。在大学生心理安全预警指标因素中，首先考虑到大学生对自我的认识水平，因而研究中选取了两个关键变量学习认知和健康水平认知。从以往研究中也发现，自我认识的方式也必然反映出大学生心理健康的水平。研究结果显示，大学生的自我认知评价显然在个体背景因素上存在诸多差异性特征。

1. 大学生的自我评价在学校类型上存在典型反差

不同类型的高校大学生对学习和健康的自我认知存在显著差异。部属本科和民办本科院校大学生对学习的自我效能感较高，高职高专学生对学习的自我认知最低。但恰恰相反，高学习自我认知度的高校大学生对自身健康自我评价最低，而反之亦然，具体而言，高职高专学生的自我健康评价最高，而部属院校和民办本科院校大学生的评价则最低。省属本科院校大学生在学习和健康的自我评价都处于中等水平。具体指标如图1所示。

2. 个人信息背景的差异显现在大学生的自我认知评价上

性别在心理健康水平上一直是研究者关注的变量。本次调研结果仍然显示了大学生自评程度上也存在性别差异。男性大学生自我学习评价（M=1.77）上显著低于女性大学生的学习自我评价（M=1.9），但男性大学生自我健康评价（M=1.09）则显著高于女性大学生的自我评价（M=1.05）。

独生子女是我国一项国策。对于独生子女特点的研究也非常多，在自我认知上，研究发现：非独生子女对学习自我评价（M=1.92）显著高于独生子女（M=1.77），但是独生子女健康的自我评价（M=1.09）显著高于非独生子女（M=1.06）。

调查篇

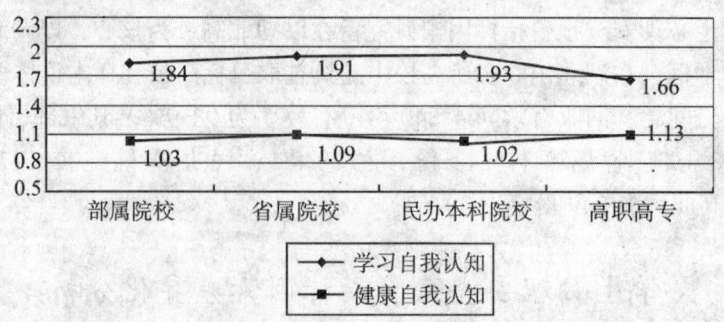

图1 高校类型大学生自我认知上的差异

年级水平作为高校大学生的重要特征变量。很多研究结果显示了不同年级大学生遇到的问题是存在显著差异的。在调研中发现，高校大学生的学习自我评价在年级上存在显著差异，表现为从大一开始，随着年级的增加，大学生学习自我评价逐步提高，大四则陡然下降。大学生的自我健康评价则不存在差异。具体结果见图2：

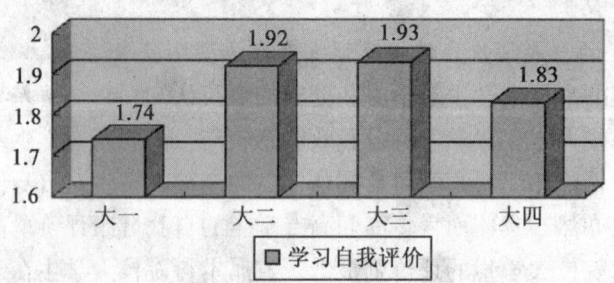

图2 不同年级大学生自我学习评价的差异

3. 大学生情景背景因素的差异也凸显在自我认知评价中

环境塑造人。大学生来自于五湖四海，大学生生活成长的情境因素一直伴随着他们在高校的学习和生活。研究结果显示，情境背景因素凸显的大学生自评程度的差异更显著，远远高于个人信息背景上的差异水平。

理论界一直认为大城市的孩子拥有更多的资源，所以会表现得更自信。研究发现：大学生群体中，家庭来源的差异表现在学生对学习的自我认知和健康认知上。城镇来源的大学生对学习自我评价显著高于其他来源的大学生，其中大城市来源的大学生的自我学习认知评价最低。相反，大城市来源

的大学生的自我健康认知评价最高,而城镇和农村来源的大学生则最低。具体见图3:

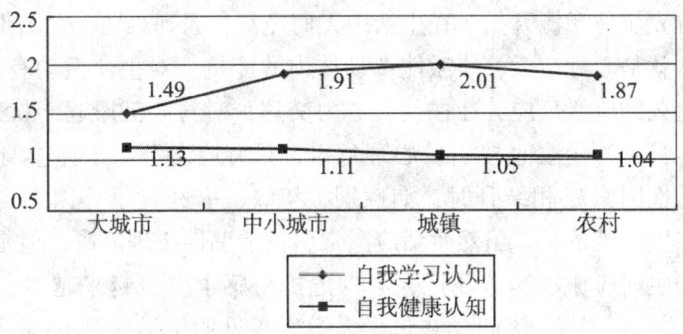

图3 家庭来源不同的大学生自我认知的差异

心理学家们认为家庭结构对孩子心理健康的影响力是巨大的。很多研究者都发现单亲家庭成长的孩子存在这样那样的心理困扰和问题。本次研究结果显示,在自我认知水平上,单亲家庭的大学生自我健康的认知程度(M=1.38)显著高于双亲家庭的大学生(M=1.04)。其背景因素中一个重要的变量就是父母婚姻。研究发现一个有趣的现象:父母关系融洽的大学生在自我学习认知评价和自我健康认知评价上都显著低于其他类型的学生,而父母关系不融洽的大学生则在两者的自我评价上都最高。具体结果如图4:

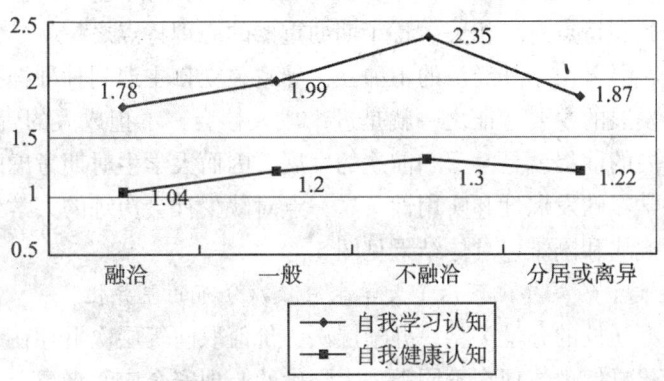

图4 父母婚姻因素下大学生自我认知的差异

(二) 大学生心理安全预警首要指标——应激源

生物学上的条件反射"刺激—反应"是最基本反应模型,因而心理安全预警分析首先从应激源开始。在生活中人们经常会遇到难题,在困难面前会感到压力,这就是心理应激,应激能调动体内的能量,对生命活动有积极意义。但强烈而持久的应激反应,往往使人心力交瘁,对身心健康起干扰破坏作用。但应激源本身不一定会直接引发心理危机,只有应激源与个体本身因素(即个体的易感性因素)相结合时,如性别、年级、家庭背景等因素,大学生才会有可能产生心理危机。虽然生活应激常引发情感性心理障碍,但是由于近年来大学生的生活应激源越来越广,心理危机易感学生也越来越多。研究采用《大学生压力源问卷》,该问卷共包含大学生常见的生活应激68条目7因子,7因子分别为自主与独立压力、社交与人际关系压力、学习压力、前程压力、重大与突发性压力、异性关系压力和家庭与经济压力。

1. 大学生应激源分布与其年龄发展有着共同的特征,重在独立、学习和前程

应激源即能引发应对反应的刺激或环境需求,也就是能引发心理危机的刺激或者环境需求。研究结果显示,大学生总体应激源水平处于轻度与中度之间($M=1.11$,其中1轻度,2中度)。这个总体应激源水平在随后表格中都会呈现,以"总体均值"标出,作为不同因素比较的基线水平。大学生在不同应激源的分值不同,总体来看,大学生感到自主与独立压力($M=1.22$)、学习压力($M=1.33$)、前程压力($M=1.39$)较重,这一点与大学生本身所处的年龄阶段任务和特点息息相关。青年期的重要的心理特点之一就是其独立自主性日益增强,但又由于其经济的不独立,导致独立自主遇到种种挫折。另外青年期大学生发展的主要特征之一就是进入成人社会,承担成人的责任和义务。这个任务发展的前提就是学习和前途的发展,因而大学生时期考虑的不是学习本身,而是学习的发展性和实用性,这一点对缺少社会历练的大学生来说,也是相当大的挑战和困难。具体结果见图5。

2. 高校类型的差异化预示了大学生应激源分布的差异化

不同类型高校的办学类型、办学层次、价值取向等层次上存在差异,高校类型的差异化自然也体现在不同类型大学生的心理安全应激来源上。研究结果显示,不同类型的学校在大学生应激源总值上有着显著差异,高职高专学生应激源总值最高($M=1.24$),民办本科院校大学生应激源总值最低($M=0.93$)。

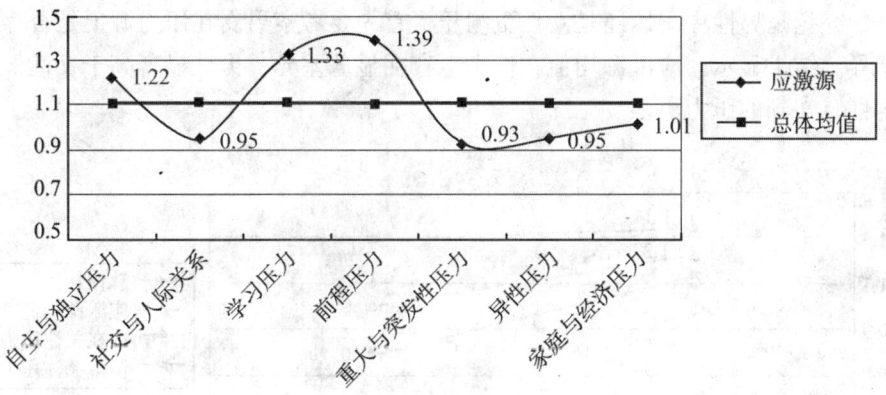

图 5 大学生应激源分布

不同类型高校大学生应激来源分布也存在差异化。社交与人际关系压力、重大与突发性压力、异性关系压力和家庭经济压力在学校类型上都存在显著差异。高职高专学生在这四种应激源得分均显著高于其他类型学校，民办本科院校则显著低于其他类型院校。这四种压力均涉及大学生对情境关注的应激源。相反，不同高校类型在大学生主要的应激源（学习压力、前程压力和独立自主压力）上没有显著差异，各个类型学校的大学生在这三个维度的应激值都比较高，其中省属本科和部属院校大学生的应激值高于其他类型的学校。这三种压力则涉及大学生对自身内在关注压力源。由此可见，应激源指标因素的建构需要衡量学校类型因素，部属院校和省属院校学生能够感受到危机的应激源是关于个体自身关注压力，而高职高专学生能感受到危机的应激源则是关于情境关注压力。具体结果见图 6：

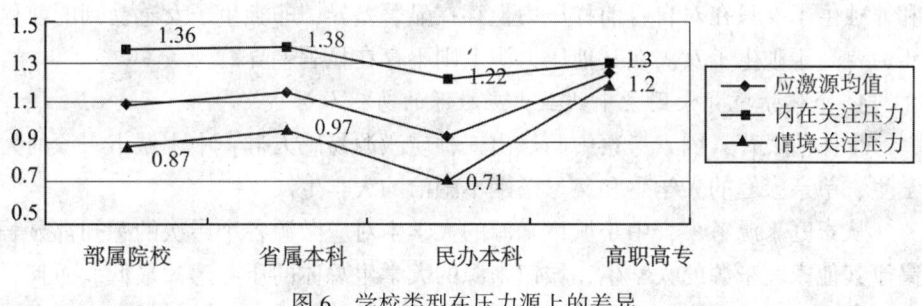

图 6 学校类型在压力源上的差异

3. 个体信息背景因素中性别和年级出现在差异化的行列

究竟是男性更耐压还是女性更耐压，首先要考察男女在压力源上是否存在差异。结果显示，应激源均值在性别上存在显著差异，男性显著高于女性，即男性感知到的压力更多。见图7：

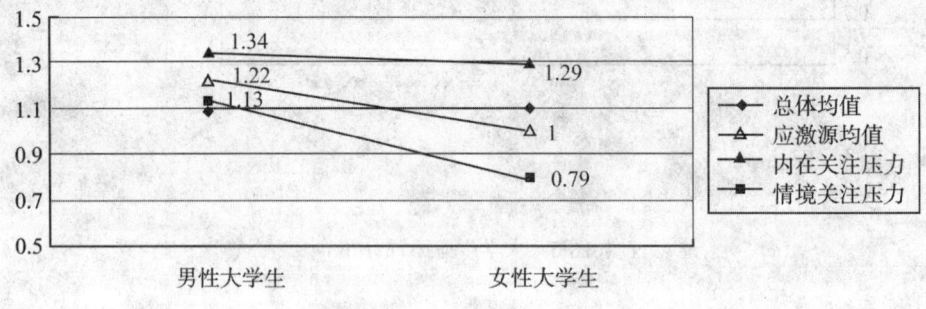

图7 应激源的性别差异

而且男女大学生在个体内在关注应激源上没有差异，均表现出能明显感知到对学习压力、自主与独立压力和前程压力，可见高校大学生，无论男性大学生还是女性大学生，都能够清晰地认识到自己年龄阶段的主要特征和任务。但大学生在情境关注应激源上则差异显著，女性对社交与人际关系、异性关系、家庭与经济压力、重大与突发性压力的感知明显地低于男性。这一点也与传统对男女性别角色的期待相符合。因而，男性大学生无论从个体内在关注上，还是对情境关注上，都能感受压力的存在。

年级也进入了差异化的行列。比较分析显示，大二是心理安全应激源感知最高时期，无论从个体内在关注，还是情境关注压力上，大二都显著高于其他年级。独生子女一直是很多研究者关注的主题。但本研究结果显示，独生子女和非独生子女只在对自身前程压力上存在显著差异，非独生子女感受到的前程压力要高于独生子女。在其他压力源上则不存在显著差异。

4. 个体情境背景因素中凸显出应激源的易感人群

个体情境背景因素考察中凸显出三种应激源易感人群：中小城市来源的大学生、单亲家庭的大学生和父母婚姻不融洽的大学生。

从家庭来源考察，中小城市来源的大学生对应激源各个层次的感知都显著高于其他家庭来源的大学生，城镇来源的大学生总体的压力感知最低。而且研究还发现：大城市来源的大学生在学习压力和前程压力的感知最低，而且对情境关注应激源的感知最低，即对社交与人际关系压力、异性关系压力和家庭与经济压力的感知最低。来自农村的大学生对自主与独立压力、学习压力和重大与突发性压力的感知最低。

从家庭因素考察，单亲家庭的大学生对各个层面压力源的感知都显著高于其他家庭结构的大学生。父母婚姻不融洽的大学生压力源感知也显著高于其他大学生。从家庭收入来看，除了家庭和经济压力的感知是随着家庭收入的递增，对压力的感知递减。对于其他压力类型，基本呈现波浪形波动。其中两个关键节点，即家庭月收入1000元和5000元。具体见图8：

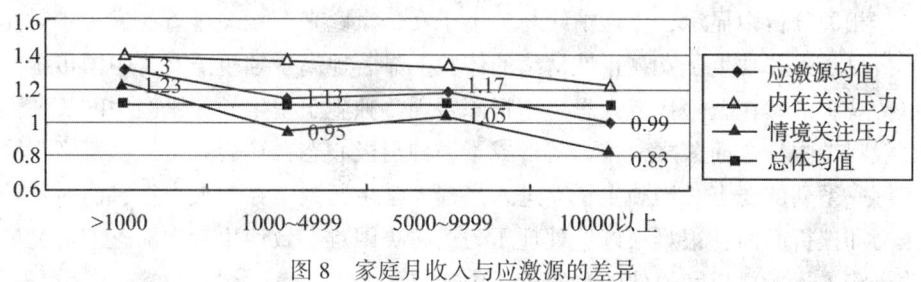

图8 家庭月收入与应激源的差异

5. 大学生自我认知水平能力自我验证应激源的水平

William B. Swann 提出：一旦人们有了关于他们自身的想法，他们就会努力证明这些自我观念。假如一个人认为自己的智商很高，根据 Swann 的理论，这个人会被激励去验证关于他自己的这一观点。为此，他会：（1）从事能表明他聪明的活动；（2）选择性地寻找、接受和保留能证明他睿智的信息；（3）试图使他人相信他拥有卓越的智能。相反，假如一个人认为自己最终会遭遇不幸的人际关系或找到伴侣后被抛弃，就会出现寻找验证的种种证据，甚至情绪化地责问对方是否这样想。这种自我验证预言在本研究结果中也得以证实。研究结果显示，大学生自评学习认知评价中，学习自我评价最低的学生在应激源的各个层次上都显著高于其他评价水平的大学生。同样，自我健康认知评价中，自我评价最低的大学生在应激源各个层次中也显著高于自评健康的学生。可见，大学生对压力的感知，应激源的高低与其自身的自评程度相映照。自我认知水平显著地预示了大学生应激源的高低。

（三）大学生心理安全预警中介指标——负性情绪

本研究采用 PANAS 正性负性情绪量表，表中共有20个形容词，分为正性情绪和负性情绪两个维度。正性情绪分高表示个体精力旺盛，能全神贯注和快乐的情绪状况,而分数低表明淡漠。负性情绪分高表示个体主观感觉困惑,痛苦的情绪状态,而分数低表示镇定。量表值的比较需要建立一个比较水平值,由于缺少常模,取其量表计量的中值为比较水平。1~5的中值为3。研究结果发现,大学生正性情绪均值为2.63,显著低于中值水平,表明大学生对快乐、幸福等积极情绪的感受并不强烈,呈现淡漠情绪。负性情绪均值为2.27,也显著低于中值水平,说明大学生能够较为镇定地分析自身周围的刺激环境和事件。

1. 正性情绪在独生子女、家庭来源因素呈现差异

相关分析中显示,正性情绪与独生子女、家庭来源相关显著。进一步对比分析显示,非独生子女在正性情绪的体验上显著地高于独生子女。中国传统的单传观念依然在上一代老人思想中根深蒂固,独生子女生长在家庭中的长辈们百般呵护中,久而久之,孩子就形成了一种消极心态,还会有娇气、懒惰、脆弱等一系列的弱点。当独生子女进入高校大学生行列,在与人交往,面对各种压力和挫折面前,很难很好地处理压力,解决困难,致使生活中缺乏上进的激情,陷入无所事事和漠然的情绪状态中。

在家庭来源上,城镇来源的大学生正性情绪的得分显著高于其他家庭来源的大学生,其中大城市来源的大学生正性情绪得分最低。具体见图9:

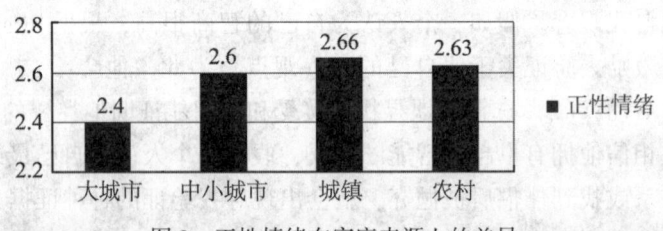

图9 正性情绪在家庭来源上的差异

2. 负性情绪的差异显著

负性情绪在性别上具有显著差异,男性负性情绪体验(M=2.33)显著高于女性(M=2.21)。大学生自我学习成绩认知低的学生在负性情绪体验(M=2.46)上显著高于自我学习成绩高的学生(M=2.18)。且随着认知水平的提高,负性情绪体验呈现下降趋势,认知水平中等学生(M=2.28)负性情绪体验一般。不同家庭结构的大学生负性情绪体验也具有差异,双亲家庭的大学生负性情绪体验(M=2.24)显著低于单亲家庭(M=2.46)或其他家庭的大学生(M=2.61)。父母婚姻不融洽的大学生负性情绪体验(M=2.51)显著高

于其他大学生（融洽 M = 2.23；一般 M = 2.41；分居或离异 M = 2.39）。自评健康的大学生负性情绪体验（M = 2.23）显著低于自评有疾病的大学生(2.73)。

（四）大学生心理安全预警调节指标——社会支持

研究采用《社会支持评定量表》测量大学生的社会支持度，同时进行分维度测量，包括客观支持、主观支持和对支持的利用度。

从相关分析中发现，大学生个人信息背景和情境背景因素都与社会支持的不同维度有着显著相关，因而需进一步进行差异分析。

1. 社会支持度大学生信息背景的差异

社会支持度在大学生个人信息背景上存在学校类型和独生子女变量的差异。不同学校类型的大学生对社会支持的利用度具有显著差异。民办本科院校大学生对社会支持的利用度（M = 8.04）最高，显著高于其他院校大学生，其中部属院校（M = 7.27）和省属本科院校（M = 7.26）大学生的社会支持利用度最低，高职高专大学生处于中等水平（M = 7.98）。独生子女变量在社会支持度的各个层次都呈现出差异，总体而言，非独生子女大学生虽然在社会支持度总得分（M = 41.90）显著高于独生子女（M = 40.42），但在分维度上却显示出：非独生子女大学生在客观支持度（M = 13.25）和主观支持度（M = 12.51）上都显著高于独生子女，但在对社会支持的利用度上，独生子女对社会支持的利用度（M = 7.78）显著地高于非独生子女（M = 7.49）。

社会支持在大学生情境信息因素上主要表现出社会支持度总值、主观支持度和客观支持度上存在显著差异，而在大学生对社会支持利用度上不存在差异。具体表现为：农村和城镇来源大学生的社会支持显著高于大城市和中小城市；双亲家庭大学生在各个社会支持维度上都显著高于单亲家庭；父母融洽的大学生在社会支持各维度显著高于其他大学生。

2. 自我认知在社会支持上的差异

大学生自我健康认知与社会支持各个维度存在显著差异，具体表现为自我认知为健康的大学生在社会支持的各个维度都显著高于自我认知不健康的大学生。但是大学生对自我学习认知的评价在社会支持度的检验中，只表现出自我学习认知与大学生对社会支持利用度有关。自我学习评价为上等的大学生对社会支持的利用度最高（M = 7.97），显著地高于自我认知为学习不好的学生（M = 7.09）。自评学习中等的大学生（M = 7.61）对社会支持利用度一般。具体见图10：

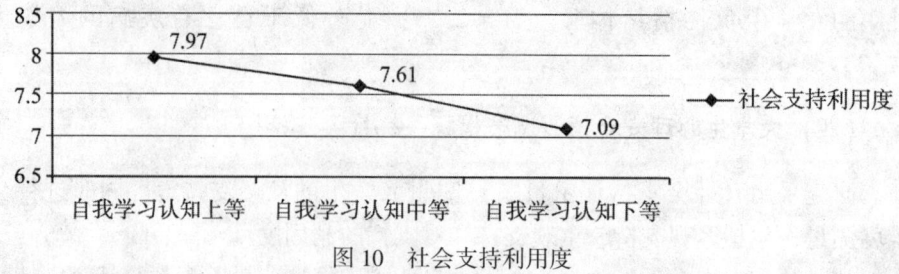

图 10　社会支持利用度

（五）大学生心理安全预警反应指标——心理反应感知

大学生心理安全预警反应指标选取大学新生常用测量工具 UPI，UPI 是 1966 年参加全日本大学保健管理协会的全国大学心理咨询员和精神科医生根据丰富的临床经验和咨询实践，集体讨论编制而成的，在日本的一些大学有较长的使用历史。它主要以大学生为调查对象，入学时作为心理卫生状况实态调查使用，是一种心理健康筛选量表。通过 UPI，可以了解大学生中所存在的神经症、心身疾病、精神分裂症以及种种烦恼、迷惘和冲突。

1. UPI 自杀侦查题项分析

UPI 测量中第 16 题"常常失眠"和第 25 题"想轻生"被公认为是重要项目。它可能反映神经症状及自杀倾向。在调查的 840 个有效样本中，选择这两个项目的有 839 个。其中第 16 题"常常失眠"选择"是"的人数有 209 人，占 24.9%，而第 25 题"想轻生"选择"是"的有 103 人，占 12.3%。这个比例显示了大学生心理安全预警的重要性和紧迫性。根据学校类型，研究进行列联分析和比较分析，发现学校类型在第 16 题"常常失眠"的差异并不显著，省属本科和高职高专大学生选择是的比例（均是 28.7%）略高于其他两种类型的学校（部属院校 19.1%；民办本科院校 23.4%）。但是学校类型在第 25 题"想轻生"的选择中差异显著，其中高职高专学生选择"是"的比例占了总体一半以上（51.5%），民办本科院校大学生选择"是"占了 9.7%。具体数据见图 11。

2. UPI 总体分析

UPI 测量问卷的总分最高为 56 分，最低为 0 分。根据筛选分类原则，UPI 分值可以划分为三组。UPI 总分在 25 分（包括 25 分）以上者为第一组，需要继续进行心理咨询或心理治疗；UPI 总分在 20 分至 25 分（包括 20 分，不包

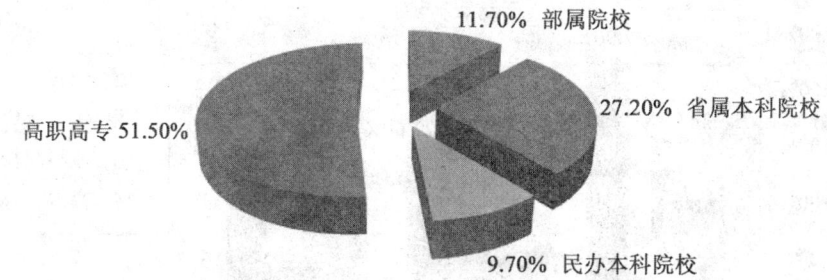

图11 高校类型大学生在第25题"想轻生"选择"是"的比例

括25分)之间者为第二组,过一段时间再联系咨询或治疗;其他为第三组,没有特别问题。结果显示:调查样本中需要心理咨询的大学生大约三分之一。具体见图12:

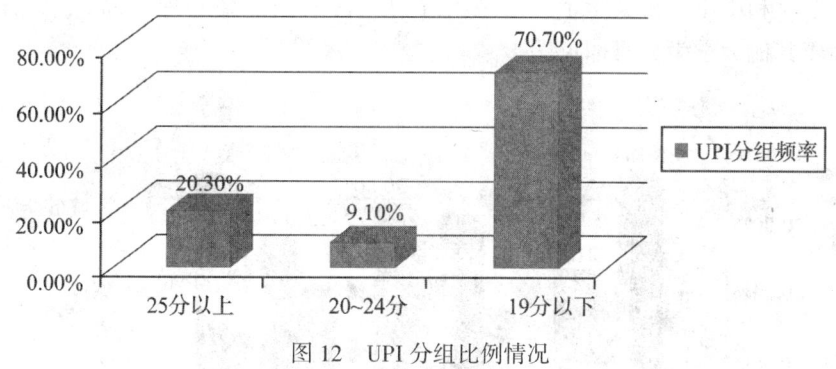

图12 UPI分组比例情况

UPI的得分在学校类型上呈现显著差异,高职高专学生在UPI第一组的比例显著地高于其他类型学校的大学生。具体结果见图13。

3. UPI与大学生信息背景的关系

很多学者研究UPI在大学生性别、年级等个人和情境因素的差异时,首先从相关关系上来研究,发现UPI和有些因素呈现显著相关,但是相关系数较小。由此可见,在一些因素水平上,UPI的程度的确存在一定差异,但是由于相关系数分布在0.1左右,这些因素水平无法直接解释UPI的变化,可见这些因素可能会通过其他因素变量间接解释UPI的变化水平。

从性别上来看,UPI的人际关系症状在性别上存在显著差异,男性人际关系症状显著高于女性大学生。独生子女大学生在身体症状表现上显著高于非独

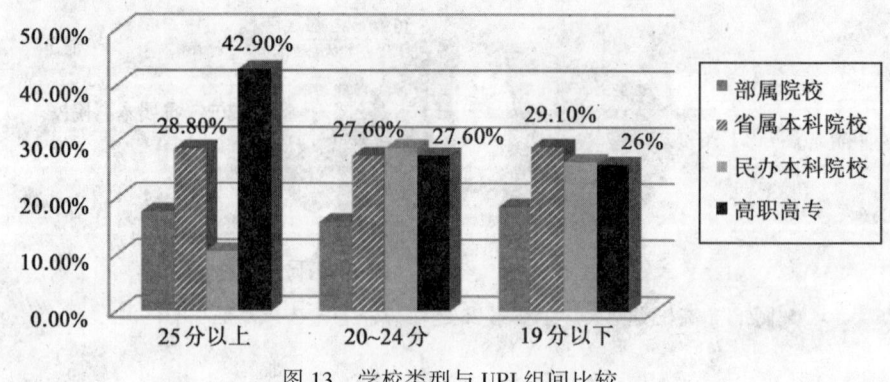

图 13 学校类型与 UPI 组间比较

生子女大学生。UPI 三组得分在大学生家庭来源背景上存在显著差异，分析发现：中小城市大学生在第一组需要继续心理咨询中的比例显著高于其他大学生，农村和中小城市大学生在第二组（过一段时间需要心理咨询）中比例显著高于其他大学生。具体见图 14：

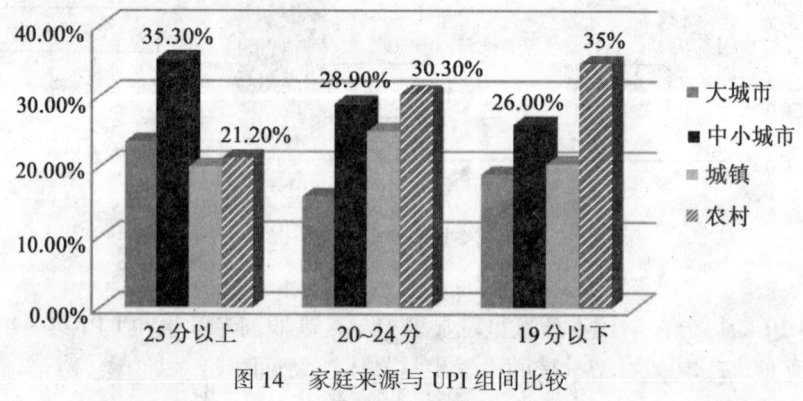

图 14 家庭来源与 UPI 组间比较

从家庭结构上分析，单亲家庭的大学生在人际关系症状和身体症状上都显著高于双亲家庭的大学生。在父母婚姻关系上，父母关系不融洽的大学生在 UPI 各个项目上都显著地高于父母关系融洽的大学生。

自我学习认知水平上在 UPI 的项目也表现出显著的差异（除了人际关系症状和神经症鉴别不显著外），自评学习为下等的大学生在 UPI 各项目的得分显著地高于其他自我评价的学生。自评不健康的大学生在 UPI 各项目的得分显著地高于其他大学生，而且在 UPI 总值的均值为 20.17，在整体上处于 UPI 第二类水平上（过一段时间需要心理咨询）。

三、大学生心理安全预警指标建构模型

根据以往研究者对心理危机预警体系的建构，本研究提出大学生心理安全预警指标建构的理论假设：大学生自我认知代表着大学生对周围刺激的认知方式和对自我的定位水平，自我认知能够预示大学生对应激源的感知，即自我认知能够预测大学生对各种生活事件压力的感知。应激源作为压力源，是大学生情绪产生和发生的根源，压力引发的不仅是负性情绪，适当的压力也能够产生积极的正性情绪，当压力积累到一定的程度时，大学生的心理健康就会出现危机和问题倾向。此时如果大学生的社会支持系统缺失，就会导致危机和问题的实际发生。因而，本研究的理论简易模型假设如图 15 所示：

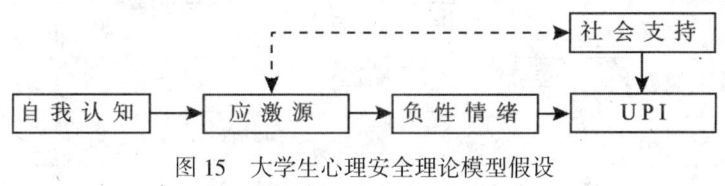

图 15　大学生心理安全理论模型假设

（一）大学生个人信息因素和情境因素作用于心理安全的认知层：自我认知和应激源

自我认知（Self-cognition）是对自己的洞察和理解，包括自我观察和自我评价。个体对自我的觉察，或者说意识的形成来源于个体对外界环境刺激经由记忆和思想的反应。自我认识是个人在思想之上的对于环境的反应。当一个人的记忆和思想达到一定程度后，比如出现了完全来自大脑的思维和想象力，个体的自我意识会更加强烈。个体的认知评价由于人的个人特征、以往生活情境特征的不同，对同一应激源的认知评价不同，对应激源压力的体验也会不同。研究首先通过相关分析，发现大学生个人信息因素和情境因素仅与心理安全的认知层：自我认知和应激源存在显著相关。这些因素与社会支持、情绪和 UPI 的相关系数偏小。因而，研究进一步针对自我认知和应激源为因变量，对大学

生个人信息因素和情境因素的影响力进行回归分析。

首先分析自我认知的影响因子，研究发现对自我学习认知的影响因子主要集中在父母婚姻、性别和民族因子中，但从回归系数中可见，这三种影响力呈现一般水平。在自我认知的变化中，可能会存在一些研究中没有涉及的变量，能够对自我认知的解释力更大，比如以往研究中提及的个体的个性、认知方式等内在的心理因素。针对自我健康认知因素，进入方程产生解释力的因素有家庭结构、家庭来源和母亲学历。其中家庭结构的解释力最大，即家庭结构越不完整，大学生自我健康认知越低。具体见表1：

表1 大学生个人信息和情境因素对自我认知的影响（回归分析）

因变量	自变量	B	SE	Beta	t	sig
自我学习认知	父母婚姻	.117***	.030	.133	3.895	.000
	性别	.129***	.039	.111	3.286	.001
	民族	.198**	.066	.102	2.999	.003
自我健康认知	家庭结构	.262***	.019	.420	13.848	.000
	家庭来源	-.050***	.008	-.207	-6.317	.000
	母亲学历	-.056***	.009	-.205	-6.230	.000

注：* 表示 $p<0.05$，** 表示 $p<0.01$，*** 表示 $p<0.001$。

应激源指能引起全身性适应综合征或局限性适应综合征的各种因素的总称。应激源有两种含义：首先是一种刺激，即个体内在和外在的客观存在的刺激；其次是一种体验和感受。只有个体感受到非特异性的适应反应，这些刺激才能成为应激源。不能让个体产生压力感受的刺激不能成为应激源。应激源根据来源不同，将其分为三类：外部物理环境应激源、个体内环境应激源和心理社会环境应激源。可见，应激源本身与个体个人信息和情境信息因素息息相关，因而在回归分析中，更多的是抽取最重要的解释力的影响因素。研究结果显示：家庭结构、性别和民族进入影响方程，其中家庭结构对应激源的影响最大，即家庭结构越不完整，大学生感受到的应激源就越大。性别的影响力呈现负性影响，即男性应激源的感受要明显高于女性。具体结果见表2：

表2 大学生个人信息和情境因素对应激源的影响（回归分析）

因变量	自变量	B	SE	Beta	t	sig
应激源	家庭结构	.310***	.056	.187	5.496	.000
	性别	-.201***	.047	-.140	-4.225	.000
	民族	.297***	.081	.124	3.654	.000

注：* 表示 $p<0.05$，** 表示 $p<0.01$，*** 表示 $p<0.001$。

（二）自我认知水平显著地预示了大学生应激源的高低

根据应激源的涵义，大学生对应激源的判断首先来自自我对刺激的认知，即只有当大学生认知到刺激为压力时，刺激才成为应激源。因而研究假设：自我认知水平会影响着应激源的高低。根据这个假设，在应激源的回归方程中加入了自我认知的两个变量，发现回归方程发生了很大的变化，个体信息因素和情境因素的解释力下降幅度很大，自我健康认知对应激源的解释占了绝对的优势。具体见表3：

表3 大学生个人信息、情境因素和自我认知对应激源的影响（回归分析）

因变量	自变量	B	SE	Beta	t	sig
应激源	自我健康认知	.507***	.097	.191	5.229	.000
	性别	-.186***	.047	-.130	-3.969	.000
	家庭结构	.184**	.060	.111	3.041	.002
	民族	.238***	.081	.100	2.948	.003

注：* 表示 $p<0.05$，** 表示 $p<0.01$，*** 表示 $p<0.001$。

从表中可见，自我健康认知对应激源的解释力显著地高于其他三个个体情境变量。因而可以假设，个体信息变量和情境变量对应激源的影响是间接的，通过个体自我认知水平对应激源产生影响。继续调整方程，结果发现，进入回归方程，能够预测应激源的因素只有自我健康认知，其回归系数B为0.715***（*** 表示 $p<0.001$）。研究结果验证了假设，自我认知水平能够预示大学生应激源的高低。

(三) 应激源主要引发负性情绪，与正性情绪相关不大

应激源和正性负性情绪相关系数显示，负性情绪与应激源的相关显著，且相关系数在0.4~0.6，相关度比较高。但是应激源与正性情绪的相关并不显著。这说明正性负性情绪并不是一条直线的两端，而是两个不同类型的元素，分别由不同的因素引发。

根据相关系数的变化，研究进行了应激源对负性情绪的影响因素回归分析。结果显示，进入解释负性情绪回归方程的主要有四个因素：自主与独立压力、学习压力、社交与人际压力和家庭与经济压力。具体见表4：

表4　　　　　　　　应激源对负性情绪的影响（回归分析）

因变量	自变量	B	SE	Beta	t	sig
负性情绪	自主与独立压力	.375***	.049	.404	7.660	.000
	学习压力	.121**	.040	.133	3.004	.003
	社交与人际关系压力	.146***	.040	.180	3.697	.000
	家庭与经济压力	-.103*	.042	-.129	-2.458	.014

注：* 表示 $p<0.05$，** 表示 $p<0.01$，*** 表示 $p<0.001$。

从以上数据可见，自主与独立压力对负性情绪的影响较大，其次是社交与人际关系压力，然后是学习压力，Beta为正值，说明这三种压力越大，负性情绪体验越强烈，能感受到郁闷、不开心等负性情绪。家庭与经济压力对负性情绪的解释Beta为-0.103，说明家庭与经济压力越大，大学生越能理智镇静地分析环境的刺激。

(四) 模型建构

大学生心理安全预警指标因素中的最终变量是大学生心理健康水平。研究采用UPI进行测量。在模型建构中，UPI作为因变量与其他各个变量首先进行相关分析，结果显示：大学生个体信息因素和情境因素与UPI的相关中大部分变量的相关系数都不显著，个别变量虽然达到显著水平，但是相关系数较小，无法进行解释。可见，个体信息因素和情境因素是通过其他因素间接影响着UPI的变化。通过多次回归分析进行模型调整，最终发现：个人情境因素中家庭结构是非常重要的影响因素，直接影响到大学生对自我健康的认知。自

我健康认知对大学生应激源感知的解释力非常强,达到 0.715,说明对压力的感知过程中,大学生的自我验证预言直接影响着个体对周围刺激的解释,当压力感知比较高时,大学生能够体验到强烈的负性情绪,由此影响着大学生的心理安全,同时社会支持在其中起到了调节作用,当大学生感受到社会支持较多,并能够充分利用社会支持时,UPI 也会发生变化。因此,对 UPI 的预测指标有三个主要的因素:由应激源而产生的负性情绪、社会支持程度以及应激源本身。具体见图 16:

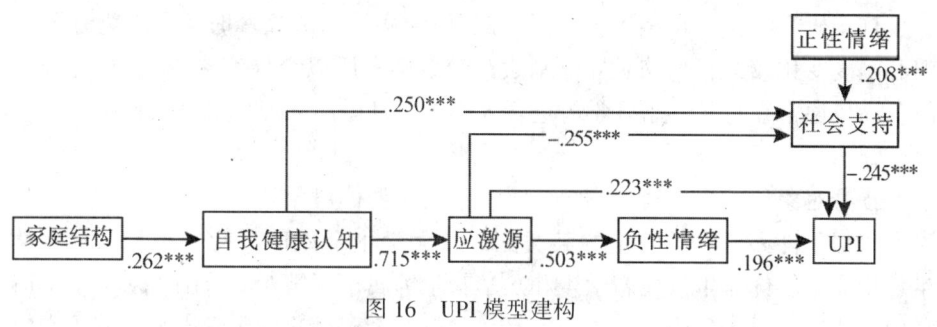

图 16　UPI 模型建构

四、操作与建议

心理安全预警的目的是及早发现潜在的或现实的危机因素,采取有效措施以减少危机的发生,做到防患于未然。预测危机是将危机的形成扼杀于萌芽中,防止危机的爆发,是一种超前的管理,同时安全预警指标信息的建构需要建立在大多数学校正常的行政运行机制基础上。预警信息系统的建构包括预警时期、预警对象及范围、建立心理健康档案及预警指标、收集预警信息、评估预警信息,处理危机等几个部分。

(一)预警时机与对象

1. 预警时机

大学生心理安全需要预警,预警是由时间规律可循的。一般在毕业生离校前、重大考试后、开学时、放假前、季节交替前后、与大学生相关的社会公共突发事件或灾难事件发生后。因而预警常集中在四个主要阶段:

(1)新生入学后的几个月时间,独立与自主压力和环境适应压力会带来适应问题。

（2）重大考试前后，大学生主要的学习压力主要集中在考试前后感受最为强烈，有些大学生可能会因压力或者期望与现实的巨大落差而产生心理危机。

（3）临近毕业的时期，对前途的焦虑往往会使大学生产生无助感和不确定感，容易因为小事情而引发积累的压力，产生心理危机。

（4）重大的社会事件或灾难发生的时期（如2002年非典疫情、2008年的汶川地震等）或各种校园危机事件（如自杀、安全事故等），会使大学生的心理处于恐惧的波动状态。

许多研究证实：每年的3—4月份是精神病发病的高峰时期，因为春天气温和湿度变化较大，大脑对外界刺激比较敏感，所以个体容易出现情绪波动。故各高校通常在每年春季开学时进行大学生心理健康状况的排查工作。

2. 预警对象

预警对象包括群体对象和个体对象。其中群体对象是指具有某种相同特征以及相似条件和情况的特定的某类人。从大学生个人信息背景来看，女大学生、毕业生、优秀生、失恋学生和入学新生等属于预警对象范围；从大学生情景信息背景来看，贫困生、单亲家庭、父母关系不融洽的大学生往往容易产生心理危机感。女大学生自身发展以及敏感细腻的心思容易出现嫉妒、逆反、悲观等不良心理；毕业生的择业压力及自我认知与社会认可的矛盾容易引发心理问题；优秀生的期望与现实的碰撞，失恋学生被情感束缚，走不出失恋的阴霾；入学新生的环境适应问题，使得这些群体往往出现消极情绪，容易引发心理危机；贫困生因家里经济困难、单亲家庭因家庭不完整容易产生自卑心理。

个体对象是指受某些刺激，具有某种人格特征，较差的家庭和社会环境，人际关系紧张，行为表现偏常的不特定的个人。这些个体的人格特征多以内向、抑郁、自省为主，他们的思维方式特别，情绪不稳定，行为上容易冲动，遇到压力情境习惯采用自责，逃避等消极的应对方式，学校应对这部分学生给予高度的重视。这些个体可能在心理健康测评中筛查出来的有心理障碍、心理疾病的学生，如患有抑郁症、恐怖症、强迫症、癔症焦虑症、精神分裂症、情感性精神病等疾病的学生；遭遇突然打击或受到意外刺激后出现心理或行为异常的学生；由于家庭发生重大变故而出现心理或行为异常的学生；身体发现严重疾病后出现心理或行为异常的学生；遭遇性危机（性伤害、性暴力、性侵犯意外怀孕等）后出现心理或行为异常的学生；受辱、受惊吓后出现心理或行为异常的学生；与他人发生严重人际冲突后出现心理或行为异常的学生；学习压力大，出现心理或行为异常的学生，如第一次出现不及格科目的优秀生、需要重修多门功课的学生、试读的学生、将被退学的学生等。

（二）建立心理健康档案及预警指标

湖北省的各高校会在每年新生入学后，对其进行一次全面的心理健康状况普查，并为每个学生建立独立的心理档案。学校通常采用相关量表对新生进行心理健康状况的普测，国外较为权威的量表有：《艾森克人格问卷》、《症状自评量表》、《Beck 抑郁量表》等，国内比较权威的量表是"大学生心理健康教育系列量表"。心理健康教育工作者对普测数据进行分析，并将测评结果录入大学生心理健康档案。心理档案的内容应当包括：（1）个体背景。学生本人、家庭的基本情况以及对学生心理产生过重大影响的事件等。（2）学生在校表现。包括学生的学习，生活和身体情况。（3）心理素质及教育和辅导方法、过程。包括人格特征分析及教育建议，心理分析的学习及教育对策等。（4）心理健康成长状况。包括学生的心理健康动态发展轨迹，特别要关注人格和心理健康方面的发展情况。这样便于及早发现危机，及早进行预防和干预。

心理危机预警需要通过一系列的预警指标展开，本研究中通过分析提出了个体易感因素指标、应激源指标、情绪指标和社会支持度指标。个体易感因素指标通过个体背景的资料进入心理档案，个体易感因素包括个体信息背景指标和个体情境信息背景两个下层指标，应激源指标包括了七个压力源指标，情绪指标指向了正性情绪和负性情绪指标，社会支持度指标包括主观支持度、客观支持度和对支持利用度。根据大学生心理危机预警指标及时收集和发现大学生心理危机信息，对这些信息进行快速分析处理，然后根据科学的判断标准对预警信息进行评估，对爆发危机的可能性作出准确的预测和判断。简言之，就是预警信息收集和预警信息分析两部分工作。

（三）收集和评估预警信息

及早发现潜在或现实的心理危机因素并及时给予预防和疏导是心理危机预警的首要任务。收集预警信息主要通过3个途径：一是通过对学生进行全面的心理健康测查，建立心理健康档案，对普查信息进行专业分析，筛选出可能存在比较严重心理问题的学生作为高危人群。二是通过学生心理健康汇报制度，把正遭受突发事件（如重大心灵创伤，突如其来的横祸等）的学生纳入预警范围。各个院系建立每周心理汇报制度，各班心理委员随时掌握本班学生的心理状态，把可能处于危机状态的学生及时上报给辅导员，纳入预警范围。三是通过开设心理咨询热线，开通网络咨询，设立心理咨询室等途径及时获取学生的心理危机信息。

对获得的预警信息进行评估是整个预警机制的关键，评估的正确性决定了危机预告的正确性。预警信息的评估应采用定性与定量相结合的方法。定性评估包括：（1）对危机个体的精神状态进行评估，是否达到平稳状态；（2）对危机发生的时间进行评估，是一次性的还是频繁发生；（3）通过危机个体的认知、情感以及行为所处的水平，结合其以往的应付危机的历史和解决问题的能力，评估危机的严重程度；（4）对可能引发危机的校园文化、管理、周边社会等环境因素进行评估，确保环境中有不利因素出现时，能采取有效措施趋利避害；（5）对信息的真实性进行评估，任何虚假信息不仅导致评估错误措施干预的最佳时机甚至可能造成终身的破坏性影响。建立预警模型可以量化预警评估。但同时预警信息的评估也是一个动态的过程，并且在预警指标基础上收集的信息量大而且杂乱无序，这都决定了预警信息评估需要专家拥有相关学科知识和大量感性经验资料，通过其直观的判断、归纳，从中筛选出事物发展出现的可能变化。

心理安全预警评估的保障。湖北省各高校在心理危机预警中都设置了各级组织保障。（1）领导保障：学校必须有一名专职校长负责这方面的工作，并制定专门政策来保障工作的顺利进行；（2）资金保障：学校必须有用于大学生心理危机预警工作的专门资金，并做到资金专用，落实到位；（3）人员保障。大学生心理危机预警工作人员既要有量的保证，又要有质的保证。也就是说，学校必须有一定数量的人员来做这方面的工作，这些工作人员必须具备心理健康教育专业素质，尤其校心理健康指导中心人员要专职专用。

（四）危机处理

以预警评估的结果为依据，根据学生所处的心理危机程度的不同采取不同的干预措施。对于心理危机程度很低的学生，需要对其进行常规的"心理保健"，即开展心理健康教育，进行心理咨询，舒缓个体学习和生活压力，保持一份积极向上的心态；对于危机程度达到警戒水平的学生，需要对其进行"朋辈辅导"并且给予其更多的"社会支持"。如班级心理委员要采用合适的方式安慰、开导危机个体，帮助其排解心中郁闷，辅导员可以在生活和学习上多多关心这些学生，家长也要及时关怀并且抽空陪伴学生等；对于危险程度较高的学生，需要进行"实时监护"和"及时阻止"，即班级心理委员或是同寝室同学应对危机个体进行安全监护，密切关注危机个体的心理与行为状况，及时向辅导员反映其状况。学校应及时阻断引发学生心理危机的事件或情景，消除这些不良刺激对学生的影响；对于危险程度很高的学生，除了进行"实时监护"和"及时阻止"以外，还要进行"心理治疗"，对于严重危机个体并其可能对自身及他人生命财产造成威胁时要通知家长到校监护，即"亲人陪伴"；危机程度十分严重的同学，学校危机干预人员要进行"紧急救助"，医疗部门工作人员应第一时间赶赴现场，危机干预机构相关负责人要及时进行心理援助，平复危机个体的情绪，对于已经出现自杀或伤人等过激行为的，学校医疗部门负责人要对当事人实施救护，严重时要护送其进行转院治疗。待危机个体经过完整治疗重新回到学校时，学校要妥善安排其学习和生活，干预人员也要定期进行寻访咨询和危险评估。

报告撰稿人： 赵　菊　湖北省大学生思想政治教育评价中心研究人员，湖北经济学院思想政治理论课部教师，心理学博士

高校培育和践行社会主义核心价值观的路径研究
——以湖北六所高校调研为例

代保平

一、引言

（一）调研背景

2006年10月，党的十六届六中全会指出："建设社会主义核心价值体系，形成全民族奋发向上的精神力量和团结和睦的精神纽带。马克思主义指导思想，中国特色社会主义共同理想，以爱国主义为核心的民族精神和以改革创新为核心的时代精神，社会主义荣辱观，构成社会主义核心价值体系的基本内容。坚持把社会主义核心价值体系融入国民教育和精神文明建设全过程、贯穿现代化建设各方面。"随后，胡锦涛总书记在纪念长征胜利70周年大会上的讲话中明确提出了"要在全体人民中牢固树立社会主义核心价值体系"。党的十七届六中全会提出"社会主义核心价值体系是兴国之魂，是社会主义先进文化的精髓……要坚持马克思主义指导地位，坚定中国特色社会主义共同理想，弘扬以爱国主义为核心的民族精神和以改革创新为核心的时代精神，树立和践行社会主义荣辱观"。

党的十八大报告再次对社会主义核心价值体系建设作出了重要论述，不仅提出要"加强社会主义核心价值体系建设"，"要深入开展社会主义核心价值体系学习教育"，要"积极培育和践行社会主义核心价值观"的新要求，而且用"富强、民主、文明、和谐；自由、平等、公正、法治；爱国、敬业、诚信、友善"24个字，从国家、社会、个人三个层面对社会主义核心价值观进行了概括。

为了贯彻落实党的十八大和十八届三中全会精神，积极培育和践行社会主义核心价值观，2013年12月，中共中央办公厅印发了《关于培育和践行社会主义核心价值观的意见》，提出要把培育和践行社会主义核心价值观融入国民教育全过程，要拓展青少年培育和践行社会主义核心价值观的有效途径。并发出通知，要求各部门结合实际认真贯彻执行。2014年4月，中共湖北省委高等学校工作委员会、湖北省教育厅落实中央和湖北省委精神，印发了《湖北高校培育和践行社会主义核心价值观实施意见》（以下简称《意见》），《意见》从总体要求、实施措施和组织保障三个方面对湖北省高校培育和践行社会主义核心价值观提出了具体要求。

基于这一背景，湖北经济学院大学生思想政治教育评价中心从2014年4月到8月组织人员认真调研湖北省部分高校培育和践行社会主义核心价值观的现状、分析存在的问题及其原因，最终寻求解决问题的对策建议，调研报告试图形成对省教育厅《意见》五个具体实施方面的完善与充实，并为省内各高校开展培育和践行社会主义核心价值观的具体实施方案提供有益的帮助。

（二）调研情况介绍

本次调查问卷发放主要集中在湖北省武汉市内的相关高校，包括武汉大学、华中农业大学、武汉音乐学院、湖北经济学院、湖北经济学院法商学院和武汉铁路职业技术学院。课题组选择的六所高校很具有代表性，既涵盖了部属院校、省属本科、民办院校以及高职高专不同层次，同时又注重学科分类齐全、学术型和应用型高校的结合，尽可能使调查数据具有代表性。

此次调研问卷笔者采取了逻辑分析法中的小群体技术，在正式发放问卷之前，笔者做了50份问卷的试填，并将调查结果反馈给问卷设计者以及此研究领域的专家，共同讨论分析问卷、完善问卷，经过此过程的问卷可提高信度的有效性和可靠性。调查问卷经过精心设计，问题具有代表性，可分析性较强，具体内容见附录。问卷内容分为四个层次，一是被调查大学生的基本信息；二是大学生对社会主义核心价值观的认知现状；三是大学生对社会主义核心价值观的认同现状；四是大学生践行社会主义核心价值观的高校环境和践行现状。问卷目的在于了解当代大学生认知、认同和践行社会主义核心价值观现状，存在的问题及其原因，最终通过分析提出切实可行的对策途径。通过对以上六所高校发放无记名问卷并及时回收，我们有效地掌握了大学生群体中的社会主义核心价值观培育与践行情况。发放的问卷有1200份，最后顺利回收有效问卷1105份；有效率分别达到了92.08%，被调查学生基本信息见表1至表3。

表1　　　　　　　　　　　被调查学生级别结构表

	大一	大二	大三	大四	研究生	人数
武汉大学	30	49	47	25	27	178
华中农业大学	33	42	67	20	21	183
武汉音乐学院	36	51	48	36	15	186
湖北经济学院	35	66	55	29	10	195
湖北经济学院法商学院	40	49	61	34	0	184
武汉铁路职业技术学院	65	90	24	0	0	179
合计	239	347	302	144	73	1105

表2　　　　　　　　　　　被调查学生专业类别结构表

类别	文科生	理科生	艺术类
人数	456	389	260
占比	41.3%	35.2%	23.5%

表3　　　　　　　　　　　被调查学生政治面貌表

政治面貌	党员（含预备）	共青团员	群众
人数	185	907	13
占比	16.7%	82.1%	1.2%

（三）调研课题的重要性

培育和践行社会主义核心价值观是我们党立足于推进中国特色社会主义伟大事业、实现中华民族伟大复兴、实现中国梦的全局作出的重大决策，是凝魂聚气和强基固本的基础工程与战略工程。两千多万在校大学生是祖国的未来和民族的希望，他们是中国特色社会主义建设的接班人。而高校生活是当代大学生世界观、价值观和人生观形成的关键时期，因此高校在培育和践行社会主义核心价值观中具有特殊的地位与作用，理应成为培育与践行社会主义核心价值观的重要阵地，而大学生也是培育和践行社会主义核心价值观的重要群体。

1. 高校是培育和践行社会主义核心价值观的重要阵地

第一，高校担负着对大学生社会主义核心价值观培育的重任。

高等教育的"第一任务"是培养中国特色社会主义事业合格建设者和可靠接班人。高校以育人为本，而育人的核心工作是价值观教育。当前，大学生价值观总体是好的，但是也必须看到伴随着社会主义市场经济成长的这一代大学生，经济和文化全球化的加剧，网络信息技术的高度普及，以及我国社会转型期凸显的一些矛盾，对他们的价值观也形成了诸多"负能量"的影响，导致部分90后大学生理想信念迷失，精神世界空虚，追求物质享受，奉行个人主义。青年学生是国家与民族的未来，赢得青年才能赢得未来，高校必须对大学生开展社会主义核心价值观教育，将先进的价值理念与行为准则传授给他们，唯有如此，才能促进大学生成长成才，促进大学生自觉将个人发展与国家发展联系起来，肩负起实现中华民族伟大复兴、实现中国梦的历史使命。

第二，高校在培育和践行社会主义核心价值观中起着引领与示范作用。

高校不但肩负着人才培养、科学研究、服务社会的功能，同时也是文化传承创新的重地，是先进文化的发源地、传播地和实施地，它对先进文化的引领是任何其他社会组织机构无法比拟和替代的。大学文化的高度与指向，在某种程度上，代表着一个社会的精神高度与趋势。正如近代中国新文化运动与当时的北京大学密不可分。同样，在建设中国特色社会主义先进文化的今天，高校依然负有义不容辞的历史重任，理应发挥更重要的作用。通过积极开展社会主义核心价值观教育，引导广大师生员工自觉践行社会主义核心价值观，从而引领大学的文化建设，引领校风学风建设，保持大学文化的高尚性和纯洁性，使大学成为青年学子的"象牙塔"，成为社会的"精神家园"，成为社会文化建设的风向标，对整个社会产生引领、辐射与示范作用。

第三，高校也是推动社会主义核心价值观大众化、社会化的重要力量。

高校通过对大学生深入开展社会主义核心价值观教育，引导大学生自觉践行社会主义核心价值观，对社会其他青年会产生良好的示范、带动效应，推动社会主义核心价值观在社会整个青年群体中占主导、支配地位。此外，高校可以发挥科研和服务的优势，开展各种社会活动、实践活动，为社会主义核心价值观的解释、传播、践行提供观念引导、舆论支持，理清西方社会思潮的负面影响，对人民群众错误的价值观念进行澄清，推动社会主义核心价值观走向人民群众，大众化、社会化，成为全社会成员的共同价值追求。

2. 当代大学生是培育和践行社会主义核心价值观的重要群体

第一，大学生是建设中国特色社会主义的主要力量，需要正确的价值观进行武装。

为社会主义现代化建设培养合格人才，是思想政治教育的一个基本任务。

人的实践活动总是要受到一定的思想、价值观的支配，在大学生身上更是如此。正确的思想理论和价值观能够帮助大学生以正确的方式认识世界和改造世界，实现自己的目的。而错误的世界观和方法论则以错误的方式支配着大学生的实践活动。因此，为了帮助大学生成长为中国特色社会主义合格的接班人，就需要帮助大学生树立正确的价值观和志向，通过学习和实践锻炼，成为社会主义现代化建设的有用之才。社会主义核心价值观是社会主义发展趋势的核心思想意识、价值观念的总和，是全体中国人民的共同价值追求。它为大学生成为社会主义合格接班人，提出了具体的价值观标准，即"富强、民主、文明、和谐，自由、平等、公正、法治，爱国、敬业、诚信、友善"。

大学生是社会主义事业的继承者和实践者，他们肩负着伟大的历史重任，将前辈人开创的事业继续推向前进，实现中华民族的伟大复兴。深入开展高校社会主义核心价值观的学习教育、引导大学生践行社会主义核心价值观，引导大学生为社会的进步勤奋劳动，引导大学生认识到——社会主义现代化建设的伟大实践能够为他们实现人生价值提供广阔的舞台；能够帮助大学生以社会主义核心价值观为精神力量，在建设社会主义的过程中，爱岗敬业、无私奉献、恪守诚信、团结友善，为实现中国梦作出贡献。因此，应引导大学生在努力学习科学文化知识的同时，坚持正确的政治方向，树立社会主义核心价值观和高尚的道德情操，确立为国家富强和人民幸福而学习、工作的目的。只有这样，才能够真正成为社会主义现代化建设所需要的人才，才能获得全面的发展。

第二，大学生群体整体心理发育还不成熟，需要正确的价值观进行引导。

大学是青年学生成长成才的重要时期。这一时期大学生群体普遍存在心理发展还不够成熟，认识问题和解决问题的能力不强，对事物的克制能力和分析能力还存在不足。当他们在面临环境变化、新鲜事物及新奇思想的时候，往往会感到难以抉择，无所适从，忧郁苦闷，甚至迷茫。然而，大学时期是人生观形成的关键时期，他们的人生观、价值观还没有完全固定下来，具有相当大的可塑性。大学生是未来社会的领导者和建设者，他们将在很大程度上决定着未来社会的走向和发展状况，他们价值观是否正确，不仅影响他们的学习和健康成才，而且对整个社会都至关重要。因此，教育者在应对大学生树立正确的世界观、人生观、价值观方面，应该具有合理的、正确的认识。在高校进行价值观教育的过程中，教育者应运用适当的方式、方法，将"爱国、敬业、诚信、友善"意识循序渐进地灌输到大学生的价值观教育中。坚持用社会主义核心价值观武装大学生的头脑，有助于提高大学生的思想道德素质，帮助他们健康成长成才，促进大学生全面发展。

第三，新时代社会环境的复杂化与价值观的多元化，使大学生进行社会主义核心价值观教育具有更大的迫切性和现实性。

当今世界复杂多变，大学生的思想政治教育也出现了许多新问题。从国际方面看，我国与世界其他国家的各种思想文化交流、交融、交锋日益频繁，西方资本主义国家对我国的同化，逐渐转入了"思想文化"这一没有硝烟的战场。五花八门的新思想，所谓的"普世价值"等都在对大学生们的价值观、行为方式造成影响。从国内方面看，随着我国经济体制的深刻变革、社会结构的深刻变动和改革开放的进一步加深，大学生的价值观念也受到了巨大的冲击。不可避免，当代大学生的价值观念和价值取向也呈现出了多元化的态势。面对自由主义、民族主义、民粹主义、民主社会主义、老左派和新儒家思潮等多种社会思潮的影响，很多同学感到无所适从，出现了一系列的文化冲击、思想困惑和道德迷失。

因此，高校比以往任何时候都需要科学的思想理论和正确的价值观来指导大学生的思想政治教育。大学生只有拥有正确的价值观和科学的理论，才能进行正确的选择和决策，更加有效地认识环境，适应环境，发展自己。社会主义核心价值观是一个内容全面系统、内涵丰富深刻、语言凝练准确的具有社会主义性质的价值观。它具有科学性、实用性、前瞻性等性质。思想政治教育工作者将社会主义核心价值观融入大学生的思想政治教育活动中，有利于推动社会主义核心价值观的通俗化、大众化，这也是新时期思想政治教育工作的重要内容。

二、调研内容：对湖北高校培育和践行社会主义核心价值观现状的问卷调查及其分析

本文通过具体调研大学生群体中的社会主义核心价值观认知、认同和践行现状，获得了基础数据，并对数据进行了分析，从而对当前湖北高校培育和践行社会主义核心价值观的现状有了一个基本认识。

（一）调查的宗旨

价值观是影响一个人行为举动的最基本的动力，也是影响一个社会顺利发展的基础。大学生对于社会主义核心价值观的认知、认同和践行将影响着我国未来特色社会主义发展。本文通过实际调查，掌握了大学生群体中社会主义核心价值观的培育状况，并通过分析来为问题的解决提供对策支持。

（二）问卷的调查结果统计

1. 大学生对社会主义核心价值观的认知现状

第一，对于社会主义核心价值观表述的认知。根据调查"你对社会主义核心价值观24字是否清楚？"这一问题，选择很清楚的占10%，选择清楚但是记不全的占74%，选择仅听说过占13%，选择不清楚的占3%。见图1：

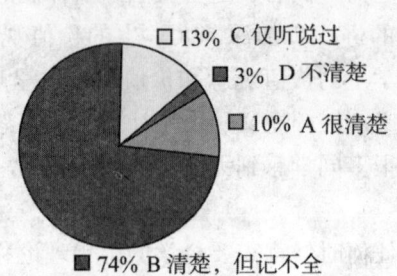

图1 你对社会主义核心价值观24字是否清楚？

通过调查可知高校大学生对于社会主义核心价值观24字虽不能完全表述，但大多数学生都非常清楚其基本内容，这表明近两年来社会主义核心价值观通过各种渠道的宣传效果很好。

第二，对于培育社会主义核心价值观重要性的认知。调查"你认为加强大学生社会主义核心价值观教育是"这一问题时，选择非常有必要的占76.2%，选择有必要的占18.6%，选择没必要的占4.4%，选择完全没必要的占0.8%。见图2。

调查可知94.8%的学生都认为加强大学生社会主义核心价值观是有必要的，这说明了当代大学生高度认同核心价值观的理念，认可价值观对于一个社会发展的重要性。但仍有部分学生认为价值观没必要，这应该引起我们的重视。

第三，对于社会主义核心价值观认知渠道。调查"你了解的社会主义核心价值观来自哪个渠道？"选择校园标语的占46.7%，频率为857次。选择思想政治理论课课堂的占29.6%，频率为543次。选择电视新闻的占4.5%，频率为78次。选择网络报道的占13.1%，频率为239次。选择书刊报纸的占6.1%，频率为118次。见图3。

调查可知当代大学生主要从校园标语和思想政治理论课课堂了解核心价值

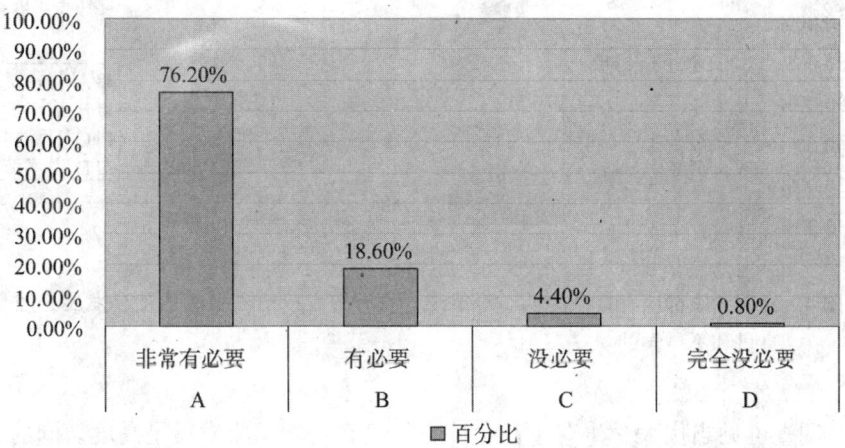

图2 你认为加强大学生社会主义核心价值观教育是？

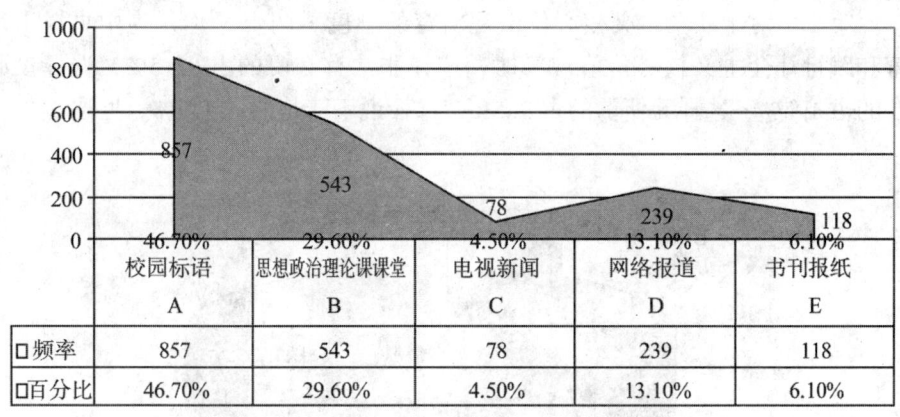

图3 你了解的社会主义核心价值观来自哪个渠道？

观。学生在校阅读报刊和收看电视新闻的时间不多，更多的90后学生选择网络作为主要的生活休闲方式。这也给我们一个启示，网络对于当代大学生的价值观引领是一个非常重要的平台。

2. 大学生对社会主义核心价值观的认同现状

第一，对于社会主义核心价值观认同度。调查"任何国家都应有自身的核心价值观，没有核心价值观引领的社会必然是盲目和不科学的"，选择非常赞同的占79.9%，选择基本赞同的占16.3%，选择不赞同的占1.6%，选择说不清楚的占2.2%。见图4。

调 查 篇

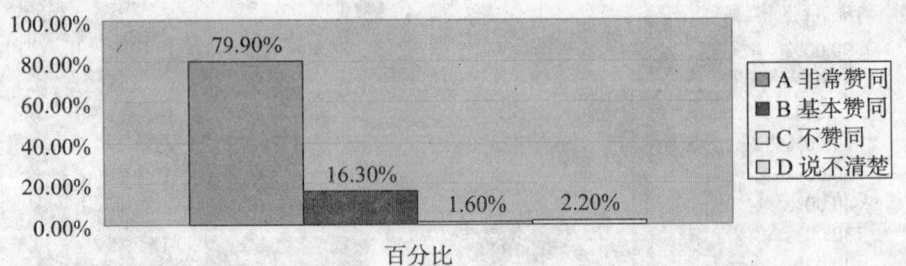

图4　任何国家都应有自身的核心价值观,没有核心价值观引领的社会发展必然是盲目和不科学的

调查可见当代大学生对于社会核心价值观引领国家发展是高度认同的,这也说明当代青年学生十分关心国家的健康发展,而且也懂得国家发展才是个人发展的前提。

第二,对于社会主义核心价值观培育的态度。调查"你认为中央提出培育和践行社会主义核心价值观"时,选择非常有必要的占93.5%,选择没必要的占1.3%,选择无所谓的占3.5%,选择说不清楚的占1.7%。见图5:

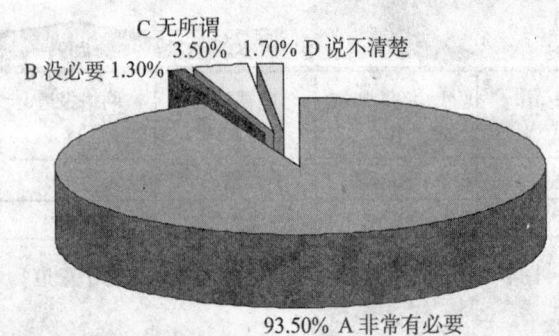

图5　你认为中央提出培育和践行社会主义核心价值观

调查可知绝大多数学生赞同中央提出培育和践行社会主义核心价值观的战略工程,这为高校推进该工程营造了较好的校园氛围。

第三,对于影响社会主义核心价值观认同的不良因素。调查"你认为影响大学生正确价值观建立的不良因素有哪些"时,选择拜金主义盛行的占28%,选择公共道德沦丧的占18%,选择负能量事件的占22%,选择攀比享乐之风的占9%，选择损人利己事件屡屡发生的占13%，选择社会普遍浮躁、急功近利的占10%。见图6：

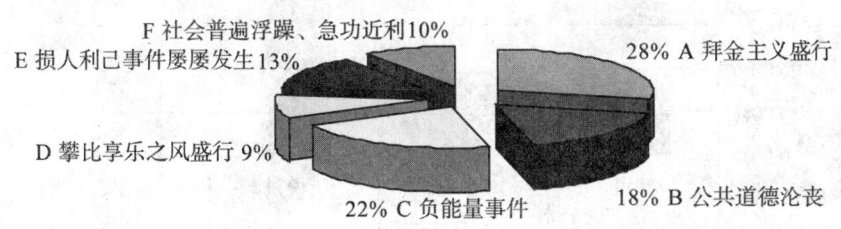

图6 你认为影响大学生正确价值观建立的不良因素有哪些？

调查可知在市场经济和互联网时代中成长的90后学生，社会负能量新闻对他们价值观的建立影响较大。由此可知，正能量的先进典型人物事件对于学生成长非常重要。

3. 大学生践行社会主义核心价值观的高校环境和现状

第一，对于本校培育和践行社会主义核心价值观的举措。在调查"你认为我校是否重视加强对社会主义核心价值观的教育"时，选择很重视的占13.1%，选择重视的占72.7%，选择不怎么重视的占12.5%，选择完全不重视的占1.7%。见图7：

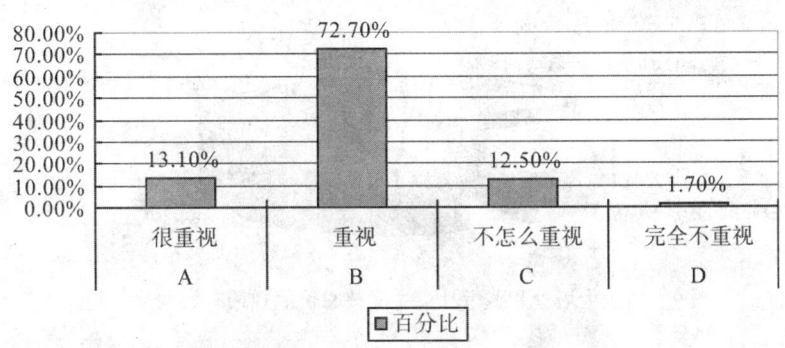

图7 你认为我校是否重视加强对社会主义核心价值观的教育？

调查"你知道我们学校在培育和践行社会主义核心价值观方面的一些举措吗？"这一问题，选择知道的占9.5%，选择知道一点的占19%，选择听说过的占47.6%，选择不清楚的占23.9%。见图8。

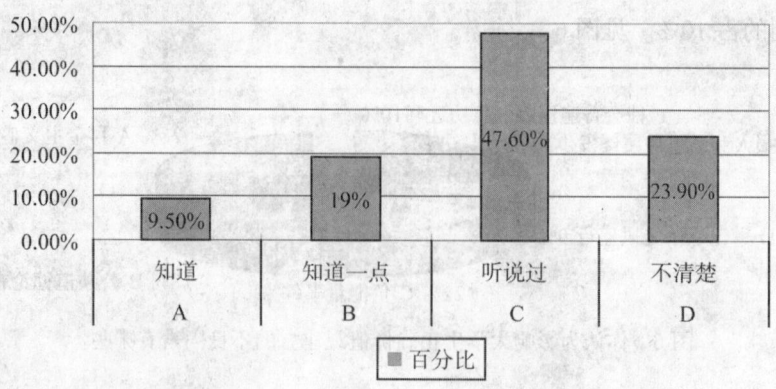

图8 你知道我们学校在培育和践行社会主义核心价值观方面的一些举措吗？

调查可知高校对培育和践行社会主义核心价值观高度重视，但是实际措施出台很慢，并没有形成合力推动。普遍存在只见宣传而实际推动乏力的现象，这点值得注意。

第二，对于推动培育和践行社会主义核心价值观的渠道。调查"你认为培育和践行社会主义核心价值观最有效的途径是"这一问题，选择加强学校和家庭教育的占27%，选择加强社会环境建设的占31%，选择加强典型的引导示范的占23%，选择动员社会参与的占18%，选择其他的占1%。见图9：

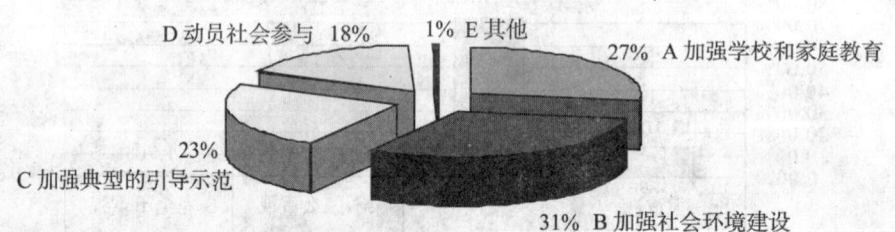

图9 你认为培育和践行社会主义核心价值观最有效的途径是？

调查可知，90后学生比较看重家庭、校园、社会环境和先进典型的共同推进。这也表明培育和践行社会主义核心价值观是一个综合的、系统的工程，需要合力推进。

第三，对于引领践行社会主义核心价值观的干扰性因素。调查"你认为影响大学生践行社会主义核心价值观的干扰因素是"这一问题，选择社会变革、腐败现象与不正之风的占17%，选择全球化背景下西方价值观念的渗透和冲击的占20%，选择学校价值观教育效果不好的占14%，选择网络信息时代各种媒体的负面信息的影响占25%，选择家庭教育的缺失占7%，选择自身弱点的占10%，选择遵循社会主义核心价值观在现实中吃亏的占5%，选择理论上的社会主义核心价值观与现实反差大的占3%。见图10：

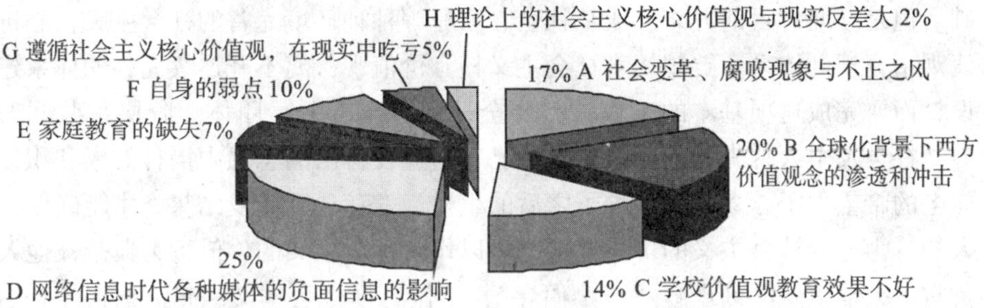

图10 你认为影响大学生践行社会主义核心价值观的干扰性因素是？

调查可知，西方文化的影响、社会转型期的不正之风以及90后大学生自身的弱点影响着他们践行社会主义核心价值观。

综合以上调查问卷的结果，对于湖北高校培育和践行社会主义核心价值观的现状以及产生的问题，下文将进行分析，并提出相关建议。

三、对湖北高校培育和践行社会主义核心价值观存在的主要问题及其原因分析

2014年4月湖北省高教工委、教育厅发布了《高校培育和践行社会主义核心价值观的实施意见》，各校结合自身实际都制定了具体措施，目前来说仍然处在起步阶段，也存在不少问题。

（一）当前高校培育和践行社会主义核心价值观存在的主要问题

第一，培育和践行社会主义核心价值观意识薄弱。

社会主义核心价值观提出的时期并不长，是随着社会形态的发展而完善的，高校要做好大学生群体的社会主义核心价值观培育工作，就必须提高培育意识，避免部分高校出现被动的、应付性的培育流程。要深入分析大学生所面临的社会学校环境，避免出现部分高校孤军奋战的局面，确保社会、家庭及个

人都参与进来，分担完善高校不能估计的点或者面，从而形成培育体系从而改善培育的效果。大学是充分发展自身特长，张扬个性，放飞梦想的时期，其具有鲜明的性格阶段特征，高校在培育过程中，要结合学生的实际情况，争取能顾忌学生的角度思想，赢得大学生的支持，改善考试性教育培养。

第二，培育和践行社会主义核心价值观体系单一。

完整的培育体系，是对当代大学生成功培育社会主义核心价值观的前提基础。但是湖北省目前并未形成从社会、家庭等种种环境完备的社会主义核心价值观培育规划体系。要想培育社会主义核心价值观，离不开连续完整的体系建设，而要完成这项基本的工作，需要全社会各个部分、团体、阶层来共同努力。社会及个人首先必须严格要求自己，通过在自己的思想中播种健康和积极向上的希望种子，才能确保种子之后的生根、发芽、开花及结果，才能确保个人的行为符合社会主义的价值要求，可以作为社会主义的价值行为典范被他人赞赏。大学生要深刻理解"三个倡导"，不做有损社会主义、有损国家、有损民族、有损社会、有损他人、有损自己的行为，确保建设富强、民主、文明、和谐的社会主义是自己的价值取向，确保自由、平等、公平、法治是约束自己行为的规范准则，确保爱国、敬业、诚信、友善是自己立足社会、发展自我的基石。

大学生不仅要从思想上学习理解社会主义核心价值观，树立正确的价值观，还要从实际行动上入手，为美善所动，为丑恶所耻，要有情有理，做一个有血有肉、有法有理、有梦有为的大学生。在培育大学生社会主义核心价值观的时候，我们还需要借助于网络的力量，通过在网上传播正面事例和能量，来引导大学生树立正确的价值观。社会需要保障社会主义核心价值观培育出的良好环境，而为了给良好环境的培育打下一个坚实的基础，学校可以通过党团、社团、青年志愿者活动等，形成有组织、有计划的持续、完整的培育体系。

第三，培育和践行社会主义核心价值观各项举措不完善。

有了完善的培养规划，我们还需要完整的培育措施，但是我省目前大学生社会主义核心价值观培育措施还有待完善，我们必须加快改进措施的步伐，积极总结教育培育的经验，理论结合实践，理论结合实际，积极推动社会主义核心价值观的培育过程。在这个过程中，我们必须坚定大学生荣辱观的引导，确保大学生有正确的辨别是非的能力，之后帮助大学生正确认识个人人生阶段，确保其能把理论学习知识和自身联系结合起来。学校是社会主义核心价值观的主要教育场地，因此，学校必须坚持自身的教育力度，确保大学生有足够的接受知识的平台和途径，与此同时，要联系家庭及其他力量，共同做好社会主义核心价值观的培育工作。

第四，培育和践行社会主义核心价值观创新度不够。

社会主义核心价值观的培育离不开创新的形式，目前我省高校学生社会主义核心价值观培育中有一些不足之处，如形式单一、不能充分调动学生的情绪等，因此高校必须立足于学生的实际情况，坚持做到以人为本，学生的主体地位不动摇，学生的身心特点全面兼顾，坚持遵循学生的培育规律；不做无效的培育行为，不为了完成教学任务而进行培育教学；创新教学方式，实现学生的互动，确保学生可以将所学知识联系到自己的实际生活中去，给学生正确掌握所学知识创造条件。大学生是中国社会主义事业建设的未来，因此高校必须确保大学生接受正确的价值引导，能有正确的世界观和价值观，能掌握必要的方法论，能做到理论实践结合，能遵纪守法，能立志为人民服务，能不畏艰难勇于直上，能有强烈的责任感，能为自己的使命而奋斗。

(二) 问题产生的主要原因

第一，客观上西方不良文化的冲击和当前社会不良现象的"负能量"部分抵消高校培育和践行社会主义核心价值观的努力。

自改革开放以来，随着我国经济的不断繁荣，加之对外交流的日益活跃，来自国外的各种思想不断输入国内，这对我们国家的社会主义文化建设造成了不小的冲击。而当代大学生正处于价值观构建阶段，他们倾向于接受新鲜事物，但这些优点也很容易转化为不利因素，如对不断涌入的西方文化思潮不加批判地接受，淡化了自己的信仰。甚至有些大学生着重批判主流价值观，政治意识淡化。外来不良文化对传统的价值观及其传播和培育产生了巨大的冲击，在价值观视域中呈现出传统价值观和现代价值观、正统价值观各非正统价值观、本土价值观和外来的价值观并存的复杂局面，这使得当代大学生价值观趋向复杂化与多元化。西方不良文化的涌入使得个人主义、拜金主义、利己主义等影响着大学生的价值观，于是大学生中容易出现价值判断模糊、理想信念缺失、诚信意识缺乏、心理问题加剧等问题。这对于当代大学生社会主义核心价值观的培育产生了一定的影响和冲击。作为对西方社会现实的客观反映和理性把握，西方文化思潮由于丰富的理论基础以及客观现实的支撑，在大学生的角度看来显得尤为先进，对其抱有认同可以理解，我们要把不足之处摒弃，吸收借鉴优良的价值观，使对大学生社会主义核心价值观的培育更加丰富完备。

当代大学生正处于人生的成长期、价值观的形成期，大部分个体并未真正接触过社会，对社会现象知之甚少，因此对社会的复杂程度也还认识不清。在对大学生实施社会主义核心价值观培育过程中，这往往就会成为影响大学生树立正确价值观的阻碍条件。社会是一个较为复杂的整体，要求我们必须对其有深刻且正确的认识，才能更好地应对出现的问题。社会主义核心价值观是当代核心价值观的科学性抽象，能对当下许多社会现象进行科学正确的引导和规范。当代大学生由于涉世尚浅，对社会上一些丑恶的现象还难以辨别，价值判断非常容易迷茫，行为上也容易出现有失偏颇的一面。互联网涌入人们的生活之后，形形色色的观念层出不穷，整个社会审美和价值观都出现了不和谐的音符。正逢当代大学生缺乏社会阅历，缺少判别能力，就会容易以为这是社会常态，从而对其追捧不迭。这会对大学生社会主义核心价值观的培育产生非常不良的影响。社会上拜金主义、自私自利的观念盛行，也影响到高校的校园里。丰富多元的社会现象开阔了大学生视野的同时，也给他们带来了负面影响。因怕被讹诈而不敢扶老人过马路、对于他人困境的漠视、重利轻义，都是在社会大环境中的不良现象给大学生的心境蒙上的一层灰尘，但只要通过全社会的共同努力，通过社会主义核心价值观的指导，这灰尘终将被擦拭干净，回复它本来应该美好的状态。

第二，主观上当前学校重视度不够以及大学生自我意识不强影响到高校培育和践行社会主义核心价值观的效果。

对当代大学生进行社会主义核心价值观的培育，是高校进行思想政治教育的重要内容。近年来，高校在对大学生进行社会主义核心价值观培育的过程中取得了一定的成绩，积累了丰富的经验。然而，在大学生社会主义核心价值观的培育过程中还存在着一些问题，影响到了培育的实际成效。在对大学生进行社会主义核心价值观的培育时，学校已经逐步认识到社会实践活动成为了培育过程中重要的一环，社会实践的组织、实施也已经取得了一定的成果，积累了一些优秀经验。但在开展大学生社会实践工作中也暴露出了一些需要引起重视的问题。高校注重大学生参加社会实践活动的形式和参与程度，却没有足够重视社会实践活动的思想内涵建设。该现象已成为大学生社会实践发展的瓶颈，影响了大学生社会主义核心价值观的培育效果。增强大学生社会主义核心价值观培育的实效性，必然成为当前高校思想政治教育的新要求。实现社会主义核心价值观在高校思想政治教育中对大学生的引领，必须做到在马克思主义思想的指导下，秉承大学生社会主义核心价值观培育的基本原则，讲究形式、方法，形成更加成熟完善的培育机制，将大学生的价值选择引导到社会主义核心价值观中来，促进主流意识形态向健康、积极的方向发展，要求高校必须紧跟时代步伐,优化培育理念,提高培育水平,改进现有不足,增强大学生社会主义核心价值观培育工作的实效性。

经济社会的不断发展正改变着我们的生活方式和思维方式,大学生是最容易接受新信息的群体,也是最容易受到各种信息影响的群体,信息社会的多元化导致了大学生可以接触到其他的思想,他们有的可能不同于社会主义价值观,有的甚至直接和社会主义价值观背道而驰,对于已经树立了自己价值观的人来说,很容易进行区分,但是大学生正是树立自己价值观的时期遇到其他思想的冲击,这就使大学生无法进行有效的甄别,容易受到一些不被社会接受的价值观的影响。针对这种情况,必须要引导大学生进行筛选,确保他们可以树立健康、积极向上的价值观,指导自己的人生行为。除了借助了外界力量,大学生还需要学会依靠自己的力量来提升自己的精神境界。

大学生处于特殊的成长时期,存在着心理上的不稳定性、知识上的不完备性、社会阅历缺乏、政治阅历缺乏等问题。社会需要一个懂得提高自我、懂得发展自我的优秀的人才,大学生若想要在毕业之后顺利融入社会,就必须自觉提高自己的修养,不仅仅是智力知识方面,也包括精神品格方面。大学生要勇于坚持,要持之以恒,要能面对艰苦漫长的学习生涯,要能抵住社会的不良诱惑,通过探索,寻找一套适合自己的学习方法。

大学生还要积极投身于实践中去,通过理论联系实际,运用实践来检验理论,提高自身修养。最后大学生还要积极开展人际交往,融入团体,融入社会,学会交往、相处、合作、学会聆听,学会表达,确保自己作为一个社会人存在,从而为自己将来的社会生活奠定基础。大学生还必须学会自我价值和社会价值的统一,要在实现自我价值的同时,为社会做出一定的贡献。

四、进一步优化湖北高校培育和践行社会主义核心价值观路径的相关建议

路径可以简单理解为到达终点和实现目的的方式。培育和践行社会主义核心价值观的路径就是要做到两点,怎样才能让社会主义核心价值观"像空气一样存在"?怎样才能内化于心,让每个社会个体自觉践行核心价值观。笔者认为高校有其特殊性,应努力做到以下两点。

(一) 进一步优化湖北高校社会主义核心价值观培育路径的建议

第一,加强培育社会主义核心价值观的理念。

加强社会主义核心价值观的培育，就要树立终身学习的理念。社会主义核心价值观虽然只有短短24个字，但其内涵十分丰富，是党和人民共同为之努力奋斗的价值取向，也就是共同理想，对当代大学生的培育不可能一蹴而就。因此，要让大学生树立终身学习的决心，并将其真正内化为自己的行动，才能不断提高对社会主义核心价值观的理解，才能更好地将其作为大学生的行动指南。加强社会主义核心价值观的培育，就要树立培育常态化的理念。枯燥的理论学习让大学生很难接受，因此，我们必须将这24字内容常态化、生活化，比如广泛开展爱学习、爱劳动、爱祖国活动，抓好友善、孝敬、诚信等中华传统美德教育，重视家庭教育，引导大学生树立正确的道德价值，增强大学生的社会责任感、创新精神和实践能力，让他们在社会主义核心价值观的沐浴下健康成长，成长为有理想、有道德、有文化、有纪律的德智体美全面发展的社会主义建设者和接班人。社会主义核心价值观作为我国意识形态和政治文化的核心内容，对于当代大学生的价值观培育有着十分重要的意义和价值。

党的十八大报告明确提出"三个倡导"，要求积极培育和践行社会主义核心价值观。从内容上看，社会主义核心价值观是富有层次性的一个有机整体。富强、民主、文明、和谐是国家层面的核心价值观，自由、平等、公正、法治是社会层面的核心价值观，爱国、敬业、诚信、友善则是个人层面上的核心价值观。只有做到有效针对各个层面的特点和要求，采取有针对性的方法和路径，才能切实有效地进行社会主义核心价值观的培育，充分发挥引领大学生树立价值观的灵魂作用对于大学生的思想政治教育；通过加强多层次的教育，为大学生的社会主义核心价值观的培育打下坚实基础。

第二，完善培育社会主义核心价值观的体系。

社会主义核心价值观理论提出时间并不长，其培育尚未形成完整的体系，给培育带来了很多不便之处，这就需要我们的培育者不断进行完善。

首先要创新培育方式，增强社会主义核心价值观培育自身的吸引力。做到坚持与时俱进，推进理论创新，使社会主义核心价值观的教学体系更为科学与完备。不仅如此，还要坚持联系实际，推进实践创新，为大学生提供科学思考社会现实生活的思路和方法。

其次要创新培育理念，提高大学生对社会主义核心价值观的认同与选择水平。高校要不断健全教学评估机制，在教学中，通过发放问卷，召开座谈会等了解学生要求，认真分析学生对教师的评价，在授课中做到启发式教学，并请学生和辅导员听课评估，规范教学的各个环节，提高教学质量，增加教学改革后劲。

最后要创新培育思路，探索社会主义核心价值观培育的有效渠道，逐步实现教材体系向教学体系的转变。学校要不断改进教学水平，提高教学效果，充分利用现代化的教学手段，将思想政治课授课内容情景化、信息化，增强课堂的吸引力和感染力，逐步实现社会主义核心价值观由教材体系向教学体系的转换。同时逐步实现传统媒介向电子媒介的转变不断创新信息传递载体，拓展信息传递渠道，用大学生喜闻乐见的方式扩大思想政治教育的宣传面和覆盖面。另外，要逐步实现个体价值向公共价值的转变。学校可以利用周末和节假日，开展社区志愿活动、乡村义务支教活动等，积极宣传社会主义核心价值观，剖析社会问题，宣讲时事政策，帮助弱势群体，在大学生中形成群体认可和崇尚的价值观念和行为方式。

总之，高校要进一步有主题、有组织、求实效地动员大学生开展广泛而深入的教学和社会实践活动，使大学生了解社会、认识国情，锻炼具体运用社会主义核心价值观的能力，增强建设中国特色社会主义的信心，激发爱国主义精神和创新、创造意识，以科学实践特色为基础建构大学生思想政治教育理论体系的大厦。

第三，健全培育社会主义核心价值观的机制。

社会主义核心价值观教育是一项综合的系统的育人工程，它需要全体培育的群策群力，共同参与。对大学生积极培育和践行社会主义核心价值观，实质上就是使社会主义核心价值观从观念机制、知识体系向大学生的价值取向、信仰追求和自觉行动有效转化。实现这一转化，关键在于准确把握培育践行社会主义核心价值观的接受机制，增强大学生接受认同社会主义核心价值观的自觉性和主动性。为此，要以传播认同为重点，以实践转化为目标，以反馈调节为保障，妥善处理个体与社会、自觉与传播、认识与实践、达标与优化的相互关系，丰富其培育机制，使社会主义核心价值观真正被大学生"熟知于心、践之于行"。

传播认同机制。社会主义核心价值观的科学性和凝练性不能完全替代其接受的有效性，相反，只有通过广泛有效的社会传播，才能最终成为大学生的内在精神追求和外在行为规范。社会主义核心价值观的传播，主要由传播内容、传播者和传播方式、接收者等要素构成。从传播内容来看，社会主义核心价值观的高度凝练性需要进一步阐释才能为大学生所理解和接受。这就要求我们必须深度解读"三个倡导"、"24字"的深刻内涵，努力实现其由国家话语向个体话语、由政治话语向生活话语的有效转化。从传播者和传播形式来看，核心价值观传播进入了"所有人向所有人"的视觉化、社会化时代，打破了原有的抽象、线性的传播方式。大学生是社会主义核心价值观传播的接收者，也是社会主义核心价值观接受的主体。大学生诉求的多元性客观上要求社会主义核心价值观传播路径和模式的多样化。

实践转化机制。大学生是推动社会发展的决定力量，也是社会主义核心价值观由观念形态向实践形态转化的中介和主体。培育和践行社会主义核心价值观，必须坚持和贯彻党的群众路线，引导大学生在鲜活的社会实践中接受、认同社会主义核心价值观并推动其丰富发展。具体来说，要按照"可信、可亲、可敬、可学"的原则，引导大学生将典型学习从"要我学"转化为"我要学"的自觉追求，努力争当社会主义核心价值观的坚定信仰者和自觉践行者。

反馈优化机制。大学生对社会主义核心价值观的接受认同并非一个单维、线性的流程式结构，而是通过一定的传播路径达至大学生的价值传递，再经优化反馈的循环过程。这就要求我们必须依据大学生对社会主义核心价值观的效果反馈，确立培育和践行社会主义核心价值观的优化标准和策略。评价是反馈优化机制实施的中心环节。对培育和践行社会主义核心价值观的评价，要统筹效果评价、要素评价与环节评价，并依据评价结果对整个培育践行进行适时调节。要构建科学的评价方法体系，综合运用定性分析与量化评定等方法，全面把握培育践行社会主义核心价值观的接受效果；要搭建动态检测平台，对社会主义核心价值观的传播过程、培育模式进行多方位、全程化的监控预警；要把握各要素、各环节间的反馈关系，根据反馈结果进行调节与修正，优化培育和践行社会主义核心价值观的接受机制。"由谁主导"是反馈优化制实施的重要问题。因此，要探索构建"一体化运行、专业化推进"的培育和践行合力保障体系，形成政府、社会、学校、大众媒体等多方共同协作、相互联动的运行机制。

第四，优化培育社会主义核心价值观的环境。

对大学生社会主义核心价值观的培育具有十分重要的意义。除了学校，国家、社会和家庭在大学生社会主义核心价值观的培育中占据了重要地位，多方合作才能全方位地培养出社会主义的栋梁。

从国家的层面上讲，不断坚持、发展、完善中国特色社会主义理论体系，将指导思想不断与中国国情相融合，完整地表达了马克思主义在当前我国社会历史阶段的主旨和要义，赋予了马克思主义理论以新的时代精神，深化了马克思主义理论的内涵，使其具有蓬勃的生命力，同时也为加强大学生社会主义核心价值观的培育提供了充分的指导思想和理论基础。

从社会的层面上讲，加强和创新社会管理，凸显的社会主义核心价值观的指导作用。充分保证大学生的话语权，建立自由平等的舆论平台，深入了解大学生的内心需求，增强大学生参与社会事务的程度，鼓励大学生在社会中的参与性，更广阔地提供大学生为他人服务的机会，都是社会层面能给予大学生建立社会主义核心价值观的培育方式。对于大学生符合社会主义核心价值观的行为要建立一定的奖励机制，而对于违背社会主义核心价值观的行为则要进行指导和纠正。利用社会化、制度化的奖励惩罚方式向大学生传递正确的价值信号，帮助大学生在社会生活中逐步内化核心价值观，使之成为大学生行为的驱动力量。

从个人的层面上讲，也要不断反省自身、加强自我要求，明确爱国、敬业、诚信、友善是大学生作为我国公民应有的基本品质。以社会主义核心价值观引领大学生核心价值观的培育，是社会主义核心价值观内化、培养合格公民的必然途径。大学生只有认识到自身在社会活动中的合理地位，认识到自身与他人、自身与社会之间的正确关系，才能明确自己的社会责任，从而不断用社会主义核心价值观要求完善自己。

(二) 进一步优化湖北高校践行社会主义核心价值观路径的建议

第一，改进思政课堂的传输路径。

课堂教育是大学生核心价值观教育的主要渠道。要把社会主义核心价值观教育融入高校思想政治理论课教学，融入高校哲学社会科学教学研究，切实推动大学生思想政治教育工作取得新成效、迈上新台阶。高校思想政治理论课教学是对学生系统进行三观教育的理论课程，学生对社会主义核心价值观的正确态度和认识主要是通过思想政治理论课形成的。当前，要在不断完善思想政治理论课建设、改进教学方法，增强阵地意识的同时，把社会主义核心价值观引进教材、进课堂、进头脑落到实处，把社会主义核心价值观的基本内容和要求贯穿到思想政治理论课建设之中，增强学生的理论思维能力与鉴别能力。高校专业课教师要加强学科德育意识，自觉肩负起德育的职责，既注重科学知识的讲授，又注重人文精神的传承，把专业教育与社会主义核心价值观教育结合起来，把"传道"与"授业"、"解惑"结合起来，既给学生以知识的力量，也给学生以思想的启迪。

第二，加强校园文化的建设路径。

校园文化对于引导学生的思想情感，规范学生的言行举止，培育学生的社会主义核心价值观具有"润物细无声"的效果。校园文化包括学校物质文化、制度文化、精神文化等非常丰富的内容,把核心价值观教育融入学校的物质文化,就要在教学楼、实验楼、图书馆、博物馆、体育馆、活动室、食堂、雕塑、电子屏、宣传栏等展现核心价值观的内容。比如考场就要大力强调诚信教育等。

将核心价值观教育融入学校的制度文化,在学校的校训、校纪、校规、班规、学生守则、考试规则、奖惩条例、升学录取等制度方面融入核心价值观教育,使核心价值观从自律转为他律;将核心价值观教育融入学校的精神文化,在学校的校风、教风、学风、班风、开学、毕业典礼、升旗仪式、节庆活动、社团活动、志愿服务活动等丰富多彩的校园文化活动中融入核心价值观教育。正如习近平总书记强调的,要利用各种时机和场合,形成有利于培育和弘扬社会主义核心价值观的生活情景和社会氛围,使核心价值观的影响像空气一样无所不在、无时不有。

第三,强化实践教育的活动路径。

大学生价值观教育要取得实效,还必须与大学生的社会生活、社会实践接轨,社会实践是社会主义价值观教育的大课堂,是大学生价值观教育最好的教材。我们要通过实践而发现真理,通过实践而证实真理和发展真理。大学生广泛参与社会政治、经济、文化、生产等实践活动,可以加深对社会的了解,找到自我与社会的结合点,进而树立正确的价值目标和社会理想。同时,社会实践也有利于学生学习社会规范与道德准则,锻炼意志品质,培养吃苦精神与奉献意识,在实践中不断调整、修正自己的价值观念。高校应加强大学生社会实践活动,通过组织大学生暑期社会实践、志愿服务、专业实习、社会调查、参与居民社区精神文明建设、生产劳动等实践,弥补课堂理论与社会现实之间的差距,廓清学生对社会主义建设事业长期性、艰巨性的认识迷雾,使学生的心灵在社会实践的大课堂中得到净化,思想得到熏陶,社会主义核心价值观念得到提升。

第四,拓宽新兴媒体的渗透路径。

随着现代信息科学技术的蓬勃发展,各级各类学校都在大力建设数字化校园,校园无线网络、BBS平台、校园IC卡、校园手机报、微博、微信、QQ等新媒体信息已经成为师生生活的组成部分。学校师生自觉掌握和运用新媒体信息技术的意识越来越强,人数越来越多。尤其是大学生,电脑和手机几乎人人皆有,新媒体信息技术已经成为他们的信息渠道、沟通工具、娱乐方式和生活助手。在新媒体时代,舆论信息可以随时随地互动传播,个个都有麦克风,人人都是通讯社，人人都是传播者。我们要充分利用这种新媒体技术平台优势，为传播社会主义核心价值观服务，把社会主义核心价值观融入新媒体渗透到学生的学习、工作和生活中，增强社会主义核心价值观影响力，牢牢把握新媒体阵地的正确导向，坚持弘扬主旋律，传递正能量。

第五，重视立德树人的示范路径。

典型示范教育在培育和践行社会主义核心价值观中具有十分重要的作用。充分发挥先进典型的示范作用，是培育和践行社会主义核心价值观的重要途径。高校要加强先进典型的选树工作，这是发挥先进典型教育作用的基础。选取富有真实性、时代性、针对性、先进性、群众性的典型人物和典型事迹，建设高校先进典型资料库，使高校师生对先进典型信得过、看得懂、学得到。宣传先进典型是发挥先进典型教育作用的重要环节，高校要做好先进典型的宣传工作，加大对重点典型和身边好人的宣传力度，坚持开展道德模范高校巡讲等分享活动等，让身边人讲述身边事，用身边事教育身边人，传递社会正能量，通过生动活泼的宣讲引导高校师生深化对先进典型的崇高品质和感人事迹的认识。

高校要做好先进典型的学习和推广工作，这是发挥先进典型教育作用的重要目标。高校要加强对先进典型的学习，帮助高校师生树立正确的价值观。推广先进典型，把学习先进贯彻于校园文化建设和大学生思想政治教育的全过程，建立学习典型的长效机制。引导广大师生以先进典型为榜样，从自我做起，从身边小事做起，以实际行动践行社会主义核心价值观，逐步巩固和扩大典型效应的成果。

附录：

湖北高校培育和践行社会主义核心价值观
调查问卷

亲爱的同学：

你好！党的十八大提出，倡导富强、民主、文明、和谐，倡导自由、平等、公正、法治，倡导爱国、敬业、诚信、友善，积极培育和践行社会主义核心价值观。这与中国特色社会主义发展要求相契合，与中华优秀传统文化和人类文明优秀成果相承接，是我们党凝聚全党全社会价值共识作出的重要论断。2013年12月23日，中共中央办公厅又印发了《关于培育和践行社会主义核心价值观的意见》。根据中央精神，2014年4月9日中共湖北省委高等学校工作委员会和湖北省教育厅印发了《湖北高校培育和践行社会主义核心价值观实施意见》。作为当代大学生，如何把社会主义核心价值观融入到自身修养，并在实践中加以践行，我们特组织进行本次调查。你的答案没有正确错误之分，你只需按照自己真实想法答题即可。本次为匿名调查，我们会对你的答案进行严格保密，调查结果仅供课题研究之用，不会对你的生活和学习造成不良影响，谢谢合作！

1. 你的学历层次（   ）
　　A. 专科　　　　B. 本科　　　　C. 研究生
2. 你的专业类别是（   ）
　　A. 文科类　　　B. 理工科类　　C. 艺术类
3. 你的政治面貌是（   ）
　　A. 中共党员　　B. 预备党员　　C. 入党积极分子　　D. 共青团员
　　E. 其他
4. 你目前就读？（   ）
　　A. 大一　　　　B. 大二　　　　C. 大三　　　　D. 大四
　　E. 研究生
5. 你对国家主席习近平提出的"中国梦"持何种态度？（   ）
　　A. 非常赞同　　B. 基本认同　　C. 反对　　　　D. 说不清
6. 你对"任何社会、任何国家都应有自身的核心价值观，没有价值引领的社会发展必然是盲目和不科学的"这句话所持的态度：（   ）
　　A. 非常赞同　　B. 基本赞同　　C. 不赞同　　　D. 说不清楚
7. 你对于"必须坚持马克思主义在中国意识形态领域的指导地位"这句话的看法是（   ）
　　A. 非常赞同　　B. 基本赞同　　C. 不太赞同　　D. 完全不赞同
8. 你对于只有中国特色社会主义才能发展中国这句话的看法是（   ）
　　A. 非常赞同　　B. 基本赞同　　C. 不太赞同　　D. 完全不赞同
9. 你认为中央提出培育和践行社会主义核心价值观：（   ）
　　A. 非常必要和及时　　　　B. 没必要
　　C. 无所谓　　　　　　　　D. 说不清楚
10. 你对社会主义核心价值观的了解情况是：（   ）
　　A. 很了解　　　B. 基本了解　　C. 仅听说过　　D. 不清楚
11. 你认为社会主义核心价值观的概括表述是否通俗易懂？（   ）

A. 是　　　　B. 否

12. 你认为加强大学生社会主义核心价值观教育是（　　）
    A. 非常有必要　B. 有必要　　　C. 没必要　　　D. 完全没必要

13. 你认为学校现在开设的各类思政课程（如思修、毛概等）对大学生社会主义核心价值观教育作用怎么样？（　　）
    A. 作用非常大　B. 作用较大　　C. 作用不大　　D. 没有起到作用

14. 你对老师在思政课课堂上讲解社会主义核心价值观有何感受？（　　）
    A. 空洞无聊，没什么实质内容　　B. 感兴趣就听，不感兴趣就不听
    C. 觉得有意义，但形式不够新颖　D. 觉得有意义，形式新颖

15. 你了解我们学校在培育和践行社会主义核心价值观方面的一些举措吗？（　　）
    A. 很了解　　　B. 基本了解　　C. 仅听说过　　D. 不清楚

16. 你认为我校是否重视加强对大学生的社会主义核心价值观教育？（　　）
    A. 很重视　　　B. 比较重视　　C. 不怎么重视　D. 完全不重视

17. 你是否注册有微博、微信？（　　）
    A. 已经注册　　B. 没有注册

18. 你了解的社会正能量新闻主要来自哪个渠道？（　　）
    A. 电视新闻　　B. 网络报道　　C. 微博微信　　D. 课堂

19. 你觉得正能量的新闻对你的影响大吗？（　　）
    A. 很大　　　　B. 一般　　　　C. 没有

20. 你认为谁是培育大学生社会主义核心价值观的推动者（　　）
    A. 思政课教师　　　　　　B. 班级辅导员
    C. 社会榜样　　　　　　　D. 父母家人
    E. 朋友

21. 你认为"雷锋精神"在当代是否还具有现实意义？（　　）
    A. 理想化的人的道德水平，不现实
    B. 已经不适合市场经济的发展
    C. 内心总是想向雷锋学习，可事实面前总是事与愿违
    D. 雷锋精神在今天仍然有很强的现实意义

22. 你认为在你成长的过程中正能量的社会榜样给你带来的影响（　　）
    A. 很大　　　　B. 一般　　　　C. 没有

23. 你认为个人的价值观是否应该服从于社会整体的核心价值观（　　）
    A. 应该　　　　B. 不应该　　　C. 说不清楚

调 查 篇

24. 你认为培育和践行社会主义核心价值观最有效的途径是（多选）（　　）
   A. 加强学校教育和家庭教育　　B. 加强社会环境建设
   C. 加强典型的引导示范　　　　D. 动员全社会参与，从自己做起
   E. 其他

25. 你主要是通过哪些途径了解社会主义核心价值观的？（多选）（　　）
   A. 课堂传授　　B. 书刊杂志　　C. 党员、团干培训
   D. 网络媒体　　E. 电视广播

26. 你认为当前影响大学生爱国主义精神教育的主要因素是（多选）（　　）
   A. 官员腐败问题　　　　B. 社会贫富差距加大
   C. 社会不良风气影响　　D. 教育体制不完善
   E. 社会不公问题　　　　F. 就业难问题

27. 你认为影响大学生正确价值观树立的不良因素主要有（多选）（　　）
   A. 拜金主义盛行　　　　　　B. 公共道德沦丧
   C. 负能量事件　　　　　　　D. 攀比、享乐之风盛行
   E. 损人利己事件屡屡发生　　F. 社会普遍浮躁、急功近利

28. 你认为你的价值观的确立主要取决于（多选）（　　）
   A. 父母亲人　　B. 老师　　C. 朋友同学　　D. 社会环境
   E. 榜样楷模　　F. 自我形成

29. 你认为以下哪种形式对加强大学生社会主义核心价值观教育发挥的作用更大？（多选）（　　）
   A. 思政课程　　　　B. 党员、团干培训
   C. 讲座、论坛　　　D. 主题报告会
   E. 主题竞赛活动　　F. 典型表彰活动

30. 你认为影响大学生确立社会主义核心价值观最主要的原因是？（多选）（　　）
   A. 社会变革，腐败现象、不正之风的影响
   B. 全球化背景下西方价值观念的渗透和冲击
   C. 学校价值观教育效果不好
   D. 网络信息时代各种媒体传播的负面信息的作用和影响
   E. 家庭教育的缺乏
   F. 当代大学生自身存在的弱点
   G. 遵循社会主义核心价值观，在现实生活中会吃亏
   H. 理论上的社会主义核心价值观与现实反差非常大

31. 你认为怎样才能在当代大学生的学习与生活中培育和践行社会主义核心价值观？（多选）（   ）
    A. 老师搞好课堂教学
    B. 搞好班级党团活动，开展第二课堂
    C. 开展经常性的读书评论活动
    D. 把践行社会主义核心价值观融会在学生的评先评优中
    E. 鼓励学生从自我做起，从现在做起，从身边做起
    F. 学校搞好各项教学、科研和后勤管理工作，核心价值观自然就会慢慢渗透到学生之中

报告撰稿人：代保平　湖北省大学生思想政治教育评价中心研究人员，湖北经济学院思想政治理论课部教师，历史学博士

多维视窗

思想政治教育中的实践教育

周 洁

思想政治教育是我们党的优良传统和政治优势，在当前我国改革开放进入关键阶段、各种问题和矛盾复杂尖锐的时期，继续发挥思想政治教育的"生命线"作用显得尤为重要。高校作为思想政治教育的主阵地，对实践教育地位认识不足，没能构建起有效的实践教育模式，是当今中国思想政治教育中存在的主要问题之一。《中共中央国务院关于进一步加强和改进大学生思想政治教育的意见》指出，"深入开展社会实践是新形势下大学生思想政治教育的有效途径。坚持思想政治理论教育与社会实践相结合是加强和改进大学生思想政治教育的一项基本原则"。政治理论课教学"要联系改革开放和社会主义现代化建设的实际，联系大学生的思想实际，把理论武装与实践育人结合起来，切实改革教学内容，改进教学方法，改善教学手段"。从现实来看，社会实践在大学生思想政治教育中的作用和地位在落实中还存在很多的问题，对思政教育社会实践的理论研究还很薄弱，直接影响到了思想政治教育的实效性。因此，要促进我国思想政治教育工作的发展，当前一个很重要的任务是加强对社会实践教育问题的研究，促进有中国特色的思想政治实践教育模式的形成。

一、思想政治教育中实践教育的涵义

在中国，实践教育可谓是历史悠久，早在春秋时期就已经出现了包含实践意义的知行观。我国古代著名的大教育家、儒家学派创始人孔子就十分重视实践教育，他提出"吾始于人也，听其言而信其行；今吾于人也，听其言而观其行"，意思是说检验一个人的思想道德修养除了了解他的认识水平外，一定要观察他是否言行一致；要解决思想上的困惑、使认识得到升华，就必须通过实践来完成。清代文学家梁绍壬提出著名的求知和修身的方式，即"读万卷书，行万里路"，这也体现了我国传统思想文化中对于实践的重视。

到了近现代，我国的许多教育家同样很重视学以致用并提出实践教育方法。如近代教育学家陶行知主张"社会即学校",把整个社会作为教育的课堂,让学生在社会实践中受教育。教育家蔡元培也提出了"好学力行"的见解。综上所述,我们可以发现,教育家和思想家自古以来都强调言行一致的重要性,揭示了行是知的基础,突出了实践教育的重要性。

目前,对于实践教育的涵义,学术界有多种表述形式,至今尚未完全统一,但有两种观点广泛被人们所接受。其一,祖嘉合教授认为:"思想政治教育中的实践教育是指在组织、引导人们积极参与各种社会实践活动中,提高思想水平和认识能力的过程。实践教育包括两层含义,一是意识理论联系实际,知行统一,身体力行,加深对理论知识的理解;二是坚持到实际生活中,在改造客观世界的同时改造主观世界,提高思想认识。"① 其二,邱伟光教授认为:"大学生社会实践教育是高校为了配合课堂教育而有目的、有计划地组织大学生参与社会的过程,通过实践锻炼和社会教育模式来健全大学生的成长机制的过程。"②

综合两位学者对实践教育的概述,思想政治教育中的实践教育是指组织、引导学生积极参与各种实践活动中,提高思想水平和认识能力,进而促进大学生成长成才的过程。

二、实践教育在大学生思想政治教育中的重要意义

教育学家卢梭曾强调说:"千万不要干巴巴地同年轻人讲什么理论。如果你想使他们懂得你所说的道理,你就要用一种东西去标示它,应当使思想的语言通过他的心,才能为他们所了解。"③ 要对大学生进行思想政治教育不可能脱离实际生活,而实践就是我们用来标示思想政治教育最好的"东西"。如今经常会出现一些大学生的智商高素质低的现象,原因之一就是许多高校对于大学生的思想政治教育依然停留在课堂教学,忽视实践教育的重要作用。

在思想政治教育中,实行实践教育可以深化学生对课堂上理论知识的认知,纠正大学生不正确的思想观念,提升其思想道德水平,促进大学生的全面发展,培养出有文化、有思想、有道德的社会主义新型人才,为社会主义建设提供强有力的人才支撑。实践教育在对大学生思想政治教育过程中所体现出的

---

① 祖嘉合:《思想政治教育方法教程》,北京大学出版社2004年版,第131~132页。
② 邱伟光:《大学生实践教育新论》,同济大学出版社1994年版,第7页。
③ [法] 卢梭:《爱弥儿》(下卷),李平沤译,商务印书馆2001年版,第471页。

作用和意义是非常显著的。

（一）实践教育有利于提高大学生的政治素质和思想素质

人的道德水平不是天生的，而是经过后天的不断教育和培养逐渐成长和改变的。在大学的思想政治教育当中，通过老师对基础理论的讲解，使学生对培养高尚品德的重要性有了初步的认识，但是课堂教育有极大的局限性，单纯依靠理论教学并不能对大学生道德水平的提高发挥出最大的作用，大学生道德水平的提高还需要实践教育来配合完成。实践教育通过组织大学生走出课堂、走进社会、走进群众队伍，体察民意，深入生活和生产第一线，使大学生通过参加各式各样的实践活动增强集体荣誉感和社会责任感，珍惜劳动的价值，树立艰苦奋斗的优良作风，充分认识到社会主义制度的优越性，坚定阶级立场，不断优化自身的政治素质和思想道德素质。在社会实践中，大学生要把课堂中所学习到的理论知识合理地运用到社会实践中，在实践过程中展现良好的道德品质，并不断地坚持下去，最终把良好的道德素质变成自身的习惯。

（二）实践教育有利于提高大学生的科学文化素质

学生在课堂教学中所获得的理论知识，只有在通过亲身参与实践，才能辨明真伪、深化理解，最终才能把掌握的理论知识转化为自身的认识和觉悟、能力和素质。实践教育的实施是促进大学生把理论知识转化为自身能力的有效途径。目前社会大众普遍认为大学生眼高手低，夸夸其谈而无实际操作能力。这一点在找工作的时候表现得尤为明显，很多大学生认为自己是天之骄子，放不下身份，羞于到基层做基础工作。学校可以通过实践教育培养大学生脚踏实地、实事求是的生活态度和工作作风。思想政治教育与其他的专业知识的学习一样都是一个由表及里的过程，运用实践教育方法有利于学生通过实践教育活动检验通过课堂学到的理论知识，并通过向社会这个大课堂学习进一步提升了对知识的理解与掌握，达到提高自身的科学文化素质的目的。

（三）实践教育有利于促进大学生的就业创业能力

如今，就业难问题已经成为大学生普遍面临的问题。导致大学生就业难的原因有很多，从大学生自身来讲主要有两方面原因，一是在择业过程中对就业形势分析不足，没有树立正确的择业观，对就业单位和薪金期望过高；二是大学生的就业渠道一般比较狭窄，毕业生大多数只能通过招聘会和就业网站来找工作，这显然很难满足越来越多的毕业生的需求。在高校毕业生基数越来越大的前提下，就业单位的可选择性固然提高，高学历、男性、工作经验等越来越苛刻的条件都成了阻碍大学毕业生成功就业的障碍。在这种情况下，高校必须加强实践教育在思想政治教育工作中的实施力度，让大学生在充分了解就业形势的前提下，根据自己的实际情况，通过实践教育提高自身的工作能力，适当降低期望值，树立正确的择业观。还可以针对就业瓶颈，对大学生进行就业指导，组织大学生听取优秀校友成功的就业、创业报告，鼓励大学生积极参加就业、创业大赛的实践教育活动，使大学生在实践锻炼中积累工作经验、提高竞争力，实现自我的社会价值。

（四）实践教育有利于促进大学生的全面发展

"人的全面发展是指人从各种束缚中解放出来，实现体力和智力、个性、交往能力、精神和道德等方面充分而自由的发展。"[①] 随着现代社会的不断发展，应试教育的产物"高分低能儿"越来越不能适应日益激烈就业竞争，大学生的综合素质越来越成为就业单位选择的依据。因此，把大学生培养成德智体美劳全面发展的人才成为衡量中国高等教育成功与否的重要目标。把思想政治理论教育与实践教育相结合能够有效促进大学生的政治教育、思想水平、专业能力、创新意识等方面的完善与培养，从而更好地促进大学生的全面发展。学生能够在社会实践当中更好地认识社会、了解社会，把课堂上所学习的理论与现实结合起来，使原本空洞、乏味的理论知识更为具体、实用，使学生更好地接受。与一般的理论学习不同，社会实践具有现实性、直观性、实际性的特点，大学生在社会实践的过程当中，要充分发挥自身的主观能动性，把自己在课堂上所学到的知识充分运用到理论实践的过程当中，并且在实践中充分认识自己和改造自己，明确自身的不足之处，对自己的不足进行有效的弥补，促进自身素质的全面发展。

（五）实践教育有利于促进大学生的社会化进程

大学生接受高等教育的过程其实就是社会化的过程，在受教育过程中大学生可以逐渐树立基本的社会意识，掌握基本社会技能，而高校思想政治教育的实践教育特别是社会实践教育在这方面发挥着不可替代的作用。大学生正处于人生发展的高峰期，生理和智力方面都处于上升阶段；而当代大学生绝大多数

---

① 秦天恒：《实践锻炼法与大学生思想政治教育研究》，青岛大学硕士论文，2011年。

是独生子女，生长在改革开放不断深化时期，缺乏实际生活经验，自我中心意识严重，思考方法片面。高校思想政治教育实践教育方法使大学生在参加实践的过程中，通过与同学、老师和人民群众的广泛接触；使大学生学会如何处理人际关系，体验劳动的艰辛和意义，树立公德意识和社会责任感；使大学生提高认识社会和改造社会的各种能力，认清自己的社会位置，找出自己的差距和不足，调整和改善自己的知识结构，为担任新的社会角色做好准备，从而在一定程度上加速了大学生的社会化进程。

（六）实践教育有利于促进高校思想政治教育的改革发展

加强高校的实践教育是改进我国高校思想政治教育的重要环节，实践教育要作为促进大学生思想教育学习的最主要的途径，把社会实践与高校理论课结合起来，重视高校思想政治教育的实践，提高思想政治教育的品质，全面提高高校大学生的综合素质，使其能够全面发展。

首先，充分发挥大学生的主体能动性。随着科技的进步，大量的图书、视频资料通过互联网来到大学生身边，大学生可以通过多种渠道获得信息，传统的思想政治教学即"一支粉笔、一本书、一张嘴巴"的教育模式早已不能适应时代的要求。就大学生自身来讲，正处在人生成长的黄金时期和重要阶段，他们具有思想发散、身体状况良好、创造力强等特点。因此，高校思想政治教育要想充分发挥成效必须通过实践教育来调动大学生的积极性和能动性，将教育与学生的自我教育相结合。

其次，充分整合校内外的教育资源。随着科学技术的进步，知识内容的不断更新，脱离社会生活实际的课堂教育越来越不能满足快速发展的社会对于人才的需要。江泽民同志指出："加强和改进教育工作，不仅需要学校及相关部门的努力，同时还需要学生家庭和社会各方面的全力支持与关心，通过多管齐下，综合治理，为青少年学生的身心发展提供良好的社会环境，最终才能茁壮成长。"① 大学生要想全面健康的成长，必须通过规范的学校系统和开放的社会系统两个课堂来接受教育。

三、思想政治教育中实践教育的实施途径

随着经济社会的不断发展和改革开放的不断深化，高校思想政治教育中实

---

① 江泽民：《关于教育问题的谈话》，载《人民日报》2003年第3期。

践教育的活动形式也不断增加，关于高校实践教育方法的具体实施形式的划分方式也多种多样，根据实践活动的场所可以把实践教育的实施途径分为校内实践教育活动和校外实践教育活动两大类型。

（一）校内的实践教育是基础

大学校园是大学生成长成才的重要舞台，这个舞台具有很多社会的特点，同样蕴藏着丰富的实践教育资源，理应成为大学生思想政治教育实践教育的重要舞台。并且，大学生校内实践教育以校园为舞台，更能发挥校园资源的优势，有利于解决实践教育在实施过程中存在的资源紧缺的问题。大学生的校内实践教育从学生的实际需要从发，以大学生为主体，使他们能够充分发挥自身的主观能动性来策划和组织具有个性化的活动。关于这些活动，根据教育的目标以及活动的特点，可将校内实践教育分为七种：

1. 文明修身类活动

文明修身类活动是大学生道德建设的特色活动，同时是大学生校内实践教育的核心，关系到大学生成才的方向和校内实践教育的导向。它是一种具体包括立足于大学生生活习惯的基础文明修养活动、对大学生进行理想信念教育的党团系列活动、培养大学生的爱国情操、历史方位感和社会责任感的系列纪念活动以及对大学生开展专题教育的系列仪式活动等主要内容，在遵循思想政治教育教育规律和大学生成长特点的基础上，从基础文明、团队精神、社会责任感以及理想信念等不同层面入手，因势利导，通过营造一种良好的自律和自我教育氛围，来促进大学生整体素质全面提高的道德实践活动。2004年8月，《中共中央国务院关于进一步加强和改进大学生思想政治教育的意见》指出，加强和改进大学生思想政治教育的主要任务之一就是"以基本道德规范为基础，深入进行公民道德教育"。而文明修身类活动就是一种突出思想内涵，强化道德建设的道德实践活动，它通过让每个大学生从身边的小事做起，逐步认识到自己不仅是道德建设的参与者，而且还是道德建设的受益者，进而在自觉参与活动中不断熏陶其思想感情，充实其精神生活，提高其道德境界。

2. 社会工作和社团类活动

马克思、恩格斯在《德意志意识形态》中曾指出："只有在集体中，个人才能获得全面发展其才能的手段，也就是说，只有在集体中，才能有个人的自由。"[1] 社会工作和社团类活动是集体活动的重要形式，也是促进大学生健康

---

[1] 《马克思恩格斯合集》第3卷，人民出版社1972年版，第89页。

成长的良好平台。社会工作和社团类活动实际上是高校通过学生组织和社团活动来开展大学生校内实践教育的活动形式。这里的社会工作主要是指学生参与一定的学生组织，担任一定的职务，以学生干部的身份去开展相关的日常管理工作和完成某项具体的任务，是学生在校园范围内进行"自我教育、自我管理和自我服务"的综合性社会实践活动。从其工作内容和形式来看，主要是大学生通过参与职位竞选、开展主题班会、进行班团建设、日常的管理工作等方式来开展实践教育活动。而社团类活动则是以兴趣为纽带，以大学生的需求为导向而开展自我培训、内部竞赛、主题讨论会以及经验交流会等活动。强调大学生共同的兴趣爱好，是大学生校园社会实践教育以趣缘关系为纽带的重要体现，也是社团类活动成为大学生发展个人兴趣的重要平台，以及自主参与最为广泛的校内社会实践教育活动的重要原因。

3. 志愿服务和勤工助学类活动

志愿服务活动是大学生参与社会实践教育活动的重要形式之一，泛指志愿者在不计报酬的情况下利用自己的时间、技能和资源为他人、社区、社会提供援助的各种活动，包括校园志愿服务和校外志愿服务两种类型。校园志愿服务活动主要通过班级、团支部、党支部以及公益社团活动等形式进行，从培养内容上看，主要包括诸如为同学义务送报纸、为学校图书馆整理书籍和义务清洁学校学院的实验室等方面的意志品质培养活动，诸如废旧电池回收活动、自然环境保护宣传活动、团队心理辅导活动等方面的公益性服务活动，以及各种专项大型志愿服务活动等。校园志愿服务活动的开展有利于大学生从服务中体会劳动的艰辛和价值，学会为他人付出，学会担当责任，并在服务他人和集体中不断提高自身的素质。

与志愿服务不同，勤工助学则是一种社会实践的有偿服务形式。2005年4月8日，共青团中央、教育部下发的《关于进一步做好大学生勤工助学工作的意见》指出，勤工助学是大学生社会实践活动的重要内容，是加强和改进大学生思想政治教育的重要举措。勤工助学的方式也有两类：一类是立足校内，提倡因地制宜、自己动手承担一些学校管理和服务方面的工作；另一类是走出校门，到社会上用所学知识和诚实劳动为社会服务。校内勤工助学的形式主要有：第一类是"助管"，即高校行政机构提供的勤工助学的岗位；第二类是"助教"，即由大学生担任部分教学工作；第三类是"助研"，即由大学生担任相关的科研工作，等等。由此可见，勤工助学活动不仅具有一般社会实践教育活动的意义，还有利于增强大学生的独立生活能力和实践工作能力的特殊意义。

4. 学术科技类活动

学术科技类活动是大学生校内实践教育活动的重点。从活动内容和开展方式上看，这类活动主要包括科技类竞赛活动、科技文化活动、科技协会活动、科研参与活动以及网络运用活动等。这些活动可以培养大学生的竞争意识和团队意识，培养大学生的科学精神，培养大学生专业知识的运用和动手实践能力等。如今，互联网作为新的信息传播媒体，越来越成为大学生学习、生活所必不可少的重要内容，是高校师生获取知识和信息的重要途径，也是大学生了解社会、接触新知识的主要渠道。高校思想政治教育工作应高度重视网络时代提供的便利条件，将开展实践教育活动的空间和形式拓展到虚拟、空间无限的网络世界。如今教育部门和许多高校都开始加强对校园网的建设，为开展广受大学生喜爱、生动活泼的网络思想政治教育活动，努力制作了集知识性、趣味性、思想性、特色性于一体的网站活动平台，有些学校还开通了官方微博，加强同大学生的沟通，了解他们在学习、生活中出现的问题，及时回馈，避免学生受一些"灰色"文化的侵袭，并鼓励大学生积极参与讨论，努力使网络成为大学生求知解惑的实践教育形式。可见，大学生学术科技类活动主要是以运用知识为主，强调大学生将理论知识运用到实践中去再学习的过程，有利于促进大学生知识分析能力、运用能力以及解决实际问题的能力的综合提高。

5. 创新创业类活动

创新创业是大学生思想教育和素质教育的主要内容，也是大学生校内社会实践教育的形式之一。目前我国大学生的创新创业教育活动主要有三种形式：以"挑战杯"竞赛为代表的创新创业类竞赛，以 KAB、SYB 等从国外引进的课程为代表的创新创业培训，以企业家、科学家、杰出创新人才沙龙、讲座为代表的创新创业类讲座论坛。其中，竞赛实践，尤其是由团中央推出的以培养大学生的思想政治素质为核心的"大学生素质拓展计划"及其与中国科协、全国学联联合开展的全国性"挑战杯"课外学术科技作品竞赛，对于培养大学生的创新创业精神和实践能力、促进大学生创新创业具有十分重要的意义。

例如，华中农业大学依托优质科研平台和四级大学生科技创新体系，让本科生"早进课题、早进实验室、早进团队"，在办学过程中逐渐探索出了"三早"实践育人模式。学校每年立项"国家大学生创新实验计划" 40 项、校级大学生科技创新项目和创业训练项目 300 项，各学院积极组织本科生参与教师科研课题研究，形成了国家、学校、学院、大学生四级创新体系。这种"三早"实践育人模式收到了明显的成效。"十一五"期间，华中农大本科生发表论文被 SCI、EI 收录的有 55 篇，有 58 件作品获全国、省级"挑战杯"大奖，其中国家级金奖1项,一等奖两项。

目前,华中农业大学通过对原农学专业"种三田"(试验田、丰产田和种子田)进行了改革优化,规定农科专业实践学时比例须达到35%,实验学时不少于课内总学时的20%,集中实践环节不少于30周,并逐渐拓展到植物生产类专业。如园艺林学学院园艺(蔬菜)专业的本科生在大三时会上一门"三田"教学实习必修课,30平方米的实验田被划分给每位学生进行管理。在这门课程中,学生需要从市场调研开始,自主确定生产内容和方式,自主完成种、管、收、售全过程的田间管理和采后管理。学生在"三田"进行田间观摩、田间操作和田间管理,系统参与农作物从种到收的全过程实践训练和科研训练,培养了实践动手能力和创新能力。

6. 文体艺术类活动

文体艺术类活动则是旨在促进大学生在人文素养、身体素质、心理素质和生活艺术品位等方面的全面提升而开展的一系列人文、体育以及艺术类活动,具体包括文化类、艺术类、体育类和心理类等方面的活动。如运动会、迎新生或毕业晚会、大型校庆晚会、新老生交流会等,这些活动是高校校园中面向全体大学生,具有很强的整体性和协调性的校内社会实践教育形式。

7. 职业规划类活动

职业规划教育就是教育者通过一定的指导,促使大学生了解自己和社会的需要、规划人生、树立科学的择业观,为将来的就业、择业打好基础的活动类型。这类活动是一个持续性较长的活动,一般分为以下几个步骤:首先,教师要就当今的就业形势为同学们做一个详细的评估,并在此基础上,由学生广泛收集资料,并在教师的指导下,对各种职业的工作性质、要求及社会价值做出正确的评价,供同学们选择参考;其次,学生在教师的指导下,发挥自己的主体选择权,撰写职业规划;再次,通过学生互相评估、教师指导评估和专家点评评估的方式,对学生的职业选择做正确的评估;最后,学生们还可以在教师的指导下,在校园内进行模拟就业,这样可以帮助大学生进一步认识自我、了解社会、提高自我、树立科学的职业理想。同时,高校也可以培养并支持大学生自主创业的观念,尽量提供指导和帮助,例如举办创业计划竞赛、创业创意比赛等,不仅提高了大学生的专业技能应用,开阔了大学生的思想界限,也为将来在一定层面上缓解就业压力打下基础。

(二) 校外的实践教育是核心

大学生实际生活中的思想政治教育,涉及课堂与课外、理论与实践、社会与学校各个层面，高校思想政治教育工作者在对青年大学生进行政治教育、思想教育和品德教育的过程中，应注重实践能力的培养，不断丰富课外实践教育的实现形式。在大学生实践教育活动体系中，校外社会实践教育也是其不可或缺的有机组成部分，同时是大学生思想政治教育的重要环节。随着知识经济的发展和高等教育的大众化，校外社会实践教育已经成为加快大学生社会化进程和促进大学生素质全面发展的重要途径。

较之于校内实践教育，大学生校外社会实践教育活动的形式更为丰富多样，以下着重介绍社会调查、参观体验、校外志愿服务、社会实习教育等基本类型。

1. 社会调查

社会调查是最常见的大学生校外社会实践教育活动类型之一，其目的主要是让大学生有目的、有组织地到企业、农村、部队、社区、商场等地开展调查研究，做到透过社会现象揭示事物的本质和发展规律，以寻求改造社会的方式方法，它主要围绕以下三个问题来进行：弄清社会问题（是什么）、探析问题根源（为什么）、寻找解决问题的办法（怎么做）。从内容上看，社会调查包括以下几方面：一是让大学生对自己家乡的风土人情、自然资源、周边环境等进行的调查；二是开展了解国情、了解我国灿烂历史文化的考察调研活动；三是结合社会需求开展专项调研；四是结合大学身关注的社会热点问题进行的调研；五是对大学生价值观、思想特点等方面内容的调查，等等。大学生深入参加社会调查，就大学生自身而言，可以正确认识并从专业角度深刻剖析当今社会现象，增强大学生的责任感和使命感；从教育者而言，可以在组织学生参与实践教育活动过程中，发现大学生的思想观念或认识能力的问题所在，进而有效地对其进行思想政治教育。通过到基层深入访问与调查，大学生们在与群众的交流中学习，在实践中进步，通过社会这个大课堂不断增长见识、提高能力、全面发展。

目前湖北省各高校基本都会组织学生进行社会调查，参与暑期"三下乡"等实践活动，这类活动深受学生欢迎，取得了不错的效果。与其他实践形式相比，暑期社会实践要求大学生走出校园，深入社会进行实地调查研究，具有很强的参与性。通过亲身参与社会实践活动，学生不但了解国情社情，加深对党的路线、方针和政策的认识，坚定了正确的政治方向，同时在社会实践中也得到了锻炼，增长了才干，丰富了知识和阅历，学到了书本上所没有的知识。

2. 参观体验

参观体验主要是指教育者有目的的组织大学生参观红色教育基地或革命纪

念馆等场合,目的是使大学生身临其境,睹物思昔,同学们通过仔细观看每一张照片、每一件文物,并结合讲解员的仔细讲解,图文并茂,从而更加了解历史、深深地感悟历史,增强历史责任感和崇高的使命感。

例如,2011年武汉大学思想政治理论课教学团队结合建党90周年,组织100多个班的学生到"武汉·中国光谷"——科技创新与新技术革命实践教学基地、武汉市柏泉农场——社会主义新农村建设实践教学基地、武汉革命纪念馆——爱国主义和革命传统教育实践教学基地等不同主题的教学实践基地参观学习,取得了很好的效果。参观结束后,水利水电学院一位大一学生说:"在教室之外还能上课,这对我来说还是第一次,我和同学们都很爱上思政课。"

3. 校外志愿服务

校外志愿服务又可以称为社会服务。在志愿服务的过程中,大学生以自己为他人或社会服务的行动接受了社会的评价和检验,并获得了自我价值的认同和升华,达到自我实现。校外志愿服务,按照其活动的进行的场所可以大致分为以下三种形式:一是志愿服务在农村:科技、文化、卫生"三下乡"活动。大学生参与"三下乡"活动是教育和生产实践相结合的方针在新时期的集中体现,这是一项持续了很多年的社会实践教育活动。它的主要内容包括:支教扫盲、文化宣传、科技扶贫、法律普及、医疗服务以及环境保护等。二是志愿服务在社区:科教、文体、法律、卫生"四进社区"活动。它是科技、文化、卫生"三下乡"社会实践教育活动的延伸和进一步发展,是当代大学生运用知识、施展才华和实践成才的好课堂。为了进一步贯彻落实中共中央国务院发出的《关于进一步加强和改进大学生思想政治教育的意见》精神,全国各个高校纷纷开展了大学生科教、文体、法律、卫生"四进社区"的社会实践教育活动,在一定程度上提高了大学生的思想政治水平和综合素质。三是志愿服务在城市:弘扬城市精神。每个城市都有自己的城市精神,而城市中的大学生志愿者则是展现城市精神的重要窗口。如2011年的深圳大运会的志愿者队伍中,80%是各大高校的大学生,在大运会期间,大学生志愿者们向全世界展示了中国大学生的风采。在参加社会志愿服务的过程中,大学生们充分发挥各自的专业优势,通过为他人志愿服务的行动接受了社会的考验和评价,同时,还把社会实践与择业、就业相结合,在专业知识应用的实践活动中认识自己的不足,达到理性看待就业问题,获得自我价值的实现并使自我意识得到升华。

4. 社会实习教育

社会实习教育实际上就是角色扮演型实践教育。主要是学生通过参与社会实习,提前进入社会,让自己扮演适合自己专业技能或是自己感兴趣的角色,在扮演过程中，从事特定的活动或工作，丰富情感体验，激发其创造力和适应社会能力，增强进取意识和奋斗的精神。大学生校外实习也可称为校外勤工助学。相比校内勤工俭学，由大学生自主寻找的校外勤工助学更能实现大学生的自我价值，而且这种实践教育活动的参与方式灵活、参与面广泛，主要包括兼职打工、做家教、技术承包、开网店、担任校园销售代理、参与自主创业、企业实习等。社会实习教育，一方面帮助大学生了解社会、树立正确的择业观和职业道德，养成吃苦耐劳、勤俭节约的优良品质；另一方面还可以为贫困大学生缓解经济压力，增强贫困大学生对生活的自信心。

四、高校思想政治教育中实践教育的不足

实践教育提升了高校思想政治教育实效性，但由于没有明确的实践教育理论做指导，高校思想政治教育实践教育有着一定的自发性和盲目性，不可避免地存在诸多不足。

（一）重实体性教育，轻寓他性教育

目前高校思想政治教育在很大程度上仍然是教育过程与生活业务实践分离，重实体性教育（如上理论课，过党团组织生活）、轻寓他性教育（如寓教于学、寓教于乐、寓教于管理等）的弊端。以课堂授课为主的实体性教育是思想政治教育的主阵地，但这一点很容易被误读，常常成了某些高校和思想政治工作者轻视实践教育的理由，在教育中重视直接的理论讲授，忽视现实环境和实践活动的积极影响，社会实践、参观访问、文娱活动等生活实践长期以来停留在"配合"定位上。课程内容与现实生活存在错位，教育中"假、大、空"现象仍然存在，结合生活实践不够紧密，使学生既反感理论的枯燥空洞，又困惑于教育理想和现实的反差。教育方法上，多单向、直接、正面灌输，或简单的照本宣科，学生缺乏现实体验，缺乏真正参与教育过程的机会，缺少主动思考、讨论和自主选择的空间，难以产生情感共鸣。因此，必须注重实践教育的设置，从贴近学生生活实际入手，寓教于现实之中，促使教育内容从抽象到具体、从空洞到丰满的转变，以促进学生认知与行为的统一，实现实践教育与理论教育的有机统一。

（二）重视政治需要，对大学生心理接受规律关注不够

长期以政治为中心的传统形成了偏重于政治需要的思维方式，而对怎样在

实践教育过程中适应思想政治教育规律要求的认识不足。所谓满足政治的需要，是指注重宣传的声势，习惯于采用政治运动的方式来设置思想政治教育内容。但思想政治教育要能够被人们所接受，一个必要条件是要遵循人的心理规律。与生活实践融为一体的教育是最能迎合学生心理需求的教育方式，但在思想政治教育中偏重政治需要、轻视学生个体心理需求的氛围中，这种方式却成了以课堂授课为主的实体性教育的配合角色，思想政治教育的实效性大打折扣也就成了必然。

(三) 忽视思想政治教育实践教育的规律要求

高校思想政治教育实践教育表现地急功近利，常常随意简省甚至忽略。有的人认为实践教育登不上大雅之堂，汇报中重要，计划中漏掉，忙起来忘掉，评价中忽略不要。这种在教育中把随意性当灵活性、把教育授课当任务完成而不讲究教育方式、实践教育设置不科学不系统的现象，大大影响了思想政治教育的效果。因此，必须着眼于促进学生思想政治教育在"知、情、意、行"各环节的协调发展，充分发挥"认知、感化、励志、践行"各类实践教育的综合效能，努力营造能引发学生积极情感体验的和谐教育氛围。近年来高校实践教育遇到了许多困难，除了经费等客观原因外，实践教育缺乏对现实需要的考虑也是重要的原因。

五、思想政治教育中实践教育的完善措施

综合以上思想政治教育实践教育的种种不足来看，对思想政治教育所应具有的实践教育关注不够是造成高校思想政治教育实效差的主要症结之一。高校的社会实践教育是一个艰巨而又复杂的系统工程，牵涉部门多，人员广，因此，要开展好高校的社会实践教育活动，应逐步完善以下几项保障措施。

(一) 完善组织管理

高校思想政治教育实践教育的实施工作，涉及高校的各院系、各部门和校外的相关单位，因此必须成立专门的思想政治教育实践教育工作领导机构并且从观念上明确自身职责所在，并通过行动科学的组织和管理实践教育方法的有效实施。为了保证顺利地开展工作，领导机构应由高校分管思想政治教育教学工作的领导负责，同时需要教务处、校及各学院团委、财务部门、后勤等部门的积极配合。同时，明确教师是承担大学生思想政治教育实践教育的主体。高

校教师应不断深化自身对大学生思想政治教育实践教育方法的认识,转变过去传统的"教师单一主体"的观念,树立现代科学的实践教育理念,充分认识并发挥大学生在思想政治教育实践教育活动中的主体地位。

(二) 加强实践教育基地建设

高校思想政治教育实践教育实施的基础就是相对稳定的实践教学基地,只有建立了稳定的实践基地,才能保证大学生实践教育活动走上规范化的轨道。高校应主动与政府联系,得到政府的政策支持,并在此基础上,主动与社区、乡村、企事业单位、红色教育基地和纪念馆等社会机构建立联系,倡导长期合作、双向受益的方针,积极建立相对稳定的实践教育基地。从实践单位本身的利益出发,也应该主动为大学生提供更多的实践岗位,不仅有利于大学生的锻炼成才,也为单位、国家积累了未来的人才。所以,无论是从政府、社会各界或是高校自身出发都应目标一致,开发建立相对稳定的实践教育基地。

在湖北省高校思想政治教育工作会议暨高校思政研究会2014年年会上,严学军同志就指出,要以深化实践育人为途径,建设好一批实践育人示范基地和示范团队,扎实推进实践育人共同体建设,让大学生在实践中砥砺品质、增长才干。

(三) 保障经费需求

资金是实践活动进行的基础,没有经费作保障,实践教育活动就变成了空洞的口号,得不到有效的实施。实践教学独特的方式决定了它与其他教学部分不同,要常常走出教室、走出校园,因此会产生许多费用。长期以来缺少实践经费一直是制约高校思想政治教育实践教育实施的重要原因,因此必须多方筹措实践教育资金。因此,高校要进一步加大对实践教育活动的投资力度,尤其是对于实践能力要求较高的专业或院校,更应该给予实践教育活动应有的重视,加强资金的投入力度,为确保大学生参加实践教育活动的机会均等提供必要的经费保障。同时,高校还可以通过与社会各界制定人才输出合作,争取得到当地政府、企业的资金支持,并且鼓励大学生加入到实践教育经费的筹措过程中,如鼓励和提倡大学生参加社会调查、志愿者服务或勤工助学等实践活动。

(四) 建立评价机制

高校思想政治教育中实践教育实施的评价机制主要是指对实践教育方法的

实施过程、效果进行评价的标准、方式及结果的系统，而目前高校并没有建立形成完善的思想政治教育中实践教育实施的评价机制。高校思想政治教育的实践教育活动过程和结果具有特殊性，所以我们应针对其特点设计科学的评价指标和评价方式，对于大学生参加实践教育活动过程的评价和学生成绩的评定应以定性评价为基础，提出规范性的目标、要求来考核和评定大学生参加实践教学的态度、能力、科研成果等，同时还要结合非定性评价，从主观上激励学生不断进步，在实践活动的过程中不断探索新知，提高自身的认识和实践能力。

实践教育要成为高校思想政治教育工作的主要方法，根本途径就是把实践教育纳入高校教学的整体计划中，纳入学分制进行管理，将实践教育活动的开展做到有章可循，使第二课堂在高等教育中的地位提到更高的层次。

2013年8月，武汉市出台了被誉为"黄金十条"的《促进东湖国家自主创新示范区科技成果转化体制机制创新若干意见》，武汉大学、华中科技大学、武汉理工大学、中南民族大学及江汉大学等高校竞相出台具体政策，支持"黄金十条"。除教师外，对大学生创业也有具体政策支持。如武汉大学规定，在校研究生经导师和培养单位认可，本科生经教务部认可到示范区创新创业，视同完成相关课程学习并计入学分。华中科技大学鼓励和支持有创业条件的学生（尤其是研究生）到示范区进行创新创业。对其创业空间、创业课程、创业基金方面给予一定扶持。

允许学生根据实际情况选择适合自己的实践活动来获得学分，如贫困生可选择勤工助学活动，在了解社会、服务社会的同时减轻了经济的压力；城市的大学生可以通过上山下乡活动了解乡村的发展状况，访贫问苦，同时可以就发展农村经济设立科研项目，等等。在学分制的基础上，既保证了大学生参加实践教育活动的数量，提升了大学生的积极性，也满足了大学生自身发展的需要。

综上所述，实践教育对于我国思想政治教育有着极为重要的意义和价值。因此，探悉变革中的思想政治教育模式，重建实践教育与思想政治理论教育之间的联系，真正实现"读万卷书，行万里路"的教育实效，培养全面发展的社会主义建设者和接班人是我们思想政治教育应该为之努力的方向。

报告撰稿人： 周　洁　湖北省大学生思想政治教育评价中心研究人员，湖北经济学院思想政治理论课部教师，心理学硕士

美国大学德育途径特点及其启示

罗 骋

由于历史背景和社会制度的差别,各国的道德教育在途径上有着很大的不同。研究美国德育途径的特点,揭示不同社会制度、不同文化背景下实施德育的普遍规律,对于我们更好地发挥自身优势,加强和改进我国的高校德育,具有十分重要的现实意义。

一、美国高校思想政治教育的途径

(一)通过课堂教学加强道德教育

美国高校虽然少有专设的道德教育课程,但是普遍开设历史、公民学类课程以及有关专题。美国以法律形式明文规定,各级学校都必须开设美国历史课程,小学讲历史故事、伟人轶事;中学开设有140多个学时的系统历史课程,侧重于学习历史事实和过程;大学里每个学生都要必修一门美国历史课,侧重对历史的理论分析。美国各级学校注重通过历史教育培养学生深厚的爱国信念,树立民族自尊心与自信心。就内容而言,美国把公民教育作为高校德育的重要内容,但不设置专门的公民教育课程,而是把有关内容融入整个教育活动中,目的是培养好公民。为此,高校的公共基础课普遍开设美国总统制、欧洲政治思想、美国政治生活中的道德问题、政治与社会制度、伟人肖像等有关专题。另外,美国学校还通过开设语言和人、艺术和社会、西方文化的三次危机、文明在受审、亚洲政治思想、男女平等理论与妇女运动、宗教、伦理学等有关的人文和社会科学方面的课程,使学生从中获得某种道德熏陶,提高道德判断力和选择的自觉性,增强大学生的责任感。上述课程及专题,其政治性、理论性都很强,充满了资产阶级的政治观、价值观。正如有的学者所说,一个美国学生必须对美国的文化和精神传统有一个起码的体验和理解,否则他就不能算是受过教育的美国人。

美国高校不仅注重在文科教育中渗透德育，也十分注重在理科教学中渗透德育内容，使传授自然科学知识与道德培养结合起来。其方法是对每一门主修专业，都要从历史、社会和伦理学的角度学习研究，要求学生对任何一门专业课程的学习都要回答三个问题：这个领域的历史和传统是什么？它所涉及的社会和经济问题是什么？要面对哪些伦理和道德问题？

由于大学毕业生将直接走向社会，从事专业工作，美国高校还十分重视职业道德教育。美国一些高校在行政管理学院设置行政伦理学，讨论政治界的丑闻及其涉及的道德价值观；在商学院设置商业伦理学，讨论商业活动中的欺诈问题等；在医学院设置医学伦理学，讨论诸如安乐死、堕胎、克隆人等道德问题；在新闻学院设置新闻伦理学，讨论有偿新闻、虚假新闻等新闻道德问题。美国律师协会和法学会还达成协议，规定法学院所有毕业生必须经过职业道德课程的考试，才能进入律师行业工作。商业协会也规定，商学院必须开设职业道德课程，着重讲解企业和公司经理经常面临的职业道德问题。为提高授课质量，学校还在学生中开展一系列的道德教育活动。

相比而言，尽管我国的道德教育也主要采取课堂教育的模式，但效果却不明显，其主要原因在于过于注重大一统模式，忽视了受教育者的个性特质；过于强调硬性的灌输，忽视了受教育者的主体参与；过于重视课堂的直接教育，忽视了学科的融合教育。尤其是这种教育模式，传授给公民既定的公认的价值和信仰比较多，而让人们通过各种形式去体验品味、独立思考的少。随着社会转型带来的新问题新情况的增加，讲究"灌输"的策略和方法，提高德育的艺术性、综合性和协调性就成了我国德育工作迫切需要解决的问题。那种不尊重教育对象，背离科学和民主的强硬灌输，不仅不是现代德育应该采取的办法，而且达不到预期的教育效果。

因此，在保持和发扬我国德育优良传统的同时，加强道德教育的潜隐性，注重道德教育的层次性，提高道德教育的艺术性，应成为今后我国德育改革的重要方向。

（二）通过心理咨询培养健全人格

美国几乎所有的大学都设有心理卫生、心理咨询等机构。各咨询机构有固定的编制、行政划拨的经费等。这里集中了一批受过专门训练的心理咨询专家为学生提供发展咨询、适应咨询和障碍咨询。美国高校对心理咨询人员有十分严格的职业道德要求。美国咨询与发展协会对咨询者伦理原则与义务做了详尽的规定，指出"美国咨询与发展协会是一个教育、科学和专业性组织，其成员致力于提高个人的价值,保护个人的尊严,挖掘个人的潜能,提高人的独特性,从而为社会提供服务"。心理咨询的方法可以是上课,也可以是座谈、个别谈话、个别咨询,还辅之以影视教育。

心理咨询机构除了开展日常的心理咨询和心理教育外,还十分注重开展各种形式的团体心理训练活动,如交朋友小组、敏感性训练小组等。例如,卡纳尔大学十分重视情感对于新生适应大学生活的必要性,他们以"暑期课程"的形式,在新生中开展"情感适应"训练,内容包括增强个人责任心、人际交往和竞争环境中的自信心;培养学生的专业兴趣,学会客观地评价自己;促进学生和大学融为一体等。为了培养心理咨询方面的专门人才,美国的各个州都有一所大学举办高等教育行政专业,该专业所设的课程中有很大一部分与大学生心理咨询工作有关,如精神卫生、咨询工作技术、大学生人格发展等。

实践证明,美国高校的咨询指导工作对于提高学生的自我意识水平和自助能力,解决学生遇到的各种心理问题,促进学生在思想上和心理上的成熟,健全学生的人格等方面都起到了非常重要的作用,是美国大学道德教育的有效方法之一。

近年来,我国高校心理健康教育工作有了很大发展,但是,我们也应该看到我国高校的心理咨询工作还存在许多不足,这主要表现在:心理咨询和心理健康教育工作者专业化水平不高,许多心理咨询工作者没有接受过心理学的系统教育,或没有接受过医学的专门训练,更缺乏临床的相关经验;培训工作缺乏系统化、规范化等。因此,加大对心理咨询工作的资金投入,提高相关人员的专业素质,建立一个集普查、咨询、跟踪、干预调节一体化的心理保健网络运行机制势在必行。

(三) 通过服务学习增强德育实效

服务学习是一种建立在经验学习理论基础上,将课程学习与社区服务相结合的教育方法,其目的是使学生在服务社会和服务他人的过程中培养自己的公民意识、社会责任感和合作精神。在美国,大学生参与服务学习的范围非常广泛,经常参加的服务学习活动有募集资金、竞选宣传、环境治理、为老年人和残疾人服务和慈善工作等。大学生参与服务学习的活动,得到了社会的广泛赞同,不仅所服务的对象愿意接受或者配合这种教育活动,而且各地方政府也采取措施积极支持和推进这种教育活动。有的州专门通过法案支持甚至强行规定学生必须参加这类活动才能毕业,有的州拨出专款支持这类活动,同时还建立一些大学或者跨地区的全国联盟,以指导、协调本校或者全国的社会服务活动。美国大学生中有一半以上的人参与了各式各样的帮助别人的社会服务活动。

服务学习培养了学生自我管理、自我教育以及社会生存的基本能力，培养了学生自助、自重、公平竞争和爱校爱国的精神，树立了尊重他人、为他人服务、与他人合作的协作态度。这些服务学习活动也不断地将道德原则内化为学生自己的道德信念，弥补了课堂教育的不足，成为美国大学德育行之有效的途径和方法。

我国从1993年实施"跨世纪青年文明工程"以来，中国青年志愿者活动覆盖了全国30个省、自治区、直辖市，参加志愿者活动的青年达数百万人次，组成了数十万个志愿者服务队。我们可以借鉴美国道德教育在社会实践方面的成功经验，使大学生在参与社会实践中实现道德意识的内化，促进健康人格的发展。学校和政府有关部门也要加大对学生参加社会实践活动的财政支持和规范管理，使大学生社会实践活动走上经常化和规范化的发展轨道。

(四) 通过媒介环境加强德育渗透

美国的大学道德教育十分重视环境教育的整体性、一致性，尤其重视利用大众传媒和社会环境进行德育渗透。在美国，各高校除了利用电影、电视来宣传其统治阶级的思想和主张外，还建立了相应的教育中心，为学生专门办报纸，加大对学生的教育力度。另外，美国宗教与大学教育有着千丝万缕的联系。虽然美国不允许在高校进行宗教教育，但宗教仍然是美国高校德育的基础，许多价值观和道德规范都出自宗教教义。许多宗教组织非常活跃，以各种形式向美国大学生灌输符合现代资本主义需要的宗教信仰，其中包括许多基本的道德规范和原则。

美国通过社会公共环境的情景熏陶、渲染、渗透作用进行德育更具有典型性，国家不惜大量投资进行社会政治环境、场所的建设。美国首都华盛顿以拥有众多的博物馆而著称于世，如美国国会大厦、白宫、华盛顿纪念馆、林肯纪念堂、杰弗逊纪念堂、国会图书馆、航空航天博物馆这样耗资不计其数、规模宏大的场所，在华盛顿就有几十所。这些场所集中表现了美国的物质文明，宣扬着美国的政治制度和价值观念，是美国向其国民包括大学生进行政治、思想、道德教育的重要基地。在美国，随处可见飘扬着的美国国旗，就连一个消防队也要以华盛顿、杰弗逊等重要历史人物命名。这些社会政治环境与场所从各个不同的角度和侧面体现了"美国精神"，这种把道德精神遍布在自然的教育环境中，把抽象的理论寓于具体解决问题的过程中，极大地减少了教育对象的逆反心理,对增强德育效果起到了重要的辅助作用。

舆论媒介、公共设施、社会文化、社会风气等因素所表现出来的价值目标的一致性,能强化教育者对该目标的认同、接受和内化。在目前我国许多不良的社会风气仍大量存在的情况下,优化德育环境就显得尤为重要。政府应该加大综合治理社会环境的力度,努力消除各种腐败现象,纠正各种不正之风,扫除黄赌毒等社会丑恶现象,加强舆论的导向作用,鼓励、支持和引导人们为营建良好的社会环境而同各种不良行为做斗争。

二、美国高校思想政治教育的特点

(一) 方向性与学科化相统一

在美国高校,无论是公民教育、道德教育,或者是政治教育,都体现了本国的思想价值取向和道德伦理趋向,具有明确的方向性和指向性。同时,这种方向性又是与高校思想政治教育的学科化相统一的。

研究的学科化,说到底是一种划界运动。这种划界运动,能够为研究提供合法化依据和制度性保证,建立研究的相对独立的规则,使研究、分析与训练系统化,推进研究专业化的纵深发展和建构研究者之间的身份认同。在美国,很多专家学者、高校教师为了推动思想政治教育的学科化发展,积极从哲学、教育学、社会学、心理学、伦理学、人类学、法学、政治学、行为科学,甚至从医学、逻辑学等学科入手,对思想政治教育的内容、方法、手段、效果、对象、环境等进行研究,注重与各学科的交融性和渗透性,努力把高校思想政治教育专业化、规范化、科学化,同时,在视角、方法、主题上不断进行突破和创新,极大提高了思想政治教育的实效性。

(二) 隐性教育与显形教育相统一

所谓显形教育,是指高校教师通过对学生正面、直接的思想政治道德准则、价值观念的传授,使学生明确了思想政治教育的要求,自觉约束自己的行为,发展自身能力。但人都有一种不愿受到别人控制或干涉的倾向,仅靠直接的灌输教育方法是不够的。这样只会导致学生的逆反心理,不利于他们对教育要求的理解与内化,难以取得应有的效果。因此,美国高校在对大学生正面、公开教育的同时,更多的是通过渗透式、陶冶式和实践式、体验式等隐性教育方式,发挥其平等性、愉悦性、无对抗性等特点,营造良好的教育氛围和环境,寓教于乐、寓教于学、寓教于行,对学生实施教育,调动了学生的自觉参与意识。这种方式与公开、正面、直接的显形教育方式相得益彰、相辅相成,使学生在潜移默化中达到了心灵的感染与人格的升华。

(三) 他我教育与自我教育相统一

国外教育专家认为,现在大学的责任不再是充当家长,而应是临床医生,也就是说美国的大学在实施他我的方式对学生进行教育的时候,也注重发挥学生自身的内生力,进行自我教育。因此,美国高校在对学生进行思想政治教育时,也非常重视他我教育与自我教育相结合。

美国高校在进行思想政治的他我教育时,一方面注重方法、途径、模式的创新,注意运用新理论大胆尝试,激发学生学习的兴趣;另一方面也注重发挥学生的主体作用,尊重学生个性与情感,让学生自主学习、自我反省、自我思想改造和反思,给学生充分的选择自由、充分的参与和管理的机会,以及自发组织各种活动的机会。在充分尊重学生权利的同时,给予既定的范围和"临床医生"式的帮助和咨询指导,使外界的他我指导性教育使得学生进行认同、选择、消化与吸收,真正发挥实效。

与此同时,美国高校的思想政治教育还充分发挥学生提高思想品德的自觉性、积极性,使他们能把教育者的要求,变为自己努力的目标。他们帮助学生树立明确的是非观念,善于区别真伪、善恶和美丑,鼓励他们追求真、善、美,反对假、恶、丑。培养学生自我认识、自我监督和自我评价的能力,善于肯定并坚持自己正确的思想言行,勇于否定并改正自己错误的思想言行。

(四) 一元性与多元化的统一

美国是一个多文化、多种族、多宗教的移民国家,这种多元性在思想政治教育中体现为,美国高校思想政治教育的名称、途径、方式、方法、模式等呈现出多元化的趋势和特点,但无论其形式体现了怎么的多元色彩,其实质仍是明确的、一元的。这主要源自于美国自建国初期到现在,其社会一直致力于建立一种统一的美利坚社会,这种要求体现在政策上则是"熔炉"政策。1909年,犹太裔作家依斯雷尔·赞格威尔(Israel Zangwill)在其剧本《熔炉》(*The Melting Pot*)中,将美国喻为能使"所有的欧洲民族……融化和再生(Re-forming)的伟大熔炉"。"熔炉论"由此正式得名并迅速传播开来。"熔炉论"的核心是强调以盎格鲁—撒克逊美国人的传统和历史经历为基础的美利坚民族文化传统的一致性和一元性,这种一致性的基础是英格兰裔移民的历史文化经验和价值取向。这种以同化和一元为指向的"熔炉论"在相当长的时期内占据着美国社会的正统位置，凝成了一种意识形态。这种一元论和一致性用马克思的话就是，美国的政治氛围创造了一种普照的光，它掩盖了其他一切色彩，改变着它们的特点。这是一种特殊的以太，它决定着它里面显露出来的一切存在的比重。

因此，我们应透过现象看本质，对美国高校思想政治教育中一元性对多元化进行主宰、多元化服务于一元性这种特点，予以高度重视与关注。

三、美国高校思想政治教育的启示

邓小平同志早在20世纪90年代就告诫我们："思想政治工作和思想政治工作队伍都必须大大加强，决不能削弱。"因此，我国有必要借鉴美国高校的思想政治教育经验，构建适合中国国情的思想政治教育理论、途径、方式和手段。

（一）教育理论的多元化

我国思想政治教育的基础理论和美国相比还显得不够成熟。我们需要大胆地吸收美国思想政治教育理论中的有益成分，来补充和完善我国的思想政治教育基础理论。如杜威的实用主义理论，他从社会的角度观察教育，在把教育理念付诸实践的过程中，杜威提出了"教育即生活"，"学校即社会"的著名观点。在这种理论的指引下，美国学校思想政治教育非常重视在专业课的教学过程中渗透道德教育。尤其是提出隐蔽课程设置与开发问题，这对于发挥学校和教师在道德教育中的作用颇有意义。柯尔伯格的道德认知发展理论指出，教育的目的可定位为发展，从道德和理智两方面来说都是如此。该理论认为全社会都要创造良好的教育环境，广泛开展各种教育活动，以利于每个社会成员的思想道德的发展。柯尔伯格认为学校道德教育的目的不是让儿童无条件地服从社会的道德准则，而是促进道德由低级向高级发展。拉恩斯的价值澄清理论认为，价值澄清不同于传统学校价值教育方法的地方在于它不是向学生传递某种本身就是模糊不清的所谓正确的价值，而是强调通过一系列价值澄清策略教给学生一些澄清自己价值的技巧和自我评价、自我指导的能力，并使他们把这种能力转化为行为。还有里考纳的完善人格道德教育理论等，这些理论将有助于学生建立自己的价值观和人生观，促进思想政治教育理论的丰富和完善。

(二) 教育方式的隐性化

考察我国思想政治教育的历史可以看出，我国思想政治教育以正面灌输为主要特色。列宁在《怎么办》一书中提出：只有把马克思主义理论"灌输到群众中去，变成他们的生活常规"，才能"提高他们的思想认识，使他们具有真正符合他们的崇高称号的各种方面的素养"。这种方式一度发挥了重要的作用。随着思想政治教育的不断深入，新问题、新情况也不断涌现，我们需要重视隐性教育的作用。

美国思想政治教育基本上采取了杜威所倡导的渗透式教育。这也是美国取得思想政治教育成效的重要原因之一。美国教育界认为学校和课堂的气氛、教师的形象、学校的规章制度、校内的舆论导向等对学生的政治观、道德观和价值观形成的作用绝不亚于正式课程。美国教育家罗伯特·德里本也认为：儿童学到的东西中，来自他们在学校环境中的经验的东西，与教给他们的东西一样多。据此，我们应当借鉴美国学校政治课程内容设置的方法，注意在专业课教学过程中渗透思想政治教育。根据不同年龄段的学生，教育内容体现出较强的层次性和连续性。教育者不是用简单的灌输来实现其思想教育目标。而是让受教育者在不知不觉中接受教育者的思想。借鉴美国课堂教学方法，在学校教学过程中，注意调动学生参与的积极性，教学方法多采用问题讨论式和启发式，针对学生日常生活中碰到的各种实际问题，组织学生进行专题讨论，鼓励他们敢想问题、敢提问题，教师在其中起指导作用。通过这种教育，提高学生参与课堂讨论的积极性。使学生感到自由和安全，可以任意发挥好奇心，不怕出错和失败，既可以从书本和老师那里学习，也可以从环境、同学和个人的经验中学习。这样，我们在思想政治教育过程中要重视运用隐性教育，把渗透式教育与灌输教育结合起来，可以取得事半功倍的效果。

(三) 教育合力的一体化

美国的思想政治教育重视学校、社会和宗教等多种途径的作用，形成了一个系统而严密的有机整体。学校里所有的课程都可能成为思想教育的载体，企业、家庭、社区都是思想政治教育的舞台，宗教也对人们的思想起到积极作用。这样，增强思想政治教育的实效。政治社会化理论认为，学校教育是最有效的政治社会化工具。学校向青少年传授关于政治世界以及他们在这个世界中的作用的知识。

我国为了加强思想政治教育工作，党中央于2001年印发了《公民道德建设实施纲要》，中共中央、国务院于 2004 年颁布了《关于进一步加强和改进大学生思想政治教育的意见》，2006 年 3 月提出了社会主义荣辱观教育，2006 年 7 月进行学习《江泽民文选》的活动。邓小平也指出："我们希望从事教育工作的同志，各个有关部门的同志，整个社会的家家户户，都要来关心青少年思想政治的进步。""学校的党团组织和所有的教员都要做学生的思想政治工作。"据此，学校教育中要组织学生参加爱国主义基地的建设和参观、献爱心等社会实践活动，以实践活动为载体，改变单一的课堂教育方法，充分调动受教育者的积极性，把外在的思想政治观点转化为内在的观点，从而形成定向的思维和行为模式。在社会公共活动中渗透爱国主义、集体主义、社会主义教育，调动国家机关、社会团体、企事业单位、家庭等进行思想政治教育的热情，强化社会的思想政治教育意识。这样，把思想教育工作社会化、系统化，发挥专职思想政治工作者、学校、社会和家庭承担思想政治教育工作的作用，在全社会范围内形成思想政治教育的合力，真正将思想政治教育工作落到实处。

(四) 教育模式的多样化

雅斯贝尔斯认为，教育是人的灵魂的教育，而非理智知识和认识的堆积。我们应借鉴美国思想政治教育有益方法，引导教育对象独立自主地判断问题和解决问题，形成正确的人生观和价值观。实践教育应该成为学校思想政治教育的重要环节。鼓励学生多参加社会服务活动，参加志愿者组织服务大众。制定适合学校进行思想政治教育教学的方案，单独设立实践学分，建立实践教育基地或在政府部门、企业和事业单位等中提供实习机会，为思想政治教育提供场所和平台。不仅如此，还需重视大众媒体在思想政治教育方面的作用。思想政治教育者应该充分利用现有的传播工具条件，充分发挥广播、电视、报刊、网络等现代化大众传播媒介的宣传和影响作用，抓住热点，牢牢把握正确的舆论导向。随着网络技术的发展和网络思想政治教育实践的深入，网络思想政治教育的发展出现社会化、规范化和个性化的趋势。思想政治教育可以利用网络语言具有声色俱全、图文并茂、声情融会的特点，把一些难懂的、晦涩的思想观点在网络上通过图画、音乐和视频等生动、形象地展现给受教育者，从而取得传统的思想政治教育方法无法比拟的效果。网络提供给教育者与受教育者相互交流的平台，利用网络的交互性开展形式多样、内容丰富的双向交流活动，如进行网上实践调查、模拟审判、心理咨询、知识竞赛等活动，提高思想政治教育的影响力和渗透力，从而提高教学的实效性。

参考文献

[1] 张耀灿等：《现代思想政治教育学科论》，湖北人民出版社 2003 年版。

[2] 陈立思主编：《当代世界的思想政治教育》，中国人民大学出版社 1999 年版。

[3] 李建平主编：《当代国外思想政治教育比较》，社会科学文献出版社 2009 年版。

[4] 冯增俊：《当代西方学校道德教育》，广东教育出版社 1993 年版。

报告撰稿人： 罗　骋　湖北省大学生思想政治教育评价中心研究人员，湖北经济学院思想政治理论课部教师，副教授，思想政治教育学硕士

大 事 记

大 事 记

叶晓东

1. 捐献骨髓　奉献爱心

武汉船舶职业技术学院市场营销专业2003届优秀毕业生张宝，是一位中国骨髓捐献者。他坚定地捐髓救助一位韩国患者的动人事迹，被中共中央总书记、国家主席习近平7月4日在韩国国立首尔大学发表演讲时列举。习主席提到：2008年，骨髓捐献志愿者张宝与韩国患者配型成功后，遭遇车祸，但他住院治疗康复后，继续为这位韩国患者捐献了骨髓。这位中国志愿者说："人生祸福难料，人家现在大难临头了，帮点忙不算什么。"经历了车祸，更让张宝体会到生命的脆弱。由于他怕家里人担心，捐献骨髓从入库、配型，到各方面的检查，张宝都瞒着所有的人，直到他要去北京做最后的造血干细胞移植时，才跟家里人讲。省委领导对学习宣传张宝的事迹高度重视。省委书记李鸿忠从国外打来电话作出指示，王国生省长也在第一时间作出指示，张昌尔副书记提出明确指导意见，郭生练副省长也提出了相关要求。在京学习的刘传铁厅长通过电话及时具体布置，要求迅速落实省委省政府领导的指示意见，抓好学习宣传工作。我省高校广大师生收听收看习总书记讲话后，深受鼓舞，习总书记点赞张宝成为近日高校热议话题，广大师生纷纷称赞张宝跨国救人的宝贵品质。张宝说，没想到自己一次不经意的捐献，得到了习主席的点赞，确实内心很是激动，觉得这种百年一遇的事情也被他碰到了。其实，这件事看似偶然，实则必然。因为张宝从来就是一个热心公益、踏踏实实做志愿者的小伙子。在张宝捐献骨髓的示范带动下，湖北近年出现了很多捐献骨髓的大学生。2011年，两次捐髓的大学生扬子威，弃考捐髓的"90后最美大学生"田强等。在这一年，前后共有17人成功捐髓。到2012年上升到了34人之多，2013年更是达到历史最高点50人。

2. 深入学习贯彻党的十八大和十八届三中全会精神

2013年6月9日，省委书记李鸿忠到华中农业大学与农林经济管理专业毕业生同学们交流座谈，作了大学生就业和人生之路"六大关系"的重要讲话。李书记提到，同学们是国家富强、民族富裕的希望，他以老大学毕业生、老学长的身份与大家谈心，希望同学们不畏困难，趁年轻要勇往直前去闯，在广阔天地里实现人生价值。李书记还鼓励大学生们要脚踏实地，努力奋斗，以奉献社会、报效祖国的实际行动，在全面建成小康社会，实现"中国梦"的伟大征程中成就多彩的人生。2013年12月26—27日，全省高校思想政治理论课骨干老师学习贯彻党的十八届三中全会精神专题培训班在汉举行。省教育厅副巡视员刘怀俊出席开班仪式并讲话。会议强调，高校思想政治理论课教师要充分认识党的十八届三中全会的重大意义，深刻领会党的十八届三中全会的精神实质，切实增强思想自觉和行动自觉，真正做到认识上一致，政治上同心，思想上统一，行动上同步。会议要求广大思想政治理论课教师不仅要真学、学深、学透，而且要真懂、真信、真讲，把党的十八届三中全会和全面深化改革的重大意义学明白、讲清楚；把全面深化改革的指导思想、总体目标和基本原则学明白、讲清楚；把全面深化改革的重大部署和创新举措学明白、讲清楚；把始终坚持党的坚强领导作为全面深化改革的根本保证学明白、讲清楚。着力于"学"、"建"、"研"、"管"四个方面，切实提高中国特色社会主义理论体系"三进"工作质量。培训班邀请中宣部时事报告杂志社总编辑曹勃亚同志作了《党的十八届三中全会的时代背景和重大意义》辅导报告。123所高校马克思主义学院或思想政治理论课部负责人和形势与政策课骨干教师共260人参加培训，并进行了分组讨论和交流发言。

3. 深入开展"中国梦"系列主题教育活动

中国梦已经成为华夏大地的最强音，它体现了中华民族的追求，是我们的目标，是大家的期盼。因此以此主题组织开展了"中国梦·我的梦"主题征文大赛，共收到参赛作品700余件，经过初评，有618件上网公示，到2013年7月1日，专题网站点击量超过2000万次。

2013年6月7日下午，湖北省高校研究生"我的中国梦"主题演讲比赛在武汉大学举行。省教育厅副巡视员杜海鹰，省研究生德育研究会会长、武汉大学党委副书记、副校长王传中出席活动。

"我的中国梦"主题演讲比赛是湖北省研究生德育研究会首次举办的全省性的研究生主题教育活动，旨在教育引导广大学生深刻领会每个人的前途命运都与国家和民族的前途命运紧密相连；深刻"中国梦"的实现需要广大学生坚定理想信念，励志刻苦学习，积极投身实践为把我们国家建设好、发展好而努力奋斗。此次比赛由湖北省教育厅思政处、湖北省研究生德育研究会共同举办。各参与高校通过初赛选拔，共推荐了 29 位优秀选手参加此次大赛。经过激烈角逐，武汉理工大学的冯览光、武汉大学的龚协伟、华中科技大学的廖亚文同学获得了本次研究生演讲比赛的一等奖。华中师范大学刘甄等 8 人获得二等奖。武汉大学王晶等 11 人获得三等奖。三峡大学潘冬瑞等 10 人获得优胜奖。省教育厅思政处、省研究生德育研究会秘书处负责人及全省 23 所高校的研究生职能部门负责人观摩了演讲比赛。

4. 湖北省第三届高校辅导员职业能力大赛在华中师范大学成功举办

2014 年 3 月 26—28 日，由中共湖北省委高校工委、湖北省教育厅主办，湖北省高校学生工作研究会协办，湖北省高校辅导员培训和研修华中师范大学基地承办的湖北省第三届高校辅导员职业能力大赛在华中师范大学成功举办。省委高校工委副书记、省教育厅副厅长严学军，华中科技大学党委副书记周建波，华中师范大学党委副书记覃红，武汉理工大学副校长康灿华，中国地质大学党委副书记傅安洲，武汉工程大学党委副书记田辉玉，湖北工业大学副校长龚发云出席大赛现场。有关高校学工部、研工部负责人、部分辅导员代表观摩了本次大赛。本次大赛从 2013 年 12 月起准备，在各高校初赛的基础上，共选拔推荐 156 名优秀专职辅导员参加此次省级比赛。经过"基础知识测试与博（公）文写作"环节，共选拔 64 名辅导员参加复赛；经过"自我介绍与工作展示、主题班会"环节，共选拔 10 名辅导员参加决赛；经过"主题演讲、案例分析和谈心谈话情景再现"环节的角逐，华中科技大学文华学院陈骁、武汉大学张婧和向昭等 3 名辅导员分别获得一等奖，中南财经政法大学高梦娇、华中师范大学胡余映、聂敏等 7 名辅导员分别获得二等奖。此次大赛中，中国地质大学（武汉）吴迪等 20 人分别获得三等奖，湖北中医药大学张赟等 30 人分别获得优秀奖。

5. 2013 年 9 月 6 日，全省高校思想政治理论骨干课骨干教师示范培训班在华中农业大学国际学术中心举办

通过培训，全面贯彻党的十八大精神，用中央精神统一思想，以吃透新修订教材和教学大纲基本精神为重点，帮助任课教师尽快熟悉和掌握新教材和教学大纲修订的原则、思路和重点难点，为新教材和教学大纲的使用做好准备。省委高校工委副书记、省教育厅副书记、省教育厅副厅长严学军同志出席开班仪式并讲话，省教育厅副巡视员杜海鹰同志出席开班仪式。

严学军副书记强调，高校要按照"把马克思主义作为必修课，成为马克思主义学习、研究、宣传的重要阵地"要求，加强和改进思想政治理论课建设工作，不断巩固马克思主义在高校意识形态领域的指导地位，不断巩固全体师生团结奋斗的共同思想基础。

严学军副书记指出，要深刻认识新形势下加强和改进思想政治理论课的极端重要性和紧迫性，从加强教师队伍建设、提高政治素质和业务素质、加强马克思主义理论学科建设、加强教学管理、创新教学方式方法等方面，提升思想政治理论课教学质量和效果。并对确保高质量地完成培训工作提出了明确要求。

培训班邀请了参加教材修订的专家或参加了教育部骨干示范培训的教授分课程作辅导报告。全省123所高校思想政治理论课部门负责同志以及《基础》、《原理》、《纲要》三门课程和研究生五门课程骨干教师共300人参加培训，并进行了互动交流讨论。

6. 创建思想政治理论课教师队伍建设工作品牌

制定《关于进一步加强全省高校思想政治理论课教师队伍建设的若干意见》。择优资助全省高校优秀思想政治理论课教师20人，3人入选全国高校优秀思想政治理论课教师择优资助计划，入选人数为全国各省最多。

7. 树典型　扬正气

一是表彰2011—2012年度全省高校思想政治教育先进集体和先进个人。共表彰22所先进高校、219个先进基层、30名"十佳"和422名先进个人。

二是积极组织参加2012全国高校辅导员年度人物评选。武汉大学周军是支教苗岭而牺牲的赵小亭的辅导员，这个感人的事迹让所有高校人潸然泪下。而肯吃苦、乐于付出，与学生同吃同住的湖北经济学院的商守卫辅导员与周军共同获得提名奖。中国地质大学（武汉）郭秀蓉爱岗敬业执著坚守，十九载育人春秋结硕果。包括她在内的8人获得入围奖。

三是积极组织参加2012年中国大学生年度人物评选。中国地质大学（武汉）陈晨，于2011年8月成功登上海拔6178米的玉珠峰，完成了人生中的第一次雪山登顶，也正式成为了珠峰队队员。而武汉理工大学的时代先锋赵云龙，长期攻坚克难、坚持不懈，展示了当代青年奋勇拼搏的精神风貌。华中科技大学穆可涛自2005年以来，累计无偿献血33次，献血量达24800毫升；获得由卫生部、中国红十字会总会和总后勤部、卫生部共同颁发的2006—2007

年度、2008—2009年度"全国无偿献血奉献金奖",并加入中华造血干细胞骨髓库,成为其中的一名志愿者。以上等14人获得提名奖。

四是组织推选第四届湖北省精神文明建设先进工作者。湖北大学党委宣传部部长杨元业以及湖北工业大学李学峰被表彰为先进工作者。他们本着"开眼界,明思路,强信念"的指导方针,切实把握社会主义办学方向、培养社会主义事业合格建设者和可靠接班人。

五是推荐武汉理工大学朗坤、武汉理工大学华夏学院刘普林、湖北文理学院程威等3人参与第四届全国道德模范评选工作。程威获得第四届全国道德模范提名奖,朗坤、程威、刘普林获湖北省第四届道德模范称号。

六是选树优秀大学生典型。湖北义理学院"90后孝子"程威同学获得"全国优秀大学生"荣誉称号。程威出生在一个贫困的小山村里。5岁时失去父亲,10岁家中房屋倒塌。母亲在2010年患上癌症。程威一边照顾母亲,一边刻苦读书,最后考上湖北文理学院。母亲终究离世,程威表示非常感谢中央和省委、省政府领导及社会各界的关爱。没有这些关心,他就走不到今天。他会尽快调整状态,把课程补起来,以优异的成绩来感谢党和政府及社会各界的关爱,回报社会。教育厅授予武汉生物工程学院"最美励志女生"程菲同学"湖北省优秀大学生"荣誉称号。程菲17岁时,其母亲罹患癌症。为了陪伴母亲,在病床前尽一份女儿的孝心,程菲毅然决定休学,全身心陪伴在母亲身边照顾她、鼓励她,直到母亲去世。在医院照料母亲期间,程菲得到了当地慈善组织和社会爱心人士的帮助。大学期间,年近五十的父亲,因车间机械故障致使粉尘呛入体内造成肺纤维化,不能再做重体力活。父亲高昂的医疗费用和家庭生活开销,再一次沉重地压在她身上。程菲没有被困难吓倒,她从不抱怨、灰心,总是乐观勇敢地面对,她利用课余时间勤工俭学,利用寒暑假打零工,用自己的辛勤汗水和瘦弱肩膀扛起整个家庭。2013年6月4日,武汉一公交车上一男子突发疾病、呼吸、心跳骤停。车上5名武大医学研究生立刻进行心肺复苏,同时拨打120。在乘客支持下,司机加大油门,仅用五分钟就开到了附近医院。因抢救及时,患者脱离生命危险。这些先进事迹,都是值得着力宣传的。编辑出版《壮美的青春交响——湖北高校优秀大学生故事选萃》和第二届"三个十佳"先进事迹读本,免费发放高校组织学习。

8. 召开全省高校哲学社会科学工作会议,出台《湖北省高等学校哲学社会科学繁荣计划(2013—2020)》

实施全省高等学校马克思主义中青年理论家培育计划,第一批共有42人申报，遴选资助18人，每人以重大项目形式资助经费5万元。实施高校哲学社会科学研究重大项目研究计划，2014年申报152项，评审立项重大项目34项左右，每项资助经费5万~15万元。开展第一届湖北省高等学校人文社会科学研究优秀成果奖评选，共申报279项，评选表彰优秀成果60项，并给予相应的获奖证书和奖金。

9. 省委省政府领导探望留校大学生

2014年1月下旬（马年春节前夕），省委副书记张昌尔、省人民政府副省长郭生练冒着严寒分别到中南民族大学、华中农业大学和湖北工业大学，亲切看望慰问因路途遥远、家境贫寒、刻苦攻读等而留校的大学生。同时还向三所高校分别赠送5万元慰问金，使留校的大学生备感温暖。副书记和副省长还委托各相关高校对留校的其他同学进行走访慰问，确保所有留校大学生都能过上一个温暖年、幸福年，并为同学们送上党和政府的亲切关怀和新春问候。留校大学生们无不热泪盈眶，同时士气也大大受到鼓舞。学子们纷纷表示，一定会克服一切困难，发奋图强，不辜负国家领导的关怀和期望。

10. 第二十二次全省高校党的建设工作会议召开

2014年4月21日上午，湖北省委在东湖宾馆召开第二十二次全省高校党的建设工作会议，省委书记李鸿忠提出了四个第一的要求，省委副书记张昌尔对高校党建和思想政治教育"六大工程"进行了亲自安排部署，为我们进一步加强和改进大学生思想政治教育指明了努力方向。

11. 2014年全国大学生心理健康教育工作专题研讨会召开

2014年全国大学生心理健康教育工作专题研讨会于3月25—26日在华中师范大学召开，全国大学生心理健康教育工作研究分会筹备委员会主任、厦门大学党委书记杨振斌，教育部思想政治工作司司长冯刚，教育部思想政治工作司副巡视员俞亚东，省委高校工委书记、省教育厅厅长刘传铁，省委高校工委副书记、省教育厅副厅长严学军，华中师范大学党委书记马敏，华中师范大学党委副书记谢守成、覃红及全国各省市党委教育工作（行政）部门职能处室、教育部直属高校心理健康教育中心负责人参加了此次会议。我省各高校心理健康教育部门负责人列席参加了部分活动。马敏同志在开幕式上介绍了华中师范大学心理健康教育工作情况。

刘传铁同志在致辞中简要介绍了湖北高等教育基本情况以及湖北省推进高

校心理健康教育的主要做法。他表示，心理健康教育是高等学校立德树人的重要内容，心理健康是青年学子成人成才的关键指标。湖北省委高校工委、省教育厅将按照教育部和省委、省政府的要求，将心理健康教育当做"生命工程"、"未来工程"，进一步加大人文关怀和心理疏导力度，切实推进全省高校心理健康教育标准化建设。

杨振斌同志在报告中通报了大学生心理健康工作研究分会筹备委员会工作思路和国内外大学生心理健康教育的基本情况，介绍了部分研究成果。

冯刚同志总结了 2013 年全国大学生心理健康教育工作，强调要提升心理健康教育在高等教育中的地位，要根据我国大学生的群体特征，着眼构建有中国特色的大学生心理健康教育体系，加强心理健康教育队伍建设，建立良好的体制机制，制定具体可行的操作指南，推动心理健康教育工作规范化发展。

会议回顾总结了 2013 年大学生心理健康教育工作取得的成绩和进展，系统分析了当前工作面临的形势和任务，围绕构建中国特色大学生心理健康教育工作体系，切实加强心理健康教育和大学生心理危机预防干预，对 2014 年大学生心理健康教育工作进行了全面部署。北京大学、清华大学、天津大学、南京大学、华中师范大学、西安电子科技大学六个全国大学生心理健康教育示范中心培育建设试点工作单位结合工作开展情况，就如何发挥示范中心的展示、引领、辐射功能进行了大会交流发言。

会议期间，与会代表们围绕进一步提升大学生心理健康教育工作科学化水平，切实做好 2014 年大学生心理健康教育，紧密结合学生思想实际，服务青年学生健康成长等各项工作进行了深入研讨。

12. 3 月 25 日，全省高校心理健康教育工作会暨省高校心理健康教育研究会 2014 年年会在华中师范大学召开

省委高校工委副书记、省教育厅副厅长严学军，省高校心理健康教育研究会会长、华中师范大学党委副书记覃红及全省各高校心理健康教育工作部门负责人参加了会议。严学军在会上总结了全省高校心理健康教育的工作，分析了当前我省高校心理健康教育存在的困难和不足，对 2014 年重点工作进行了安排部署。他强调，一是要切实加强心理健康专兼职教师队伍建设，既要配齐，又要配优。二是要不断加大心理健康教育工作力度，实现工作上覆盖全体学生，开足心理健康必修课和选修课并将其纳入学分管理。三是切实推进心理健康教育标准化建设，按照"以评促建、以评促改、以评促管、评建结合、重在建设"的原则和"标准统一、程序公开、分步实施、统筹推进"的工作思路,扎实开展第二批湖北省高校心理健康教育示范中心和达标中心建设。严学军强调,全省各高校必须按照《湖北省高校心理健康教育标准化建设工作总体方案》的要求,确保在"十二五"末期实现100%达标。严学军表示,下一步,我省将切实构建起以"省高校心理健康研究会为咨询指导,以省青少年心理健康教育中心为龙头、省示范中心为骨干、省达标中心为基础"的全省高校心理健康教育、咨询和研究服务体系,并依托省青少年心理健康教育中心,建立大学生心理健康教育课程网络资源平台,实现心理健康教育资源网上展示和共享。

13. 部分高校展开高校师生思想政治教育滚动调查

2014年3月初在武汉大学、华中科技大学等18所高校进行了高校师生思想政治教育滚动调查,其中,华中科技大学文化学院共有200名学生代表参与了由学生工作处组织的问卷调查。本次调查主要分为两个阶段:第一阶段为参与调查的200名学生在调查问卷上作答;第二阶段则是从这200名学生中随机抽取20名,以问答的形式对问卷内容进行文字表述,发表自己的看法。问卷内容涵盖范围广泛,包括社会改革、社会生活、宗教信仰、网络等多个方面。调查结束后,将2014年湖北高校师生思想政治状况调查报告呈报教育部和省委、省政府。省委副书记张昌尔在省委高校工委、省教育厅《2014年湖北高校师生思想政治状况滚动调查报告》上批示:"每年的调查报告要作为一项成果,针对存在的问题,不断加强和改进高校党建和思政工作。"省委书记李鸿忠批示:"《报告》很有价值。既是我们加深对国情、党情、世情认识的警示、提示,也是我们抓高教事业的重要参考。赞同对策与建议,同意昌尔同志意见。"省政府副省长郭生练对该报告进行了圈阅。

14. 2013年12月23日,中国共产党新闻网公布中共中央办公厅印发《关于培育和践行社会主义核心价值观的意见》

该《意见》分培育和践行社会主义核心价值观的重要意义和指导思想、把培育和践行社会主义核心价值观融入国民教育全过程、把培育和践行社会主义核心价值观落实到经济发展实践和社会治理中、加强社会主义核心价值观宣传教育、开展涵养社会主义核心价值观的实践活动、加强对培育和践行社会主义核心价值观的组织领导,共6部分23条。

社会主义核心价值观的基本内容是:富强、民主、文明、和谐,自由、平等、公正、法治,爱国、敬业、诚信、友善。24字核心价值观分3个层面:

富强、民主、文明、和谐是国家层面的价值目标；自由、平等、公正、法治是社会层面的价值取向；爱国、敬业、诚信、友善是公民个人层面的价值准则。认真落实中央《关于培育和践行社会主义核心价值观的意见》（中办发〔2013〕24号），报请厅党组审定后正式印发了《湖北高校培育和践行社会主义核心价值观实施意见》（鄂高工委〔2014〕6号）。

15. 省内高校思政工作者获多个全国思想政治教育工作先进典型奖项

全国辅导员职业能力大赛一等奖获得者、武汉大学辅导员徐冶琼获评2013全国高校辅导员年度人物。据悉，在今年进行的武汉大学首届辅导员职业能力竞赛、湖北省第二届高校辅导员职业能力大赛和刚刚结束的第二届全国高校辅导员职业能力大赛中，徐冶琼能力超群，荣获全部赛事一等奖。这一成绩的取得，不仅显示出徐冶琼杰出的个人素质、精湛的业务水平、丰富的工作经验，更是历史学院学生工作在学校领导亲切关怀、学院党委坚强领导下，团结一致、锐意进取、坚持以学生为本，以学院工作全局为重的生动写照。湖北十佳思政理论课老师佘双好（武汉大学）入选2013全国调配交思政课教师影响力标兵人物。华中农业大学安玥琦获评2013中国大学生年度人物。她放弃保研赴贵州山区支教，用微薄的支教补助资助5名贫困学生，安玥琦的事迹，感动了许多人。获奖感言中，安玥琦说道，她很幸运是一名志愿者，很幸福是本禹志愿服务队的一员。服务队里有着强大的能量场，他们在其中收获和成长。志愿服务带给她的是幸福，是爱，是温暖，因为志愿服务，感受到从未有过的幸福感与满足感。全国仅10人获此殊荣，安玥琦是湖北省唯一获奖者。中南民族大学马晓岸则获提名奖。

16. 评选2013年度湖北省高校校园文化建设优秀成果

2013年，湖北省教育厅为集中展示我省高校校园文化建设，创新校园文化建设思路，探索新形势下校园文化建设新模式，传承中华民族优秀文化，全面提升高等学校人才培养质量，评选了2013年度湖北省高校校园文化建设优秀成果。其中产生特等奖3项，分别由武汉大学、华中师范大学、武汉理工大学摘取。一等奖7项，分别由华中科技大学、中南财经政法大学、长江大学、武汉纺织大学、武汉工程大学、湖北文理学院和华中农业大学荣获。还有二等奖10项，三等奖14项。另外，积极组织参与第七届全国高校校园文化建设优秀成果评选，我省有47项成果获奖，其中：一等奖4项，二等奖4项，三等奖9项。

17. 武汉大学马克思主义学院开展"垄上行"社会实践活动

为了响应习近平总书记2013年8月19日在全国宣传思想工作会议的讲话精神，寻求思想政治理论宣传和教育工作的新突破，武汉大学马克思主义学院在中共湖北省委、湖北省教育厅的倡导下，在教育厅思想政治工作与社会科学研究处具体指导下，根据学院2014年工作要点，2014年4月3日，首次"垄上行"活动在我院首个大学生社会实践基地——湖北省嘉鱼县高铁岭镇——顺利举行。当天，马克思主义学院30余名思想政治理论课教师奔赴湖北省咸宁市嘉鱼县高铁岭镇，开展了为期一天的"垄上行"社会实践活动。教师们实地考察了高铁岭境内的金盛兰特种钢项目工程、花卉苗木培育基地和交易市场、湖北地邦生态林业基地以及被誉为"神州第一组"的官桥镇官桥村第八组的社会主义新农村建设等情况。

座谈会上，教师们围绕"十八届三中全会后农村改革发展的新变化和新形势"这一主题，针对关心的问题与村镇干部进行了沟通交流。村镇干部详细介绍了相关情况，并就目前农村思想政治教育工作中存在的困难和问题进行咨询。此次活动旨在帮助思想政治理论课老师深入基层掌握中国特色社会主义建设的实际情况，促进课堂教学、理论知识与社会实践三者的有机结合，从而达到提升思想政治理论课的教育教学质量，提高思想政治理论课教师的科研能力，增强马克思主义理论传播力度的目的。

18. "荆楚孝女"张遥遥：养育之恩胜过血缘

父亲因病去世不久，母亲身患癌症，正在照顾母亲的湖北三峡职业技术学院大一女生张遥遥获知了一个被隐藏了21年的秘密：她非病重的母亲亲生，而是母亲在田野里捡回的弃婴。面对沉重的打击，她毅然表示，要精心照顾母亲，还要带上8岁的弟弟上大学。为了陪护已到癌症晚期的养母度过人生中最后的时光，她不惜休学回家侍奉左右；面对经济条件不错的亲生父母，她选择与没有血缘关系的弟弟相依为命。在湖北荆门，一个小小的家庭演绎了人间的大爱，大学生张遥遥的人生遭遇催人泪下，她的孝义仁心感动万千市民和网友，被人们称为"荆楚孝女"。《湖北日报》2014年7月25日刊发的文章《平凡的岗位 不凡的追求——"荆楚楷模"7月上榜人物事迹撷英》详细报道了张遥遥的感人事迹。共青团荆门市委授予张遥遥同学"荆门青年五四奖章"荣誉称号。同时，共青团钟祥市委授予张遥遥同学"优秀共青团员"称号。两级团市委号召全市广大团员青年学习张遥遥敬老孝亲、知恩重义的传统美德、艰苦朴素、自强不息的优良品质和不怕吃苦、勇于担当的时代精神。

19. 2014年6月12日，由新华社湖北分社和湖北省教育厅联合发起、新华网承办的首届"长江学子"优秀大学毕业生评选活动颁奖典礼在武汉举行

经过院校推荐、专家遴选、网络投票和专家评审，付文杰等10名在学业创新、自主创业中成绩优异、表现突出的2014届大学毕业生，获得首届"长江学子"称号，丁昌鹏等20名毕业生获得首届"长江学子"提名奖称号，武汉科技大学等10所高校获得"优秀组织奖"称号。

新华社湖北分社副社长唐卫彬、省教育厅副厅长张金元、武汉大学党委副书记王传中、华中科技大学党委副书记周建波等有关部门和高校领导、专家及高校师生代表200余人出席活动。

张金元副厅长表示，开展"长江学子"评选活动，旨在搭建"展示、传递、聚焦"的平台，打造"湖北高校毕业生"优质人才品牌，展示我省高等教育发展成果和当代大学生的良好精神风貌，让全社会都来聚焦、关心青年成长，为我省大学生就业创业营造良好的社会环境。他号召我省广大青年学生向获得首届"长江学子"称号的毕业生学习，坚持创新创业，勇于创新创业，善于创新创业，实现个人梦与"湖北梦"、"中国梦"的同频共振。

获奖代表付文杰说，创业充满艰苦，充满激情、充满挑战，也充满新奇，希望同学们在创业的道路上一路披荆斩棘，拥有美好的明天。获奖代表段平说，无论是创新还是创业，只有执著地追求，才能实现梦想。

20. 2014年5月12日下午，全省高校党建和思想政治教育督导巡视工作会议召开，湖北省高校党建和思想政治教育督导巡视工作会议在华中师范大学召开

省委高校工委书记、省教育厅厅长刘传铁出席会议并讲话，省委高校工委副书记、省教育厅副厅长严学军主持会议，省教育厅副巡视员杜海鹰出席会议。省委高校党建和思想政治教育督导巡视组组长、副组长和高校工委、教育厅相关处室负责人参加了会议。在听取各督导巡视组长情况汇报后，刘传铁厅长强调，高校党建和思想政治工作十分重要，事关高校办学方向、事关人才培养质量、事关高校和谐稳定，各督导巡视组要贯彻落实好第22次全省高校党建工作会议上李鸿忠书记提出的"四个第一"和张昌尔副书记提出"六大工程"要求，切实履行督导巡视工作职责，为我省高校党建和思想政治教育工作持续健康发展交上一份满意答卷。刘传铁厅长要求，各督导巡视组要切实增强政治意识和大局意识，以高度的政治责任感和历史使命感，扎扎实实开展好督导巡视工作。

报告撰稿人： 叶晓东　湖北省大学生思想政治教育评价中心主任，湖北经济学院思想政治理论课部主任，副教授，历史学博士

图书在版编目(CIP)数据

湖北高校大学生思想政治教育发展报告/叶晓东主编. —武汉：武汉大学出版社,2015.6
 ISBN 978-7-307-15663-0

Ⅰ.湖…　Ⅱ.叶…　Ⅲ.大学生—思想政治教育—研究报告—湖北省—2013~2014　Ⅳ.G641

中国版本图书馆 CIP 数据核字(2015)第 088042 号

责任编辑:王智梅　　责任校对:李孟潇　　版式设计:韩闻锦

出版发行：武汉大学出版社　(430072　武昌　珞珈山)
　　　　　(电子邮件：cbs22@whu.edu.cn　网址：www.wdp.com.cn)
印刷：湖北民政印刷厂
开本：720×1000　1/16　印张：15.25　字数：272 千字　插页:1
版次：2015 年 6 月第 1 版　　2015 年 6 月第 1 次印刷
ISBN 978-7-307-15663-0　　定价：32.00 元

版权所有，不得翻印；凡购我社的图书，如有质量问题，请与当地图书销售部门联系调换。